琉球 奪われた骨　遺骨に刻まれた植民地主義

琉球
奪われた骨

遺骨に刻まれた植民地主義

松島泰勝

岩波書店

はじめに

琉球は日本の植民地である。その事実を如実に示す証拠の一つが、京都大学総合博物館に保管されている百按司《モモジャナ》《ムムンジャナ》墓琉球人の遺骨である。「美ら《ちゅ》海水族館」の近くに位置する今帰仁《なきじん》村の古墓にあった骨がなぜ今、京都の大学にあるのか。琉球人の遺骨が日本人研究者によって奪われた過程は、日本の帝国主義の拡大と、植民地支配の深化と深く関わる問題である。

私事になって恐縮であるが、私が琉球人遺骨問題に強く関心をもった理由を、述べさせていただきたい。昨年二月、私の胃に初期の悪性腫瘍が見つかり、四月と六月に大きな手術を行い、胃、胆嚢、周辺リンパ節を全摘した。人生最初の手術と入院となり、自分の死について真剣に考える機会となった。百按司墓琉球人は一九二九年に日本人研究者によって島から持ち去られ、九〇年近く、京都帝国大学（現京都大学）や台北帝国大学（現台湾大学）の研究室や博物館の棚の上に「標本人骨」として置かれたままである。私は入院中、もしも自分が百按司墓琉球人であったらと、アクチュアルに想像することができた。琉球人であることを否定されたような気持ちになった。研究者によって「発見」されず、略奪されなかったら、死後も子孫、門中《もんちゅう》（琉球の同族の結合体）、祭祀団体等の琉球の生者と交流し、「共生」関係を維持できたはずである。死者と生者との関係が絶たれ、冷たい研究室の中でモノとして扱われ、時にはＤＮＡ調査のために破壊される、つまりもう一度死ぬという憂き目にあうのである。

術後、私の体重は約二〇キロ減少し、胃や胆嚢がない食事療法にも慣れないなか、情報公開を求め、総長宛の遺骨返還の要望書を手交し、そしてアイヌ民族の清水裕二《しみずゆうじ》氏と遺骨に関する問い合せを行った。何度か京大を訪問したが、その度に、非人間的で、民族差別的な冷酷な対応を受けた。現在もはびこる植民地主義を自らの身体全体で感じた。

私は石垣島生まれの琉球人であり、京都にある大学で働いている。昨年二月以降、『琉球新報』『沖縄タイムス』という琉球の地元紙が百按司墓遺骨問題について連載を始め、同問題に関する関心が高まった。これまで島嶼経済、琉球独立、そして先住民族の自己決定権について研究をしてきた私は、同問題に関する研究に本腰を入れ、情報公開、返還運動を行うようになった。

琉球人と同じように遺骨を奪われたのがアイヌ民族である。私が東京に住んでいた学生の頃より、アイヌ民族から直接、人権回復運動を学び、一九九六年には国連人権委員会先住民作業部会(現人権理事会先住民族の権利に関する専門家機構)にともに参加し、国際法に基づき琉球の植民地主義や米軍基地の問題を訴えた。昨年八月、北海道浦幌町で行われたアイヌ遺骨の再埋葬式に参加した際、アイヌの小川隆吉《おがわりゅうきち》氏から日本で生きる同じ先住民族として遺骨返還に対して励ましの言葉を頂戴した。

本書の目的は次の通りである。

(1)日本の琉球への植民地主義の歴史や日本の帝国主義について、琉球人遺骨を通じて論じる。

(2)琉球人遺骨問題は、世界の先住民族が直面し、解決してきた世界的な問題であることを明らかにする。本書では、遺骨返還運動を先住民族による自己決定権行使運動として位置付ける。

(3)京大は現在にいたるまで、私や新聞各社からの本件に関する問い合せを一切拒否している。つまり私を、対話可能な同じ人間として見なしていないのである。本書によって先住民族の遺骨問題に対する関心を高め、私が批判した研究者、大学、博物館等からの反論や応答を期待したい。学問や研究は、議論を通じて深めることができる。対等な人間としての関係性を、本書によって築きたい。

(4)遺骨(港川《みなとがわ》人1、2号)は東京大学総合研究博物館に所蔵され、国立科学博物館において日本人の祖先として港川人の復元された人形が展示されている。港川人以外の琉球で発見された旧石器時代の人骨も、日本人の祖先として位置付けられている。学知によって日琉同祖論が、大学や博物館で再生産されているという問題について考察する。

(5)琉球人遺骨を実際に琉球の地に返還し、再風葬を実施するための歴史的考察、論拠、実践のための手引等の書とする。琉球人遺骨と日本の植民地主義や帝国主義との関係について考察した書籍は、本書が初めてとなる。私は百按司墓琉球人遺骨に関する訴訟を準備しているが、本書が裁判の過程において参照されることを希望したい。

琉球人は、「平和の礎《いしじ》」「魂魄《こんぱく》の塔」「チビチリガマ」等で明らかなようにご先祖、死者を手厚く供養してきた人々である。六月二三日の「慰霊の日」になると、「平和の礎」に刻印された先祖の名前の前で重箱を開き、泡盛を注ぎ、線香を手向けて、ご先祖のマブイ(霊魂)の平安を祈る姿を見ることができる。亀甲《かめこう》墓、破風《はふ》墓等でも、ご先祖の遺骨に手を合わせ、そのマブイとともに琉球料理を共食する。しかし、京都大学の研究室や博物館にモノとして保管されている琉球人遺骨は、薄暗く、冷たい部屋の中で「プラスチック製の直方体の箱」に隔離され、琉球の人や社会とのつながりが拒絶されている。そのようなことを私は病院のベッドの上で想像し、身震いを覚え、この問題を自分の問題として理解し、遺骨返還のための行動をするようになった。

本書では「沖縄」ではなく、「琉球」という地域名称を使う。約六〇〇年間（英祖《えいそ》王統治の一二六〇年～琉球併合の一八七九年）、独立国家であった記憶を「琉球」という言葉は喚起する。「『隋書』流求国伝」（六五六年）において、琉球または台湾の島々を指す地域名として、「流求、琉求、瑠求」の文字が使われた。台湾は「小琉球」、琉球は「大琉球」と称せられていた時代もある。一四世紀に中山王・察度《さっと》が明朝の皇帝に入貢した時に作成された文章にも、「琉球」の文字が使用された。現在、琉球内に残された王国時代の石碑にも「琉球国」と刻まれ、王府は自らを国として認識していたことが分かる。二〇一五年、私は中国の福州市にある「琉球墓園」を訪問したが、同地で死亡した琉球人の墓石にも「琉球国」と刻印されていた。「琉球」は中国に由来する言葉であるとともに、ポルトガル人からレキオ、レキオスと呼ばれ、欧州人が描いた地図でもLoochoo, Lewchew等と記載されるなど、国際的に琉球国が認められていた。一九世紀半ば、アメリカ、フランス、オランダと琉球国は修好条約を締結したが、条約文書でも「沖縄」ではなく、「琉球」が琉球国の名称として使われた。中国だけでなく、欧米諸国も琉球を独立国家と認知していたのである。

「沖縄」が琉球を公的に指す名称として使用されたのは、日本統治時代である、一八七九～一九四五年、一九七二年から現在の約一一〇年間である。それは、英祖王統治や、沖縄島にあった北山《ほくざん》国・中山《ちゅうざん》国・南山《なんざん》国の「三山時代」から始まる琉球の全体史における一部分でしかない。琉球併合（琉球処分）後や「復帰」後に設立された「沖縄県」の名称は、日本政府によって命名されたものであり、琉球人が合意して決めたのではない。

一八七九年に日本政府は、軍事力によって琉球国を廃絶し、琉球を自らの植民地にした。一九七二年の「沖縄県」成立の国際法上の根拠となった沖縄返還協定は、米軍統治下における住民の行政機関である琉球政府を協議の場から排除した、日米両政府の密約に基づくものでしかない。琉球人は、国連監視下における住民投票による新たな政治的地位の獲得という通常の脱植民地化過程が認められず、現在の「沖縄県」という政治的地位も暫定的なものでしかない。

　また「復帰」という言葉は、「もとの場所・地位・状態などに戻ること」(『広辞苑　第七版』)を意味するが、琉球は「日本固有の領土」ではなく、琉球にとって日本は「もとの場所」ではない。一八七九年まで日本とは別の国だったのである。琉球の本来の復帰は、琉球国になることである。琉球独立が、日本からの分離独立ではない理由がここにある。ただ琉球は、王国の復活を目指すのではなく、平和主義、立憲主義、基本的人権の保障、島々の分権化等を押し進めた、二一世紀型の連邦共和国になるべきであると考える。

　琉球人は、独自の歴史や文化を持ち、日米の植民地支配を受けてきたネーション(民族)である。本書では民族としての琉球人を明示するためにも、「琉球」の呼称を使いたい。「琉球」または「琉球人」を主語として琉球の歴史を論じることで、長期の視点から琉球の過去や現在を考え、未来を展望することが可能になる。「琉球」という言葉は、かつて国として独立し、現在は日本の植民地支配下におかれ、将来、自己決定権によって独立(琉球国への復帰)する可能性があることを想起させる。将来、琉球が独立した時の国名は、「沖縄国」でなく、「琉球国」が使われるだろう。

　「沖縄」は、日本への帰属性を示す名称である。奈良時代に日本へ渡来した唐僧、鑑真《がんじん》について書かれた『唐大和上東征伝《とうだいわじょうとうせいでん》』(七七九年)に、「阿児奈波《あこなは》」の文字が見える。『平家物語(長門《ながと》本)』(鎌倉時代)

に「おきなわ」のひらがな表記が出て、「阿児奈波」「悪鬼納」の文字も使われた。江戸時代に琉球国から来た使節団と直接話し合った新井《あらい》白石《はくせき》が著した『南島志』の中で、「沖縄」の文字が当てられ、琉球文化が日本の影響を受けていることが強調された。このように「沖縄」は、日本との歴史的関係性、従属性を強調する文脈で使われてきたという歴史がある。

また沖縄島という一つの島の名称である「沖縄」を、島々の総称とすることから、沖縄島中心の見方になりかねない。私は石垣島で生まれたが、島の人が沖縄島に行く時、「沖縄に行く」という言い方をする場合が多い。その背景には、沖縄島とは異なる歴史や文化を有する島の人間であるという自負がある。沖縄島は、琉球列島(琉球弧)の中で最も面積が広く、日本政府の主要機関、沖縄県庁、大学等が置かれ、広大な米軍基地もある。沖縄島は、「沖縄本島」と呼ばれることも多い。しかし沖縄島は、琉球の中心ではなく、多様な、個性ある島々の一つでしかない。

琉球人遺骨問題は、琉球人だけの問題ではない。日本と琉球との植民地主義関係から発生しており、日本人も一方の当事者である。「生者と死者との関係性を、どのように理解するのか」「人間の死後を、どのように考えるのか」「骨を研究対象として標本人骨とするのか、供養の対象として遺骨として認識するのか」等、人類全体に問われている、人間の本質に関わる問題でもある。読者も、「自分の問題」として考えながら、本書を読んで下されば幸いである。

目　次

序章　帝国日本の骨
――琉球、台湾、アイヌコタン

第一節 「清野コレクション」と帝国主義

清野《きよの》謙次《けんじ》は一八八五年、岡山県で生まれた。中学三年の時、仲間と「探古学会」を組織し、日本人の起源について回覧誌『いにしえ』で自説を述べた。その後、京都帝国大学医学部で血清学を専門とする研究者になり、一九二二年に三六歳の若さで帝国学士院賞を受賞した(1)。清野が最も強烈な感化を受けた人類学者は、東京帝国大学(現東京大学)教授の坪井《つぼい》正五郎《しょうごろう》だった。人類学に進学したいという清野に反対する父親に妥協するために、医学を本職とし、人類学と考古学を「道楽」とすることにした(2)。

清野の植民地主義とともに、日本の帝国主義を象徴するのが「清野コレクション」である。清野は次のようなプロセスで国内外から人骨を集めた。一九一九年九月に最初の人骨を発掘した後、一九二五年四月に『日本原人の研究』を出版するまで、「石器時代人骨」が五五九例、「古墳横穴人骨」が二一例、「外国出土古代人骨及び特殊地方現代人骨」が六一例、合計六四一例の人骨を収集した。一九二八年五月に『日本石器時代人研究』を出版した時には、「石器時代人骨」が六五六例、「古墳横穴人骨」が四六例、「外国出土古代人骨及び特殊地方現代人骨」が八七例、合計七八九例となった(3)。さらに一九四〇年に清野が京都帝大の研究室を閉鎖し、上京した際には、「石器時代人骨」が七〇八例、「古墳横穴人骨」が八四例、「日本特殊地方及びその近接地方・特殊時代人骨」が四〇九例、「外地出土の古代人骨」が一八三例、合計一三八四例となった(4)。

一九二八年以後、「外国出土古代人骨及び特殊地方現代人骨」の増加が顕著になった。その中でも特に増加が著しかったのが、「満州古代人骨」と、三宅宗悦《みやけむねよし》が収集した「琉球近古人骨」であった。つまり、日本の帝国主義が拡大する過程と並行するように、「清野コレクション」が増えたのである。

同コレクションのリストに記載されている、沖縄諸島から発掘された遺骨は七一例、奄美諸島から発掘された遺骨は二四一例であった(5)。

清野が集めた、「満州国」の石器時代から漢時代の人骨に関する研究成果の多くは、東亜考古学会において報告された(6)。清野は濱田耕作《はまだ》(青陵《せいりょう》)、原田淑人《はらだよしと》らとともに、東亜考古学会の支援の下に中国大陸において遺跡の発掘を行った(7)。

清野は琉球人の骨について次のように認識していた。石器時代までいかなくても現代沖縄人骨格を研究するのは急務である。どれほど九州日本人と相違があるかを知りたい。沖縄において骨格採集が不便であるのは、住民が非常に墓場を大事にするからである。人が死ぬとまず死体を腐朽させて骨を採り、これを洗骨して壺に入れて墓場に納める。この壺入りの骨を取り出して計測を行うことができれば非常に結構である。しかしこれは容易に許されないだろう。しかし困難であっても、現代沖縄人の骨格を研究するのはわが国の人類学進歩の上で必要である。一九二四年九月に、友人の桑田理学博士が植物研究で同地に渡った際、運天《うんてん》において「発見」した「現代沖縄人骨(596号)」を「お土産」として持ってきた。「シナ人」の骨と非常に似通った点があり、非常に面白いと感じた(8)。

清野は、琉球では墓を大切にすることが人骨収集の上では問題であり、住民の理解を得るのは困難であると考えていた。しかしこのような人骨収集の困難を克服して、現代沖縄人骨を集めることが、日本の人類学が進歩する上で不可欠であるとして、三宅宗悦、中山英司《なかやまえいじ》ら、自らの研究室の弟子を琉球に派遣したのである。また清野は琉球人と中国人の骨の類似性を確認している。

京都帝大の同僚であった戸田正三《とだしょうぞう》は、清野について次のように証言している。清野は、人の物と自分の物との区別ができないところがあった。南米のインカの骨を山から取ってきたので、それは外に持ち出せないと清野に言った。しかし清野はそれを鞄に一杯つめて、ペルー公使館を通じて外務省通商局長の斉藤良英宛に送り、日本に持ち出した。同様な方法で、一九二七年に南米移民会社の井上正次の品物も持ち帰った。その時、鞄一杯にミイラが入っていた(9)。

清野が収集したのは遺骨だけではなく、寺社から経典等を盗んだ。一九三八年、大学の教室と自宅から京都市内の二二の寺社の経典六三〇巻、さらに教授室から一三六〇点の経典類が見つかった。清野は京都刑務所に六カ月間収監され、一九三九年には京大を辞職し、四一年に東京に移住した。その後、太平洋協会に席を置きながら大東亜共栄圏構想の形成に貢献した(10)。

所有者の同意を得ることなく自らの所有欲に促されて遺骨、経典等を盗み、コレクションとした。研究対象に対する執着は、関係者の人権を侵すことも意に介しないものであった。そこに植民地主義が発生する遠因があった。このような研究姿勢は、後で詳述するように金関丈夫《かなせきたけお》にも継承された。

現在、「清野コレクション」の大部分は、京都大学大学院理学研究科自然人類学研究室に保管されている。

第二節　「日本人種論」の形成

一八七七年、モースは大森貝塚を発掘した後、アイヌ以前に石器時代人が日本に住んでいたとする「プレアイヌ説」を提唱した。坪井正五郎が日本の先住民族としてコロボックル説を提唱し、小金井《こがねい》良精《よしきよ》は日本石器時代人はアイヌであると主張した。一九二六年に清野は「津雲《つくも》石器時代人はアイヌ人なりや」で小金井に反論した(11)。

清野は次のように、先史時代において比較的長期にわたり日本本土に「均一な人種」(旧石器時代人)が定住していたと論じた。北方では「北方隣接人種」と「混血」してアイヌが形成され、本州、四国、九州では南方や大陸の渡来民族と「混血」して日本古墳時代人(弥生人)となり、現代日本人が形成された。清野は旧石器時代人を「日本原人」と称した。当時の日本で流布されていた天孫神話の影響により、清野の説は多くの学者に歓迎され、「原日本人論」が主流になった。日本固有の「日本原人」の提唱は、天孫族解明にも期待をもたらし、清野の圧倒的な人骨発掘数、精力的な執筆活動により国民的反響を呼んだ(12)。

江戸時代末に来日したフィリップ・フランツ・フォン・シーボルト、その次男で明治時代に来日したハインリッヒ・フォン・シーボルトは、アイヌが日本の先住民族であり、日本人は朝鮮半島を経由して日本に渡来したとの説を主張した。モースの「プレアイヌ説」は、アイヌが日本に来る前に日本石器時代人が日本にいたという説であり、アイヌも日本人も渡来者と考えた。坪井正五郎のコロボックル説は、石器はコロボックルのものであり、日本人もアイヌも渡来人とした[13]。

清野は、「日本人渡来説」は主として欧米思想に影響されてでき上がった説であり、アメリカの建国と日本のそれとの比較から生まれた考え方であると批判した[14]。この清野の主張からすると、日本人は北海道の侵略者ではなく、アイヌは日本の先住民族ではないという結論に導かれるだろう。

また清野は、日本人が国初以来、日本国に生まれたという国民的信念をもつことは、日本人にとって極めて大切な「国民の基本観念」であると述べた[15]。清野の学説は、国民統合という大日本帝国政府のイデオロギーを確立するための土台を用意したと言える。

金関丈夫は恩師である清野の研究内容について、次のように述べている。清野先生の人類学上の目的は日本人起源の解明であった。清野先生は統計学的に正確な結論を得るには、多くの古人骨を集める必要があると考えていた。そして、ほとんど日本全土にわたって、直接自ら発掘し、または他者の収集により千数百体の人骨を集めた[16]。清野はその研究方法の必要性から、大量の人骨収集が必須と考えていた。

清野は次のように「日本人種論」について述べている。日本石器時代の人類が何者であるかを決定することが、「日本人種論」には必要である。石器時代人が「アイヌやらコロボックルの如き異人種」であるとすると、日本人は世界のどこからか渡来した新参者でしかない[17]。「アイヌやコロボックルの如き異人種」が、日本の先住民族ではないという仮説が清野の「日本人種論」の前提となった。

清野は収集した骨を「生物計測学」という手法で、次のように「科学的」に計測、分析した。人類の骨の形は「人種」により異なり、一つの人骨であっても計測を要する場所は数百カ所になる。高等数学の知識を応用して、計測データを統計学的に計算する。これを生物計測学(ビオメトリー)と呼ぶ[18]。清野はポニアトフスキー氏型差公式に基づき、モリソン・マルチン氏法によって偏差を明らかにして、計測結果をまとめた。当時このような研究手法を古人骨の研究に試みたのは、日本において清野が初めてであり、世界においても稀であった。その理由は計算方法が複雑であり、高等数学による理論的説明を理解するのが困難だからと清野は考えていた[19]。

しかし清野が使用したモリソン氏法、ポニアトフスキー氏型差公式は、今日の科学的知見からすると粗雑な理論、統計方法でしかなかった[20]。欧米の遺骨測定法の導入により、自らの研究の先進性、正しさを論証しようとした。しかしその研究手法は、間違いであることが明らかとなった。つまり誤った研究手法による、誤った仮説に基づいてアイヌ、琉球人の遺骨が収集されたのである。

清野は一九一九年から形質人類学の研究を始めたが、約一〇年後には一定の結論を得た。岡山県の津雲貝塚発掘人骨の計測と計算により、日本石器時代人の頭の骨と身体の骨(四肢骨)が、現代日本人骨に類似しており、アイヌ人骨と似ていないことを数理的に証明した。そして日本の石器時代人が、アイヌ人ではないことを確信した[21]。日本人が何者かを明らかにするためにアイヌの遺骨が盗掘され、アイヌが日本の先住民族ではないことを論証したと考えたのである。

自らの学説を論証する過程で清野は、次のようなアイヌに対する偏見、蔑視の言葉を発した。虫歯は文化の程度に関係し、また種族の種類に関係する。旧石器時代人にこれがほとんどなく、「未開民族」にはこれが少ない。アイヌ人に虫歯が稀なのは有名である[22]。これは科学的な論証によらない、伝聞による偏見である。帝国大学の研究者が伝聞を述べても「真実」として受けとめられるという、学者の権力性を帯びた発言である。

清野によれば、「日本人種」は旧石器時代から日本に居住し、石器時代、金石併用時代、金属器時代と進むにともない文化が発達し、人口が増加した。よって「日本人種」の故郷は、最初から日本なのであり、「日本国を離れて日本人の故郷はない」と言い切っている[23]。

清野は次のように、江戸時代以前の「鎖国」により、日本は「一国一人種」の国になったと主張している。天智天皇の頃から政治的、国防上の理由により日本は「鎖国」に傾き、ついに平安期から「鎖国」が実行された。異民族の日本への渡来はこれによって急激に減少した。国内における異民族の子孫は、「混血」によって日本人種と体質的、思想的にも区別できなくなった。「鎖国」が一〇〇〇年続き、国内で結婚が繰り返されたので、日本は「一国一人種」の国となった。これは日本を政治的にまとめる上で大変有利であった[24]。

この仮説は結果として「日本人の血統の純粋性」を強調し、その優秀性を主張する優生学の思想とも通じる考え方である。「混血」は同化を意味し、それにより日本は統治上の有利性を持つようになったとされ、学知が同化圧力を強化する役割を果たしたと言える。

清野は日本人とアイヌ、琉球人(南島の人々)との関係について、次のように述べている。南島の人々にとって自分がアイヌの子孫なのか、日本人ではないのかということが言い知れぬ苦悩の素になっている。南島の人々も自分たちと同様に、日本石器時代人の血を受けた者である。ただ島という特殊な地理的環境によって、他地方の石器時代人には外地の「混血」が多かったが、南島では「混血」が少なく、多くの古代習俗が残った。この体質は「古代体質」であり、日本石器時代人から受け継いだものである。したがって南島住民とアイヌ人との間の体質的類似があるのは、両者ともに「日本古代体質」の保持者であるためである。これを自然科学の方法によって立証するためには、南島における古代人骨の研究が必要となる。三宅宗悦と中山英司が南島に行き、数百例の古代人骨を採集した理由はここにある[25]。琉球人は日本人ではあるが、アイヌと同様に「日本古代体質」を有していたと清野は考えていた。

また清野は次のように論じた。奄美大島等の南島住民は、孤島、隔絶した地域に住んでいることから、「濃厚なる血族結婚」を繰り返し、朝鮮経由の「大陸系人種」の混入が少なかった結果、古代住民の体質、つまり低身長、長い頭形、低い頭高、蒙古皺襞《しゅうへき》の少なさ、腋臭《えきしゅう》の多さ、多毛等を保持するようになった[26]。高等数学による最新の統計学を踏まえた人骨研究を誇示しつつ、ヒトの表象的な特徴に対する印象論によって、琉球人が「古代住民の体質」を有しているとの結論を下している。清野は古代人骨の分析を通じてその腋臭、多毛を客観的に計測できたのであろうか。清野の主観に基づく「人種」分類は、後述の金関丈夫、足立文太郎《あだちぶんたろう》らの研究者とも共通する手法である。琉球人は同じ日本人であるとしつつも、頭蓋骨や体質上の違いを強調し、琉球人への偏見を学知の面で生み出している。また琉球は「混血」が少なかったので、「古代習俗」が多分に残ったと考えたが、これはあくまで清野の印象論、主観による仮説でしかない。

形質人類学者の篠田謙一《しのだけんいち》は次のように指摘している。日本にはホモ・サピエンスが約四万年前から住んでいたという証拠はあっても、原人に関してはまだ分からない。仮に日本列島に原人が到達していたとしても、これが現在の日本人に進化したとは言えない[27]。清野の「原日本人論」は、現在では完全に否定された仮説でしかなかった。

第三節　清野によるアイヌ遺骨の盗掘

一九二四年、清野は樺太においてアイヌの了解を得ないで、その遺骨を盗掘した。清野は樺太アイヌの「純粋な骨格」を集めるための盗掘場所として鲁礼《ろれい》を選んだ。樺太アイヌは樺太の東西の海岸で生活していたが、西海岸の方が漁場の関係で北海道アイヌと「血が混じる」ことが大きかった。北海道アイヌとの体質上の違いを明らかにするため、西海岸ではなく、東海岸の村において材料を集めようと清野は考えた(28)。

清野は調査に際して次のように述べている。アイヌは風習上非常に死屍を嫌う。白浜部落に行ってアイヌの目前で骨格を集めたら、彼らはどれほど吃驚するか分からない。よって栄浜付近にある「無住の旧アイヌ部落」から骨格を採集する必要がある。この難しい条件に適合した土地が鲁礼であった。五十余体のアイヌ骨格を収集した。また金属使用以前の樺太アイヌ人骨を集めるために、鈴谷《すすや》川口のススヤ貝塚も発掘した。九体の石器時代人骨を得た。発掘した人骨をみると、鲁礼の樺太アイヌ人骨に非常に似ており、ススヤ貝塚から発掘した骨格もアイヌのものであると確信した(29)。

樺太東海岸鲁礼の古墓地から、五二体(男性二三例、女性二〇例、小児九例)の遺骨を収集した(30)。

清野は、ススヤ貝塚は雑草に覆われており、このまま放置すれば近いうちに全滅の恐れがあるから、大発掘をする決心をしたという(31)。清野は、遺骨の盗掘が倫理的に問題があると感じていたので、「無住の旧アイヌ部落」から遺骨を集めようとしたのである。遺骨が「全滅」する前に、自分が研究資料として獲得したいと考えていたが、清野が墓から遺骨を持ち出したことで、事実上、アイヌの墓地は失われた。

同地で清野は生身のアイヌ民族の生体調査も行った。栄浜において運動会が行われた際に、白浜のアイヌ青年二十余名が教員に引率されてきた。清野は「好機」だと思い、これらのアイヌの写真を撮影した。日本政府による樺太統治の必要上、栄浜から白浜にアイヌを移住させた。アイヌには農耕地が提供されたが、「自然民たる彼等は之を欲しないし、海魚を漁るには彼等の漁具は余りに小さく且不完全である。智に乏しいアイヌ族は肺結核と花柳病で年々絶滅に瀕しつつある」（新字新かなに改めた。満洲は満州とした。以下の引用も同じ）と清野は述べている。[32]

その他、次のようなアイヌ差別をしている。「アイヌは単純な正直な民である」[33]「今日樺太における千二百人のアイヌは適応性に乏しい為、近い内に日本人と混血してしまうか、又は絶滅する運命を持って居る」[34]「亡び行くアイヌの風俗を永遠に伝えるのは日本人の急務だと思う」[35]。学知によってアイヌ差別や誤った偏見を強調している。差別を助長する「学問の暴力」であると言える。

また清野は、白浜部落の二人の「アイヌ老婆」が、大切に石飾玉を所持していたのを見た。発掘品と同じものであるから是非譲ってもらいたいと清野が求めたが、自分の死んだ時、死屍と一緒に埋めてもらうと言って譲渡を拒否したという。[36]

副葬品に関して「彼等の宝物なるものは彼等にとっては貴重品であるが日本人の眼からは下らないものである」と清野は述べた。その多くは日本製の安価な漆器（椀膳等）であり、日本刀も「下らない仕入物」であり、副葬品はアイヌの手工芸品を除けば、古道具屋の「がらくた」に満ちていると切り捨てた[37]。他者の副葬品に対する尊厳の気持ちが全く欠如していた。また、副葬品とともに墓に対するアイヌの強い思いを認識しながらも、清野は盗掘を挙行したのである。清野にとってアイヌとは自らと対等な人間ではなく、研究素材でしかなかった。

一九二四年七月一九日、清野は魯礼に到着した。海浜の砂取り場でアイヌ人骨一体が掘り出されていたのを発見した清野は、「偶然の獲物として採集」し、第16号と名付けた。その後、17号から29号と番号が振られた人骨を収集した。清野は、「今日の人骨は割合に新鮮で木棺の腐朽せざるものが多かった。(中略)第二十九号は非常に臭くて嘔吐し相になった」と述べた[38]。つまり、清野は埋葬後間もない遺体も掘り出したことになる。これは「古墓」とは言えず、当時も利用されていた墓であり、明らかな「墓荒らし」という犯罪行為であった。

またアイヌ頭蓋骨の大後頭孔が切り開かれた人骨をいくつか発見して、この「手術」はアイヌ自身が行ったものであると清野は考えた。当時、樺太アイヌに最も多い病気は結核症と梅毒であり、彼らはこの病気のために、ほとんど「絶滅」に瀕していると述べた[39]。この「手術」について、清野の本来の専門である医学の立場から実証的に検討することなく、「人脳が梅毒に利く」という迷信も批判していない。科学的な根拠がない学知によって、偏見や差別が助長された。

清野は「大後頭孔大手術」が、魯礼とススヤ貝塚の人骨の双方で行われたと結論を下した。その上で樺太アイヌ骨格の探究は、成功であったと述べた。その理由は、現代樺太アイヌを代表する金属時代の樺太アイヌ人骨とともに、古い石器時代の人骨をも採集して、樺太アイヌの体質を探究するため

の材料が集まったからであった。(40)

清野の「原日本人論」の中心的テーマは、アイヌ民族が日本の先住民族であることを否定し、日本人が日本の「先住民族」であることを論証することであった。清野は次のように述べている。「アイヌ先住民説」は、日本人を「新来者」とする点において欧米思想の影響を受けている。もし日本開国以前に、日本国すなわち「神州」において日本人が、僅かにその一部でしかないアイヌの「後住者」だと聞かされたら、屈辱であると激怒したはずである。(41) 先住民族のネイティブ・アメリカンが住んでいた北米大陸に、白人が「後住者」として移住した歴史を「欧米思想」として批判している。しかし後述するように、北海道への和人(日本人)の移住や開拓が行われたのは、アメリカ合衆国における「ネイティブ・アメリカン殲滅政策」、同化政策が適用されるという「欧米思想」の結果でもあった。

清野のアイヌ差別観は、次のような発言からも明らかである。もし日本の「石器時代人種」がアイヌであり、後来の日本民族によって退けられたというのなら、これほど多くの文化を「低文化民族」から「高文化民族」に伝えることができるだろうか。(42) また次のような発言もある。日本の正倉院倉庫において発達を遂げた高床家屋と、アイヌ人の「貧弱なる高床倉庫」を比べると、民族の文化と能力とに応じて大差が生じたことが分かる。(43)

さらに清野は、古墳人、朝鮮人、樺太アイヌ人、畿内日本人、津雲人、吉胡《よしご》人のなかで、樺太アイヌ人は、「最も低級で自然民」に近い序位にあるとした。(44) また「北地」における石器時代から金属時代への移行が年代的に遅延した原因として、清野は、「北地」において「高文化に接触する機会が乏しかった」こと、住民に「積極的進取の意気が乏しかった」ことを挙げた。その結果アイヌは「古俗の保持者」となり、「自ら工夫した考案の甚だ乏しい住民」になった(45)。科学的な分析ではなく、偏見に基づいた推論によってアイヌを蔑視している。

小金井良精は一八八八年、八九年において、北海道各地の墓地から一六〇前後の頭骨と副葬品を盗掘した。小金井と清野の二人に共通しているのは、発掘が犯罪とされなかったことであり、盗掘の過程で多くの和人が協力したことである(46)。後述するように琉球では和人とともに、同化された、または同化教育を推進する琉球人が日本人の遺骨盗掘に協力した。

第四節　人類学と大東亜共栄圏

清野は人類学が大東亜共栄圏形成において不可欠の学問になったと、次のように述べた。島国において従来、人類学は「閑学問」であったが、「大東亜の日本」には必要な学問となった。自分が久しく学んだ、この方面の知識が色々の方面で役に立つことを発見して、非常に嬉しく思った。日本人として「自己種族」について明確な信念を持たせるのが、国民として必要であり、自分の「日本人種論」はこの目的に合致すると考える(47)。

清野は次のように戦後になっても、「神武東征」を正当化し、「日本人先住民族説」を主張した。日本に人類が住居して以来、「日本島」は日本人の住居地である。日本人はアイヌの住居地に新しく渡来して、アイヌを追い払って住んだのではない。「神武天皇の御東征」と国内統一とは、「鉄文化」の「石文化」に対する勝利であり、科学の勝利を意味する。それは「異人種」に対する闘争でなく、「同一人種間の国内統一」であった[48]。

清野は、大東亜共栄圏と学知について次のように論じている。「大東亜」の建設は、日に日に進捗しつつある。「大東亜戦争」そのものが「大東亜」の建設である。この地域に住居する「原住民」の生活を快適にし、その生命を保護し、彼らをして「大東亜」建設の重要な一環として、資源開発に協力させなければならない。民族医学がこの「建設戦」に際して、重要な役割を演じることは明らかである[49]。

研究対象地域も国内から大陸地域に拡大すべきであると、次のように強調した。「満人」がツングース族であり、これがどれほど日本人の体質に影響を及ぼしたかということを明言できるほど、研究が進んでいない。しかし「日本石器時代人種論」の解決には、是非とも日本石器時代や日本古墳時代において、東亜大陸に住んでいた人民の骨格を調査しなければならない[50]。

人類学が大東亜共栄圏形成のために不可欠の研究になったと、清野は以下のように論じている。「大東亜」の日本となって以来、日本人は「大東亜」に生活する幾十、幾百の「種族」の「指導者兄貴」として、共存共栄の実を結ばせなければならない。このような時勢になってみると、「異人種」に関する知識は国民必須の常識であり、「日本人種」の独自性に対する自覚を持たせなければならない。人類学は「閑事業」ではなく、必要な学問となった。人類学は国家勢力が弱小な時代には大して役に立たない学問であるが、国家勢力が増大するにつれて必要になってきた。ことに政治的、経済的にあらゆる機構が、地理と「人種民族」とを結びつける共栄圏においては、なおさら必要な学問となってきた[51]。

清野の「日本人種論」は、日本人の独自性と使命を自覚するための研究であった。それゆえ、帝国の拡大と並行して発展する学問として人類学を位置付け、「イデオロギー学問」「植民地学」としての役割を担うようになった。

清野は次のように、有事における「日本人種論」の重要性を指摘した。個人には個人の家系図があるように、民族には民族としての系図がある。「日本種族」が「自己種族」の生成について正しい認識を持つことは、国家の興亡を賭して米英と戦う今日において特に重要である[52]。

清野が考える「大東亜共栄圏」は、以下のような内容のものであった。大東亜共栄圏には日本人の外に、「支那」、「印度支那」、赤道諸島、豪州、南太平洋にかけて、数百種、あるいはそれ以上の多数「人種」が存在し、各「人種」にはそれぞれ特徴がある。これらの「人種」は相関連して一環を成し、それぞれの特徴をもって他「人種」の足りない所を補い、共存共栄の実を挙げなければならない。文化発達の程度から言っても、これらの「人種」間には種々な段階があり、その能力にも差がある。しかし適材を適所に置いて、その能力を発揮させるのが大東亜共栄圏を開発する上で有効な方法となる。そのためには、「優良民族」に保護を加えて、その人口を増加させて、開発を促進させるべきである。「優良民族」は体力が優秀であり、気質も良く、文化も相当に高くなければならない。民族政策としては適材を適所に置き、その人口の増殖については特に配慮し、大東亜共栄圏の開発について計画を樹立する必要がある[53]。共栄圏の中には「人種」間の階層があり、「適材適所」に人々を配置し、共栄圏の開発のための「民族政策」の策定において人類学の役割は不可欠であると考えていた。

清野は一九四一年五月に太平洋協会から派遣されて、内南洋(ミクロネシア諸島等)、セレベス、フィリピンの調査を行った(54)(「内南洋」は「南洋群島」と呼ばれた日本の委任統治領の島々であり、「外南洋」は東南アジア島嶼や他の太平洋諸島を指す)。人類学者、植民地政策学者を糾合して一九三八年に設立されたのが、太平洋協会である。「大東亜戦争」を遂行するためのシンクタンクとして、アジア太平洋の島々の研究を目的に掲げて設置された研究部門において、実質的な采配を振るったのが、かつて講座派のマルクス主義者であった平野《ひらの》義太郎《よしたろう》、そして清野謙次、岩倉具栄《ともひで》であった。平野は太平洋協会の調査局局長、民族部部長を務めていた(55)。平野は清野との共著で一九四二年に『太平洋の民族＝政治学』を出版した。

清野は次のように述べて、軍部と並走しながら研究を行ってきた。大正の末年において「支那」「満州」の中で関東州以外の地では、「匪賊《ひぞく》の横行」が甚だしく、日本人の自由旅行は不可能であった。彼らは、東アジアの諸「人種」の研究が日本人の研究領域であると考え、研究を進める覚悟であった(56)。研究の成果として琉球、「満州」、中国等における人骨研究を、清野、金関、その弟子たちが軍部の要請に応えるかのようにして、次々に実行していった(57)。

大東亜共栄圏について平野義太郎は、次のように述べている。大東亜共栄圏の建設という政治活動によって、日本を盟主として太平洋圏内の諸民族を積極的に協力させ、自給自足の広域経済を確立し、米英帝国主義の壟断《ろうだん》のために妨げられてきた諸資源の開発を進める。米英の国際的侵攻に対しては、軍事的に共同防衛し、従来、米英等の搾取対象であった諸民族を米英等の支配から解放させる。経済的には有無相通じ、また地域的に近接する、自分たち兄弟諸民族が善隣友好し、精神的にも文化的にも結合し、東亜を興隆させることを根本理念とする。太平洋広域圏における諸民族をどのように結集して、土着の諸民族を共栄圏において自発的で有力な協力者にするかという民族政策、統治の方法、また日本人はどのように南進すべきかは、日本の資源政策と表裏をなす最も重要な研究テーマとなる[58]。広域経済圏を確立し、共同防衛網となる大東亜共栄圏の盟主は、日本であることが前提とされた。支配下に置かれた人々を「自発的で有力な協力者」にするための民族政策の策定が、清野に期待された。

東南アジア民族は「どこまでも突き込んで進む気力」が欠如していると、清野は認識していた。その原因は暑い気候と、食物が豊かであるために食うに困らない生活にあるとされた[59]。東南アジア民族に対する偏見、差別意識が伺える。

清野は、日本の文化に浴してインドネシアの民族がどのように変化するのか、これはインドネシアの文化史において、ヒンズー教渡来以来二〇〇〇年目に生じた大変動であると論じている[60]。変化を与える主体は日本人であり、インドネシア人は「日本の文化」によって影響を受ける客体でしかなかった。

清野は、大東亜共栄圏において民俗学によって「旧住民と日本人との関係」を明らかにするとともに、「労働力の現地補給」という「民族政策」として次のようなものを考えていた。「種族」間には、文化の発達や気質の差がある。肉体労働に関しては、パプア人以上の文化度の「種族」、つまり中程度文化の民族を使用することができる。精神的習熟者を見つけるのは困難であるが、高等文化の影響を受けた「種族」中に人材を求める必要がある。これに該当するのはセレベスのミナハサ人、マカッサール人、アンボン人、フィリピンのタガログ人、ビサヤ人等である。彼らは島兵、教化教師、人夫頭、下級官吏、巡査助手として利用することができる[61]。大東亜共栄圏内で生活する民族を文化程度によって階層化し、肉体労働、精神的習熟者らの労働者調達を実行する上で、民俗学が貢献しえると清野は考えていた。

清野は次のように述べている。「パプア人の居るニューギニアには働らく《ママ》と云う言葉はない。（中略）土人が物質欲に乏しく、働らくを欲しない例は到る処に頻発する」(62)。「オーストラリア諸種族の全数は僅々五万人になってしまった上に文化の度が低い。大東亜共栄圏の人的資源として彼等は大して役に立つとは思えないからである。（中略）吾人は彼等を学ぶことによりて人類の原始時代の文化を知るに参考とする事が出来る」(63)。

日本語の「労働」に相当する概念がニューギニアに存在しないのは、異なる歴史、社会であるが故に当然であると言える。「労働」の概念が、日本人とパプア人では異なるからではないか。「パプア人」を「土人」と称することで、学知によって差別が正当化された。オーストラリアのアボリジナルも人的資源として役立たないと烙印を押し、「原始時代の文化」を知るための研究対象という有用性しか見出せないと決めつけた。

清野はナショナリズムと自らの人類学について、次のように述べている。古来、日本民族は伝統と系図を重んじてきた。東亜において「一億一民族」としての日本人は、極めて長い歴史を有しており、未だかつて他「種族」から統治されたことがないという誇りを持っている。これは民族として地球上に比類ないものであり、「日本人種」以外にこのような例はない。日本人のどの家にも語り継がれている家の歴史や系図があるように、この家族の大集団である日本民族には、当然、日本民族としての系図がある。この民族としての誇りを持ってこそ、日本人は「光栄」に生き、また生きるに甲斐ある人生であると言える。自分が「日本人種」の由来と生成について研究材料を集めたのは、大正八（一九一九）年頃からであった。生物計測学の方法——すなわち古代人骨を発掘して、計測学的にこれを現代人骨と比較し、「精確科学」の方法によって、この問題を解決しようと考えた[64]。清野の「日本人種論」の土台には日本ナショナリズムがあった。他民族によって統治されたことがない日本民族の「光栄」を、学知を用いて証明しようと考えたのである。

清野は「日本人混血説」について、次のように述べている。永い年月の間に周辺民族からの「混血」は絶え間なく生じ、日本人の体質を変化させ、新文化への変化と向上をもたらした。しかし「日本種族」は日本群島内で異「種族」を「融化」し、「一国一大種族」となり、今日、東亜に雄飛する素地を形成した。日本国こそは徹頭徹尾、日本人の故郷である。日本人が日本島に住む以前の日本島は、無人島であった[65]。

「日本人が日本島に住む以前の日本島は無人島である」のように合理的な論証によらない独断によって、日本ナショナリズムを主張している。清野の学説は「混血説」と言われているが、それは異「種族」を融合させて日本人になったとする「日本単一民族説」であったことが分かる。このような言説は一九八〇年代以降も、中曽根康弘首相をはじめとする日本人政治家によって繰り返し主張された（第四章参照）。

また清野は、日本人と一致する習俗を有する「人種」が他国にいないことが、日本人の故郷が他国ではない何よりの証拠であると指摘した[66]。渡来者との「混血」や、他地域との交流を認め、開放的であるかのように見えるが、しかしその結論は「日本単一民族説」に帰着しており、閉鎖的で排他的な民族観であると言える。

清野は日本の帝国主義が支配領域を拡げるのと比例して、自らの調査地、人骨収集地を拡大させた。清野は京都帝国大学の濱田青陵、原田淑人らとともに、東亜考古学会の援助の下に中国の遺跡を発掘し、石器時代から漢時代にわたる古人骨を数多く発掘した。清野は、「国運」が進展し、「満蒙」の地で容易に発掘を行うことができる時代となり、大東亜共栄圏の全地域にわたって探究を行うことが可能になったと述べた(67)。

清野は朝鮮半島だけではなく、次のように「南方」と呼ばれた太平洋、東南アジアから、人々が古代日本に移動したと考えた。石器時代における諸種の習俗の中に、環太平洋、特に南方のそれが数多く確認された。それは抜歯、文身、身体彩色、歯の人工的加工、首飾り製作等である。日本石器時代、特にその後期において南方的な文化流入が顕著に見られた(68)。南方文化の日本への流入と、その融合という仮説によって、南方にも植民地を拡大していた日本帝国主義に歴史的正当性を示すことができると、清野は意図していたのではないかと考える。

人骨研究から見た琉球人と日本人との関係について、清野は次のように指摘している。

金関丈夫は那覇市内で発見された城岳《ぐすくだけ》貝塚出土人骨を対象にして、「南島石器時代人骨」に関する最初の報告を行った。その人骨は一本の左側大腿骨上部であったが、それは日本石器時代人骨と類似していた。三宅宗悦はさらに多数の古人骨を琉球列島から発見し、「日本石器時代人骨」との間に目測上、強い類似を認めた(69)。「南島石器時代人骨」(琉球石器時代人骨)と日本石器時代人骨との類似性を、自らの弟子である金関や三宅の研究に基づいて指摘している。つまり、それは日琉同祖論に基づく琉球人理解であったと言える。

朝鮮半島や南方からの異文化の流入による「混血」後、多様なものが、それぞれ存在しあうのではなく、「一人種一国民」という生物的、文化的、社会的にも同質な「日本人種」が形成されたと、清野は考えた。その仮説を実証する過程で、アイヌや琉球人は差別と偏見の対象になった。生物学的な日琉同祖論が提示され、琉球人を同化圧力によって日本人の中に融合しようとした。

第五節　戦争犯罪と人類学

七三一部隊は、一九三六年から四五年まで中国のハルビン近郊の平房《へいほう》に設置された、関東軍防疫給水部の本部（通称「満州第七三一部隊」）を言う。その創設者であり、長く部隊長をつとめたのが石井四郎《いしいしろう》軍医中将であったので、七三一部隊は「石井部隊、石井機関」と呼ばれることもある。一〇年間に中国人を中心として二〇〇〇から三〇〇〇の人々を、人体実験によって殺害した。人体実験の目的は病気の原因解明、生物兵器開発等であり、二五種類の病気の解明や各種のワクチン開発のために人体実験が行われた。実際に、旧ソ連や中国で生物兵器が使用され、一九四四年にはサイパンの米軍に対してペスト菌攻撃が計画されていた(70)。

一九三八年から四二年にかけて北京、南京、広東（現在の広州）、シンガポールに防疫給水部が設置された。一九四〇年から四二年にかけて実施された中国中部への生物兵器攻撃は、七三一部隊と南京の部隊の共同作戦であった。陸軍軍医学校防疫給水部と五つの防疫給水部、さらにその支部全体が石井機関であった。同機関の隊員総数は一万人を超えていた。南京の部隊においても、人体実験が日常的に行われていた[71]。

七三一部隊の中心人物であった石井四郎は、一九二〇年に京都帝国大学医学部を卒業し、二一年に軍医となった。一九二二年に京都帝国大学大学院の微生物学教室において約二年間、清野謙次の指導を受けた。香川県を中心に蔓延していた流行性嗜眠《しみん》性脳炎(いわゆる眠り病)の調査を、石井が清野に提言し、同医学部を挙げて調査隊を派遣した。石井が全体の調査の指揮を執った。一九二四年に荒木《あらき》寅三郎《とらさぶろう》総長から調査費を得て調査が始まり、発掘した遺体の組織を濾過する研究の結果、スピロヘータ説を覆して、濾過性病原体をその原因として特定した。この時の石井の調査隊における組織力への自信が、七三一部隊創設と運営の原動力になったと言われている。石井の主張で、一九三二年に陸軍防疫班が設置された。石井は国際条約で禁止対象になっていた毒ガス、生物兵器を保有する必要性を軍幹部に主張した。清野は石井の求めに応じて、石川太刀雄丸《たちおまる》(当時京大講師、後の金沢大学教授)、岡《おか》本耕造《もとこうぞう》(当時京大講師、後に東北大学教授をへて、京大教授)、林一郎《はやしいちろう》(当時京大助手、後の長崎大学教授)を一九三八年に石井の元に派遣した[72]。

七三一部隊の研究者、常石敬一《つねいしけいいち》は、次のように述べている。「対象が面白ければ医学者たちは、尻を叩かなくても自分から墓を掘り起こしてでも材料を集める人種であること、競争させれば互いに競争の意味や中身を吟味することなく突進することなど、医学者のビヘイビヤーをこの時石井は十分に学んだ。こうした意味で、後に七三一部隊長となる石井四郎の原点は、この香川での研究調査活動にあったと言えるのではないか[73]」。清野も墓を暴いてアイヌの遺体を掘り出したが、石井も同様に日本人の遺体を掘り起こして研究材料とした。七三一部隊の部隊長になってからは、生きた人間を人体実験にして軍事作戦のための研究を行った。遺骨盗掘と人体実験は、骨と生身の人間という違いはあるが、人権を否定して研究材料のために物として扱う点において共通している。

常石はまた次のように指摘している。「研究は本当は自分の興味、そしてそれを発表することで得られるかもしれない自分の名誉のためにやっているにもかかわらず、大学の名誉のためにやっていると自らに言い聞かせることで、普通であれば自分に許さない行為でも、その口実の下に行ってしまうことが起こる」[74]。研究者が人体実験を行い、学知による殺人を正当化するときに、「大学のため」を口実にしてきた。それは研究を最優先し、遺族や関係者の人権、信仰、習慣を無視するという、遺骨盗掘問題の原因と同じである。

七三一部隊の問題は、中国で人体実験を行い、生物兵器を使用しただけではなく、その戦争犯罪が免罪され、研究者が何ら反省していないということにある。一九四六年末、ソ連が石井らの七三一部隊関係者を軍事裁判にかけるために彼らの引き渡しを求めた。しかし米軍はソ連の引き渡し要求を拒否した上で、戦犯免責を与え、本国から生物兵器の専門家を派遣して、石井らから人体実験に関して情報を収集した。その結果が一九四七年の「フェル・レポート」と「ヒル&ヴィクター・レポート」である[75]。石井らは人体実験に関する研究資料を米軍に渡した。七三一部隊の戦争犯罪を日米双方で隠蔽した。

七三一部隊の技師たちは、京都帝国大学医学部、その系列の大学から派遣された研究者が多く、戦後、これらの大学に復職した。彼らのうちの何人かは、一九六〇年代末から七〇年代にかけて医学部長や医科大学長、薬科大学長等に就任した。また一九五〇年に日本ブラッド・バンク（後にミドリ十字。現田辺三菱製薬）を設立したのは、京都帝国大学医学部出身の内藤良一《ないとうりょういち》・元軍医中佐であった。戦時中、防疫研究室、つまり石井部隊を実質的に動かしていた。同社には、多くの元七三一部隊の上官や部下が働いていた。朝鮮戦争において懸念されていた各種伝染病の流行に対して、米政府は同社から各種のワクチンを調達した。戦後一〇年ほどの間、ワクチンと輸血製造の業務を元石井機関出身者が一手に担っていた[76]。

戦後要職についた元石井機関の研究者たちは、人体実験などの残虐行為が批判されても、彼らの大部分は謝罪も辞職もせず、学長やその他の地位につくことに躊躇しなかった。元石井機関の医学者たちは反省せず、彼らを要職につけた日本医学界も戦争責任の自覚がなかった[77]。琉球人やアイヌから遺骨を盗んだ研究者や大学も同じく、石井らはその犯罪性を反省していない。

一九九七年に中国人被害者一八〇名の原告が日本政府を相手に、一人一〇〇〇万円の賠償を求める「七三一部隊国家賠償請求訴訟」を東京地方裁判所に起こした。二〇〇二年、東京地裁は賠償請求を棄却したが、日本軍が細菌兵器を使った攻撃を行い、被害者が出たことを認めた。判決文は、細菌兵器の実践使用はジュネーブ・ガス議定書に反し、被告にはハーグ陸戦条約三条に基づく国家責任が生じていたと指摘した。しかし、七三一部隊、その支部が防疫給水部として存在していたことを日本政府は認めたが、細菌兵器の開発やその実践使用を今でも認めていない[78]。日本の医学界だけではなく日本政府も、石井機関の戦争犯罪を認め、謝罪、賠償を行っていない。

他方、ニュルンベルク裁判では、ナチスの人体実験が裁かれた。ナチスはユダヤ人を対象にした大量断種実験、毒ガス実験、マラリア実験、発疹チフス実験等を実施した。一九四七年に判決が下され、一六人が有罪、七人が死刑となり、四八年に執行された(79)。

清野の通夜の席において石井は次のように、七三一部隊、清野との関係について語っている。「ハルピンに大きな、まあ丸ビルの十四倍半ある研究所を作って頂きまして、それで中に電車もあり、飛行機も、一切のオール総合大学の研究所が出来まして、ここで真剣に研究をしたのであります。その時に先生が一番力を入れてくれたのが人的要素であります。各大学から一番優秀なプロフェッサー候補者を集めて頂いたのが、ここに沢山御列席になる石川教授、それから東北大学の岡本教授その外十数名の教授連でございます。そうして先生が、鶴見先生と一緒でございましたと思いますが、研究室を御覧になりまして、これはどうしても国家的のものにして育てねばならんというので、非常に力を入れて頂いたのであります。その都度簡潔に御報告をしますと、今度は、次は、とどこまでも先生が拍車をかけられまして、段々に、最後に大東亜の全面にわたって、この民族線防禦《ぼうぎょ》の第一次完成をみたのであります。（中略）頭に残った経験、残ったこの研究は今病理学会で、岡本教授、石川教授、ちらほらと出てます、又細菌については各教授になられた方が細菌学会でその片鱗を発表しておられますので非常に心強く思っております(80)」。石井は人体実験の事実を隠すとともに、自らが犯した戦争犯罪を全く反省していないこと、清野が石井機関の形成において大きな役割を果たしたことが分かる。さらに戦後、七三一部隊での研究に基づいた発表を関係の研究者が行ったことにも触れている。

研究者と日本軍は、次のような形で密接に連携していた。まず、医学部教授らを軍医学校防疫研究室の嘱託研究員に任命した。彼らはそれぞれの専門領域で研究成果を軍に提供するとともに、研究室の門下生らを軍に送り出す「人集め」の役割を果たした。嘱託研究員が得た研究成果は、軍医学校防疫研究室に報告され、研究成果の現物が同研究室に提出された。それらの情報、ワクチン、その他の試作品等は、石井部隊やその他の日本の植民地に駐屯する部隊に送られた。現地では、嘱託研究員の弟子たちが情報の真偽や試作品の効果を確かめるために、人体実験を含む各種の実験が実施された。そして国内にいる嘱託研究員は、弟子による実験の結果を防疫研究室を通じて受け取り、結果が不十分な場合は研究をさらに続けた(81)。

清野から派遣された研究者は陸軍技師となったが、将校と同等の待遇を受けて民間人の身分のままで軍内部において研究を行った(82)。医学研究と軍事が有機的に結合した「軍事研究」が、体制的に行われていた。

清野は日本軍の嘱託研究員になることで、研究費を得ることが可能になった。また戦争末期に入手が極めて困難になっていた研究資材を入手することができた。嘱託研究員は、アジア各地の疫学情報、人体実験の結果等も手に入れた(83)。

清野研究室出身で、奄美諸島から遺骨を収集した中山英司は、七三一部隊に加担したとされ、京都大学から学位が授与された(84)。

清野研究室出身者の石川太刀雄丸は、七三一部隊において病理研究班班長となった。石川は、一九四〇年の七三一部隊によるペスト菌散布の結果、流行した吉林省農安地区のペスト患者五七体の解剖を行った。石川は病理学会誌上において、「ペストの解剖体数において世界記録である」と報告した。一九四七年、アメリカ側の調査に対し石川は、人工的にペスト感染させた人体の標本数は一八〇例になり、流行性出血熱に感染した人体の解剖数も八〇例に達したと答えた。石川は終戦前に石井部隊から八五〇例の病理標本を持ち帰り、戦後、人体実験が問題化する前に米国側に資料を提供し、免責された[85]。

七三一部隊の研究者は、生きた人間の実験や解剖を行った。人類学者は琉球人遺骨を集め、死んだ人間の骨を研究対象にした。双方とも、実験対象になった当事者や遺族、地域社会の意に反して、または同意を得ることなく、人間を研究資料として利用したという点において共通している。遺骨も人体の一部である。双方とも人間の尊厳を無視した非人道的な行為であるとともに、国際法、国内法に反している。さらに双方とも日本政府、大学はこのような違法行為に対して未だに反省、謝罪、賠償を行っていない。

現在、七三一部隊関係者に京都大学から学位が授与されたことに対する問題が提起されている。石井四郎以降、京都大学から学位を授与された者は三三人いるが、そのうち七三一部隊の軍医将校が一四名、技師が九名含まれている。戦後も七三一部隊員関係者が京大から学位を授与されていた[86]。

次のように七三一部隊における人体実験の結果が、博士論文に反映されたと疑われる論文もある。七三一部隊の平澤正欣《まさよし》軍医(戦死)が京大に提出した博士論文には、ペスト菌を「サル」に感染させる特殊実験についての記述がある。しかし「サル」が頭痛を訴えるのは不自然であり、論文中のグラフに記された体温がサルでは必ずしも高熱とは言えないなど、「サル」ではなく人間を実験対象にした可能性が強く疑われている[87]。

二〇一八年四月、「満州第七三一部隊軍医将校の学位授与の検証を京大に求める会」が設立され、学位の取り下げを京大に求める運動を始めた(88)。

第六節　学知による差別と帝国主義

日本帝国主義による民族差別を象徴しているのが「学術人類館」事件である。一九〇三年に大阪の天王寺で開催された第五回内国勧業博覧会に人類館が設置され、次のような人々が「展示」されていた。アイヌ七名(内女性二名)、琉球人二名(女性)、「生蕃タイヤル種族」一名(女性)、「熟蕃」二名(男性)、「台湾土人」二名(男女)、マレー人二名(男性)、「ジャバ人」一名(男性)、インド人七名(内女性二名)、トルコ人一名(男性)、ザンジバル島人一名(男性)(89)。

人類館の企画、その内容の決定に関して大きな影響力を与えたのが、坪井正五郎・東京帝国大学教授であった。坪井は一八八九年にパリ万国博覧会を見学し、柵で囲われた集落に先住民族を生活させて展示した「植民地パビリオン」を見て、人類館を構想した。坪井は「世界人種地図」を作製して出品し、東京帝国大学人類学教室所蔵の「土俗品」を貸与するなど、積極的にその企画に関わった。中国側からの抗議を受けて、開館前に中国人の展示を取りやめるとともに、「人類館」から「学術人類館」に名称を変更した(90)。「学術」という文字を付け加えて学知の装いを色濃くすることで、植民地支配下の民族に対する差別意識を覆い隠そうとした。

また坪井は学術的意義を強調するため、一九〇三年四月、伊能嘉矩《いのうかのり》は「台湾の人種」、坪井は「博覧会と人類学」を、それぞれ人類館主催の人類学講演会で報告した。坪井は展示の抗議を行った中国人、朝鮮人、琉球人をその都度展示対象から外した[91]。

抗議を受けても坪井は「生身の人間」の展示自体を反省せず、展示の規模や方法の改善によって問題が解決すると考えた。坪井が人類館における生きた人間の展示に固執したのは、「植民地の人間を研究することが課題の人類学者としては当然」と認識していたからであった。つまり坪井にとって陳列した人間は現実の生きた人間ではなく、「人類学研究の材料」でしかなかった[92]。人権を否定された当事者たちの声に真摯に向き合うのではなく、自らの研究に対する欲望を優先している。ここから学知の植民地主義が生まれ、その後の人類学者に植民地主義的な支配者意識が受け継がれた。

坪井は伊豆諸島で住民の身体測定を行った。この人類学調査は、徴兵検査場において徴兵検査委員、陸軍中佐、軍医とともに実施された。人類学調査は、徴兵制にともなう国民の身体の測定作業と重なり合っていた[93]。清野のように、人類学と軍隊との親密性という問題を坪井も有していた。それは日本がアジア太平洋に自らの統治圏を拡大していくなかで、人類学が帝国にとって有用な学問であると認識されていたからにほかならない。そのような期待に対して人類学者は積極的に応えていた。

琉球人の展示は一九〇三年で終わったが、アイヌの展示はその後も続いた。一九〇七年、東京府主催の東京勧業博覧会が上野公園で開催された。会場内にはアイヌ館が設置されたが、坪井が同じく展示の企画を担当した。北海道の春採《はるとり》から来た二人のアイヌ男性が、アイヌ衣装を着て古式舞踊を披露した。一九一二年、北海道出品協会の主催で明治記念拓殖博覧会が上野公園で開催された。坪井を顧問として植民地展示が行われ、次のような「生身の人間」が展示された。「台湾土人」一一人、「台湾蕃人」五人、「樺太オタサムアイヌ」四人、「ギリヤーク」(現ニヴヒ)三人、「オロッコ」(現ウィルタ)一人、

「北海道日高アイヌ」三人。これらの人々は会期中、伝統的な住居で生活した。「劣った」「未開」な植民地住民を、どのようにして「日本人化」させるのかという問題意識で人間の展示が行われた。同年の一一月七日、内務大臣、外務大臣、拓殖局総裁、公爵、伯爵らを招待した「人種懇親会」が開催された。司会の坪井は、「天皇陛下の赤子」である日本帝国の臣民が一堂に会し、食事を楽しむことができて幸せであると述べた(94)。

一九一三年、明治記念拓殖博覧会が大阪の天王寺で開催された。「人種小屋」が設けられ八人の「ギリヤーク」、「オロッコ」、三匹の樺太「馴鹿《じゅんろく》」（トナカイ）、五人の「北海道日高アイヌ」、五人の「台湾生蕃」、六頭の水牛が陳列された。日本によって植民地支配された北海道や台湾の先住民族が、見せ物になった。博覧会で展示されたアイヌ民族は、北海道や樺太の原産物と同じように、「改良」させ、「発展」させるための対象として位置付けられた。「未開」「野蛮」と先住民族をステレオタイプ化することで帝国としての日本を確認し、日本人の優位性を明示させようとした。一九〇四年、アメリカのミズリー州で開催されたセントルイス万国博覧会で行われたアイヌ民族の展示に関して、坪井が助言した。その際、日本は欧米列強の仲間入りを意識して多くの出品を送った。博覧会の人類学展示では、世界に対して植民地を持つ帝国としての日本をアピールした。一九一〇年にロンドンで開催された日英博覧会では、アイヌ民族、台湾原住民族を展示した(95)。日本政府にとってアイヌ民族や台湾原住民族は帝国の威信を国民に自覚させ、世界に発信する材料でしかなかった。琉球人、中国人、朝鮮人は、一九〇三年人類館で展示から外されたものの、アイヌ民族、台湾原住民族と同じく、日本帝国主義の拡大のための研究素材、宣伝材料として認識されていた。

例えば、一九一四年に開催された東京大正博覧会では、台湾館、樺太館、満州館、朝鮮館、拓殖館が設置された。一九二二年、東京で開催された平和記念東京博覧会では、南洋館が登場した。「人種館」が東京人類学会の協力で設置され、六人の「ベンガリ種族」、三人の「クリン種族」、一一人の「マレー種族」、一人の「ジャヴァ種族」、四人の「サカイ種族」が展示された[96]。植民地パビリオンや展示対象の民族が増えたが、帝国意識を社会全体に浸透させるために人類学者が大きな役割を果たした。また博覧会を利用して、植民地主義的な学知自体も「発展」することが可能になった。

「人類館」の思想とは、人間をいくつかの「人種」に分類し、「人種」間に序列をつける人種差別的認識を柱にしたものである。「種族標本としての他者」という展示により、人間それぞれの個性ではなく、「種族」の差異を示す「科学的な標本」情報を引き出し、観察しようとした[97]。人類館には日本人は展示されなかった。なぜなら日本人が「人種」間序列の頂点にいることが前提とされ、その高見から「下位の人々」を眺め、観察し、分類し、統治することができるという、帝国主義の心性を人類学者や多くの日本人が共有していたからであった。「学術人類館」として「人類館」に「学術」の名を付加することで差別を隠蔽しようとしたが、むしろ学術、学知そのものが差別を生み出す権力の源泉となった。日本人にとって琉球人、アイヌ、台湾原住民族は「種族標本としての他者」でしかなく、研究者によってその骨が奪われ、標本にされた。

次に坪井とともに日本の人類学形成の祖であるとされ、琉球、アイヌ、台湾原住民族等の調査を行った鳥居龍蔵《とりいりゅうぞう》の学知のあり方について考察する。鳥居は琉球においてフィールドワークを行う際に、チェンバレンの仮説、つまり琉球人は体質上、内地日本人と同じくモンゴリアンであるということを検証しようと考えた。琉球人と内地日本人の祖先は、朝鮮海峡から対馬を経由して日本に入った。その一派は九州に上陸し、他の一派は海を渡って琉球に向かったという仮説は、日本内地および琉球の地理的位置と、伝説、言語上の類似性によって明らかであると、鳥居は指摘した。鳥居は人類学上の体質測定や観察によって仮説を証明しようとした。伊波普猷《いはふゆう》は論文「琉球人の祖先に就いて」の中で、内地日本人と琉球人が同一「人種」であることを証明するために、鳥居の研究だけでなく、金関丈夫の『琉球人の人類学的研究』を参照している(98)。

鳥居は「近代的で学術的な方法」で、日琉同祖論を基礎付けたのである。それは、同じく日琉同祖論者であった伊波が自著の『琉球人種論』の扉で、「この書を坪井正五郎先生並に鳥居龍蔵氏にさゝぐ(99)」と記したことからも明らかであった。

鳥居は一八九五年に最初のフィールドワークを遼東半島で行った。その際、帝国大学総長の渡邊洪基《わたなべひろもと》が日本の人類学調査として最も必要な場所は、第一に沖縄、それから台湾・朝鮮であると鳥居に強調した。鳥居はこれらの諸地域を調査すると回答した(100)。琉球、台湾は日本の植民地となり、朝鮮はその植民地化が議論されていた。当時、日本の最高学府とされた帝国大学において、帝国の学問としての人類学による植民地の研究が必要不可欠であると認識されていた。

鳥居は琉球語と日本語との関係について、次のように述べている。仮に両語の祖語があったとしたら、日本語はその祖語の一部分であり、琉球語もその一部分であっただろう。そして今日の日本語が古代の日本語を代表するというよりも、かえって琉球語の方が日本語の古語を代表する場合が非常に多い(101)。以上の類似関係は偶然ではなく、日本人と琉球人の「人種的関係」が親密であることを証明しているのではないか。すなわちこの関係は古い石器時代において、沖縄の「先住民」が日本内地の「先住民」と人類学上同一であったことを証明するものではないか。[102] 東京帝大の学知によって日琉同祖論が正当化された。日本の植民地支配を隠蔽する「琉球が沖縄として祖国・日本に帰ってきた」というイデオロギーが生み出されたのである。同様な言説は戦後の「祖国復帰運動」の過程でも語られた。

鳥居は琉球人に日本人と同じ徴候を発見し、その同一性を主張した。彼が琉球人に見出した同一性の徴候は、曲玉、言語（琉球諸語）、皮膚の色などであった。鳥居は琉球人と日本人の同一性の徴候を指摘するとともに、他者性（＝「アイヌ」）を示す徴候も発見している。[103]

冨山一郎《とみやまいちろう》は、鳥居におけるアイヌ民族と琉球人との位相の違いについて、次のように説明している。「「アイヌ」の未開が同じ時間を共有しないものいわぬ他者として設定されたのに対して、「琉球人」の未開は開化という歴史のなかに配列され、まさしく開化しつつあるというプロセスにおいて、「日本人」という自己同一性の中に受け入れられたのである。いいかえれば分類という方法により、日本の領土の中に、運命的で変わることのない未開と、実勢により開化しうる未開という二つの未開が発見されたのである」。[104]

次のように鳥居の琉球人に対する蔑視が、「土人」という言葉から伺える。「土人ハ掛クルコトヲはくトイフ」[105]「宮古島土人平良真牛《もうし》、西里蒲」。[106]

鳥居は琉球の島々で皮膚の色について、沖縄県師範学校の男子生徒一四六人（年齢は一七〜二四歳）、高等女学校生徒七八人（年齢は一三〜一九歳）を対象として調査を行った。その時、鳥居の「学友」伊波普猷が助手として調査を助けた。調査の結果、琉球人の皮膚の色は日本人のそれに類似しているが、特に蒙古種族の皮膚の色に似ているとの結論を下した[107]。鳥居は琉球人の生態的な観察に基づいて、琉球人と日本人の共通性を強調した。

他方で、鳥居は日本人の中のマイノリティである被差別部落についても研究を行い、次のように述べた。「マレイ諸島ポリネリヤン島の土人即ちマレヨポリネリアン種族に類似せるを発見せり(中略)穢多の目は寧ろマレー種族の目にして蒙古眼を有するものなし[108]」。

鳥居によって「マレー系人種」とされた被差別部落民は、日本人のルーツを北方に求める論拠の一つとして利用された。鳥居は一九一八年の自著『有史以前乃日本』において、「固有日本人説」と呼ばれる「日本人種論」を展開した。それによると日本人の起源は北方にあり、石器時代には、すでに朝鮮半島を経由して日本列島に移住し、弥生式遺物を用いたという。この鳥居説は大正時代において代表的な学説となった。日本の先住民族はアイヌであり、それに続いて日本には「固有日本人」、インドネシアン、インドシナ民族が渡来し、これらが「日本人種」を形成したと主張した[109]。この場合、琉球人は「固有日本人」に含まれるのだろう。

鳥居は「人種」や民族の間に優劣があると考えていた。「マレー系人種」であるとされた被差別部落民については、「蒙古系人種」である日本人のマジョリティよりも劣った存在とみなしていた。「日本人種」は誕生以来進化を遂げ、原初の状態は明らかでないと鳥居は考えていたが、被差別部落民は未だに祖先の状態に留まっていると理解していた[110]。その結果、被差別部落の当事者から、調査に関する抗議や問い合せが鳥居に寄せられていた[111]。

鳥居は韓国併合、日本による朝鮮の植民地支配を支持していた[112]。指導力を有する日本人を中心にして様々な民族間に階層性をもたせ、帝国の開発と支配を差配するという帝国のシステムの中で、清野と同じく鳥居も人類学という学知を利用して権力におもねり、自らの学者としての地位を高めようとした。

日本帝国主義の拡大にともなって、鳥居のフィールドワークの範囲も広がった。一八九五年から鳥居は中国大陸、台湾、クリル諸島(千島列島)、「満州」、モンゴル、朝鮮、サハリン(樺太)、シベリアを旅行し、これらの地域における人類学研究の開拓者となった。鳥居が旅行した地域の大半は、日本政府による北進政策の目標となった場所であった。時期的に、鳥居の調査旅行は明らかに日本帝国主義の拡大と関係していたと言える。鳥居はこれらの地域を、日本軍が侵略または占領した時またはその後に調査した。一八九五年における鳥居の最初の海外でのフィールド旅行先は中国であった。その時、日本は日清戦争に勝利し、中国から台湾を手に入れた。一九一〇年に日本が韓国を併合した時に、鳥居は韓国での調査を始めた。一九一八～二二年に日本軍がシベリアに出兵した際、鳥居は東シベリアに行った。鳥居の研究内容は基本的に学術的なものであり、帝国主義のイデオロギーという要素はほとんどなかったと言える。しかしながら、彼のフィールドワークの現場と日本帝国主義の拡大地域が一致していたことは明白であった。鳥居の遼東半島への最初の調査旅行は、東京人類学会からの依頼によって行われた。また日本が台湾を領有した際に、坪井正五郎は日本政府に対して科学者グループの台湾派遣を求めたが、鳥居はその一団の中にいた[113]。

次に、京都帝国大学医学部において清野や金関らの指導教授であった、足立文太郎の人類学について検討してみたい。足立は欧州各地の教育機関や博物館を訪問し、「日本原人研究」の資料を求め、日本周囲民族と南方民族に関する頭骨調査を行った。その膨大な人類学的計測資料は、一九三六年に台北帝大に赴任した金関丈夫に譲られた。金関はこの資料を自らの門下生に整理させたが、それは国立台湾大学解剖学教室論文集として出版され、国立台湾大学に保管された(114)。

足立は日本人の外部生殖器の研究のために、女性器、ポルノグラフィーを丹念に収集した。足立の研究室にあった標本の整理箱には、女性数人分の陰毛が一塊ずつ整然と並べて収められていた。足立は浮世絵の春画をみて、「僕は陰毛を見れば、だれの絵かすぐ分かる」と言った。また足立は女性の人体解剖の時、拡げた股の間に自らの頭を入れて、鼻を局部すれすれに近づけて計測器で測定した。それを隣で金関丈夫助教授が「何々が何cm何mm」と記録した(115)。人体を研究対象のモノとして認識するという研究姿勢を、金関は足立の指導の下で身につけたのだろう。

金関が足立から継承した研究テーマとして体臭の研究がある。足立は体臭に関して次のように述べている。西洋人は腋の下が臭い、即ち腋臭がある。女でも男でも大抵のものが臭う、特に女が著しい。これは腋の下から出る汗の臭いである。日本人は通常臭わないが、西洋人は臭うのである。人種によって体の臭いが違う。アフリカの「黒ン坊」は非常に臭い。西洋の書物を読むと「黒ン坊」の体が臭いことがよく書いてある(116)。

足立は、自分が惚れて欲しいと思う男性が飲んでいるコーヒーの中に自分の腋の下の汗を少し入れて飲ませれば、効果があると記述している(117)。また足立は、アイヌと対面しただけでは明瞭に腋臭の有無が分からないが、自分の調査によるとアイヌは現に腋臭を持っていたと述べた(118)。次章において論じる金関による体臭研究も同じように、体臭の研究内容自体が偏見と差別を助長するものであった。合理的な実証や推論に基づかない、伝聞や主観、偏見による知見を事実であるかのように語る「疑似科学」であると言える。

それは足立の腋臭に関する次のような記述からも言える。動物は交尾期になると臭気が強くなり、雌雄互いにその臭気によって呼び寄せようとする。人間の腋臭はそれと同様の関係を持っており、腋臭の強いものほど動物に近いと言える。[119] 腋臭が強い人間は動物に近く、日本人は動物から離れた文明人であるとする「日本人種論」である。腋臭によって文明と野蛮を選り分け、日本と西欧との文明上の立ち位置を逆転させようとしているかのようである。

西洋人を野蛮の方に近づけたいと考える足立の言説は、次の指摘からも伺える。西洋人は耳に穴を開けて飾りを下げている。これは世界中いたるところで見られる「野蛮なる風習」であり、日本でも古代においてやっていた。[120]

次章において検討するように、琉球人骨収集のために金関丈夫を琉球に派遣したのは足立であった。琉球人骨について足立は次のように述べている。琉球については未だよく調べていないが、頭蓋骨の形を見ると「マレー種族」のものが多いと言える。なかでも頭が狭く小さく、顔が非常に低いものが多くある。欧州の人類学教室においてたくさん収集されている「ダヤーク」と全く類似している。琉球人の頭蓋骨にはこの他に「蒙古種族」の顔をしているものもある。「台湾蕃人」は他の場所から移ってきた一種の「マレー種族」であるが、琉球にいるマレーのある者は台湾を経て、またある者は直接、琉球に来たのであろう。[121] 琉球人の頭蓋骨を調査し、その多くがマレー系であると判断している。

鳥居は被差別部落民もマレー系の人々と主張していた。

足立は「琉球与那国島岩洞中ノ一頭蓋」と題する自らの論文において、次のように記述している。「与那国島平久《ひらく》保《ぼ》村字河原浜ノ岩洞中ニ人骨ノ多数アルコトヲ知リタリ(122)」。右記の「平久保村字河原浜」は当時の石垣島の住所である。青森県出身の探検家、笹森儀《ささもりぎ》助《すけ》は石垣島から遺骨を持ち出せず、与那国島から持参した遺骨の鑑定を研究者に依頼したのであった。つまり、足立は与那国島と石垣島を混同していたのであり、琉球の事情を十分調査することなく、論文を執筆したことが分かる。笹森は平家落人の骨であると考えていたが、実際に鑑定した足立は数百年以前の古骨ではなく、平家の人骨とは考えられないという結論を下した(123)(第一章参照)。

琉球人遺骨と足立との関係は「与那国島の頭蓋」に限定されたが、金関が足立の意を受けて琉球に足を運び、その遺骨を京都帝大に持ち去ることになった。

第七節　台湾の植民地化と「再皇民化」

二〇一七年八月、国立台湾大学に収蔵されていた、六三体分の琉球人遺骨の琉球への移管が沖縄県に伝えられた。移管が実現した契機になったのは、台湾立法院の高金素《こうきんそ》梅《ばい》(チワス・アリ)立法委員(国会議員)が台湾政府教育省に働きかけたことにあった。高金は台湾原住民族のタイヤルである。

二〇〇二年から高金素梅は、高砂義勇隊の遺族を含む台湾原住民族とともに、小泉純一郎首相による靖国神社参拝の中止を求め、翌年大阪地裁に国と小泉首相、靖国神社を訴えた。二〇〇五年の大阪高裁判決は小泉首相の靖国参拝が公的性格を有し、憲法の政教分離に反する行為であると認定した。また高金は「靖国神社に対する高砂義勇隊犠牲者の削除要求裁判」を起こした。高金は高砂義勇隊の遺族と靖国神社に行き、合祀名簿を差し出し、合祀しないよう主張し、祖霊の返還を求めた。二〇〇五年に高金は約五〇人の原住民族と一緒に合祀の取り消し、祖霊の返還を求めて靖国神社に行ったが、警察によって入域を阻止された。[124] 琉球からは金城《きんじょう》実《みのる》(彫刻家)が高金とともに靖国訴訟を闘った。

　日本による台湾の植民地化は次のように進められた。一八七一年に琉球・宮古島の漂着民が台湾の牡《ぼ》丹社《たんしゃ》原住民族に殺害された事件を口実にして、一八七四年に台湾が日本軍によって侵略され(後述)、台湾原住民族の部落が攻撃された。台湾侵略後の一八七九年に日本は琉球を併合したのであり、台湾と琉球の植民地化は結びついている。日清戦争後、台湾は日本の植民地となった。一八九五年の「官有林野及樟脳製造業取締規則」第一条である、「所有権ヲ証明スヘキ地券又ハ其他ノ確証ナキ山林原野ハ総テ官有トス」という規定により、有無を言わさず原住民族の土地が奪われた。原住民族の土地所有形態は共有制であり、私有制ではなく、また文字をもたない社会であった。日本植民地政府は近代的な法律を用いて原住民族の多くの土地を奪った。[125] 同じく日本の植民地になった琉球、南洋群島(ミクロネシア諸島)の共有地も、台湾原住民族と同じような方法で日本政府によって奪取された。

　台湾総督府は、「理《り》蕃《ばん》政策」と称して台湾原住民族に危害を加えた。一八九六年から一九二〇年の間だけでも「生蕃討伐」が一三八回実施され、七〇八〇人が殺害され、四一二三人が負傷した。一九〇五年の人口調査によると、原住民族は八万二七九五人であったが、一万一二〇三人の死傷者数は原住民族全人口の八分の一に及んだ。総督府による台湾原住民族虐殺の中で最大規模に及んだのは、霧《む》社《しゃ》事件である。一九三〇年、日本軍は秘密裡に開発した毒ガス弾を霧社部落に投下した。その後、毒ガスの効果を調べるために軍医が死体を解剖した。そして霧社事件のリーダーであったモーナ・ルダオの遺体が台北帝国大学に持ち込まれ、研究標本となった(126)。ルダオの遺体を大学に持ち去ったのは金関丈夫であった。

琉球と同じく台湾の原住民族に対しても皇民化教育が実施された。一九〇四年に蕃童教育所が設置された。また一九四一年には原住民族の青年を高砂義勇隊に編成し、戦場に送った。高砂義勇隊は約一万人であったが、その半分が死亡した(127)。同化教育と、戦闘員としての日本軍への編入による犠牲の強要も原住民族と琉球人は共通している。

台湾の再皇民化——侵略の正当化、再生産続く

二〇一六年八月一五日、摩文仁《まぶに》の丘の各県慰霊塔がある一角に「台湾之塔」が建立された。蔡英文《さいえいぶん》総統が揮毫《きごう》した碑文の説明板には、次のような記述がある。「台湾之塔は、先の大戦に台湾から参戦し散華された軍人軍属などの御霊を慰霊・顕彰する碑であります。（中略）当時台湾から勇んで参戦した二十万余の軍人軍属の内、約三万柱の戦没者と一万五千余人の行方不明者は、共に我々の同胞でした。時代が変わろうと、人が自らの命を犠牲にして他者を救わんとした行為は、民族や国家の如何を問わず、人道の範として賞され語り継がれなければなりません」。

「散華」「勇んで参戦した」「自己犠牲」等のように戦争を美化する文言が見られる。日本の植民地になった台湾の人々は日本によって死を強制されたのであり、「同胞」と呼ばれることを拒否する人

もいるのではないか。

李登輝《りとうき》が総統に就任した一九八八年から民進党の陳水扁《ちんすいへん》政権時代にかけて、日本の植民地支配、アジア太平洋戦争を肯定するような歴史認識に基づく遺跡保存政策や教育が実施されるようになった。このような現象を「再皇民化」と呼びたい。

二〇一六年八月、台湾の研究者が設立した中華琉球研究学会のメンバーとともに、「台湾の再皇民化」の現場を歩いた。新竹市の公園山頂には日本の神社跡があり、灯籠、階段、神社の土台が残されていた。苗栗《びょうりつ》県にある通霄《つうしょう》神社は、天照大神、北白川宮能久《きたしらかわのみやよしひさ》を祭神として一九三七年に建立された。その説明板に「日据」ではなく、「日治」として日本の植民地時代が表記されていた。前者は日本の植民地支配を意味し、後者はそれをぼやかす表現である。同神社は苗栗県の歴史建築に指定され、倒壊しかけた社務所は公費で再建工事が行われていた。

屏東《へいとう》県四重渓《しじゅうけい》温泉地区には、温泉神社、鳥居、石灯籠、手水舎《ちょうずや》等が新しく建立され、公共物として神風特攻隊の零戦を模した構築物が置かれていた。

高雄《たかお》市にある、海の特攻隊と言われる震洋部隊の基地跡に、神社の土台、石段が残っていた。ここは現在、台湾海軍の基地内であるが、戦前は日本海軍基地、その前は清朝時代の城門であった。車で移動中に見つけた神社が屏東県の佳冬《かとう》神社であり、鳥居、石橋、神社土台があった。台湾には日本の神社が全体で二〇〇社以上存在しているが、行政府が政策的に保存し、再建している。地元民の信仰の対象ではなく、日本時代を象徴するものとして保護されているのである。

屏東県にある、牡丹社事件の琉球人墓も「神社化」していた。「琉球藩民墓」と記された看板に沿って進むと、墓地周辺には鳥居、灯籠、大砲型の街灯等があり、「日本的」に軍国主義的な形で整備されていた。一八七一年に宮古島の人々が台湾原住民族に殺害されたその翌年、琉球国は「琉球藩」とされ、七三年、副島種臣《そえじまたねおみ》・外務卿が同事件に関して清国に抗議し、七四年に台湾侵略を挙行した。「琉球藩」は日本政府が一方的に与えた名称でしかなく、琉球国はそれに同意していない。琉球国は日本の所属地でなく、琉球人は「琉球藩民」でもない。台湾侵略に対して琉球国は反対したのであり、日本政府は琉球国のために抗議し、台湾を侵略できる法的根拠はなく、当時の国際法である万国公法に反していると言える。「台湾出兵」ではなく台湾侵略である。

琉球人の墓の前で手を合わす筆者(右端)

台湾侵略後の一八七五年に日本政府は、琉球国に対して清国との朝貢冊封《さくほう》関係の停止、明治年号使用を求め、七九年に武力を用いて琉球国を消滅させた。台湾侵略から日本の帝国主義が本格化した。

私は琉球人のマブイ(霊魂)に手を合わせたが、墓の前にある日本軍が建立した石碑「大日本琉球藩民五十四名墓」が邪魔になり、斜めに座らざるを得なかった。墓参する人々は「大日本」の石碑の前に立って手を合わすのであろう。地元の中国人が琉球人の遺骸を葬った墓の手前に、西郷従道の名前で台湾侵略を正当化する石碑が建立された。日本の帝国主義の手段として琉球が今でも利用されている。

台湾侵略の際、台湾原住民族が日本兵によって虐殺された山の上に、二〇一五年、高士《クスクス》神社と鳥居が再建され、李登輝は「為国作見証」と書かれたお祝いの色紙を寄せた。侵略を肯定しているかのようである。台湾原住民族が加害者、琉球人が被害者とされ、日本軍が被害者の仇討ちを行ったというストーリーが日本軍によって作られ、今でもそれが再生産されている。

蔡英文総統は二〇一六年、台湾原住民族に対して謝罪を行った。これに対して台湾立法院の高金素梅委員は、日本政府が台湾原住民族への差別、加害を謝罪するよう蔡総統が求めるべきだと主張した。琉球人、台湾原住民族ともに日本の植民地支配の被害者であるが、未だに日本政府によって謝罪が行われていない。

台湾各地で抗日運動——日本、弾圧虐殺の謝罪せず

「台湾の靖国神社」と言われるのが、台中市にある宝覚禅寺《ほうかくぜんじ》である。同寺には李登輝書の「霊安故郷」、東郷神社宮司書の「英霊鎮魂」の各石碑がある。同石碑の説明パンフレットには次のように記されていた。「霊安故郷(英霊よ、故郷に安らかに眠り給え)英魂碑は亡き戦友の忠義と偉勲事績を永久に銘記すると共に遍く先人の大和武勇を讃えて鎮魂を子孫への顕彰に努める」のが建立の目的である。また「この碑は日・台両国過去の歴史による日本国植民地統治下の大東亜戦争に、日本国陸海軍人軍属として戦場に散華した三万三千余柱英霊の鎮魂慰霊碑である。諸霊は日本国皇民化教育の名の下に日本国危急存亡の戦場に、高砂義勇隊、陸海軍特別志願兵、さらには日本国としての義務であった徴

兵令により、大東亜戦争南方諸戦域をはじめ各戦域に参加した台湾元日本陸海軍人軍属二十万七千余名の戦友であり、また台湾縁りの日本陸海軍人軍属の戦友であった。（中略）日本国は諸霊を靖国神社の御祭神として合祀し、春秋例大祭には勅使が参向して、日本国は最高の儀礼を尽くし、国民は崇敬の誠を捧げている」。

「大和武勇」「大東亜戦争」「散華」「英霊」「戦友」等の言葉から、戦争を美化し皇民化教育や靖国神社への合祀を正当化する意図が、この説明文から読み取れる。

苗栗県の虎頭山頂には、日露戦争時に日本軍通信兵が台湾海峡を航行するバルチック艦隊を監視し、日本の勝利に「貢献」したと記された説明板、大砲、記念碑がある。台湾の軍事的「貢献」が日露戦争まで遡って説明されている。

台南市に、日本の植民地支配を強化するために「武士道」教育の拠点として建設された武徳殿がある。武徳殿は補修され、現在、忠義小学校の講堂として利用されている。戦前、同小学校は台南神社であったが、現在、神社社務所が再建されていた。各説明板に日本の植民地支配を批判するような文言はなかった。小学校の近くには、戦時中に設置された愛国婦人会館が再興されていた。

八田與一《はったよいち》は戦前、烏山頭水庫《うさんとうすいこ》というダムの建設に携わった技術者である。八田の家族が住んでいた住居が再現され、「八田技師紀年室」では「聖人」のように讃えられていた。「八田路」という道路名にもなった。八田の銅像、夫妻の墓の周りには石灯籠、参道、手水舎等があり、神社のようであった。八田のような日本人の活動を顕彰して「現在の台湾は日本人が作った」という尊大な言説が日本で流布している。戦前、日本が台湾の開発に力をいれたのは植民地支配を完成させるためであり、その経済的利益の大部分は日本に還流したのである。現在の台湾を作ったのは言うまでもなく、台湾の人々である。

台湾は「親日」の島として日本では知られているが、実際は日本の植民地支配時代において激しい抗日運動がいくつも展開されていた。新竹市の公園には客家《ハッカ》のリーダーによる抗日運動の石碑があり、日本の植民地支配が残虐を極め、それへの抵抗が一九〇七年に発生したことが記されている。

日本統治時代における最大の抗日運動が、一九一五年に発生したタパニー事件(西来庵《せいらいあん》事件)である。この事件から一〇〇周年目の二〇一五年、台南市に同事件に関する資料館が開設された。この抗日闘争の原因は、植民地支配に伴う経済的な剝奪、資源の収奪、製糖工場への従属、貧富の格差等である。一九一〇年から実施された林野調査により、土地所有証明書がない土地は「無主地」とされ、土地も奪われた。また法律制裁、思想統制、高等教育の制限等の高圧的な植民地支配によって、住民の自由や人権が大きく侵害された。抗日運動によって日本を台湾から追い出して、「大明慈悲国」という平等社会を実現しようとした。一九一一年に中国大陸で成功した辛亥革命の影響もあると言われている。

住民は手製の武器で闘ったのに対し、日本軍は近代兵器で弾圧した。婦女、幼児、老人に関係なく二八三三人の住民が日本軍によって殺害されたが、一説にはその三倍の人々が虐殺されたと言われている。台南に設置された臨時法院において、一四一三人の被告のうち八六六人が死刑判決を受けたが、国内外の批判もあり最終的に一三二人に死刑が執行された(128)。

抗日運動のリーダー、李清芳《りせいほう》が日本政府に捕らえられ処刑される前の写真を同資料館で見た。両足は閂《かんぬき》で貫かれるという拷問を受けているが、目はまっすぐに見開いており、正義の運動であることを示していた。また西来庵事件は護符を身につけて闘う等、宗教的要素もあった。植民地支配権力を追放して「千年王国」を樹立するという、カーゴカルト運動は、太平洋諸島でも見られ、独立運動に発展した。

台湾の人々の激しい抵抗運動を受けて、日本政府はその植民地支配政策を「内地延長主義」「同化主義」へと変更した。日本の植民地時代には、霧社事件を含む多くの抗日運動で台湾住民が日本政府によって虐殺されたが、日本政府は加害者の責任追及や謝罪をしていない。台湾の「再皇民化」は無責任な歴史修正主義である。

第一章

盗掘された琉球人遺骨

――京都帝国大学の「犯罪」

第一節　今帰仁「百按司墓」の歴史社会的位置付け

今帰仁村の運天は、源為朝《ためとも》の上陸地と言い伝えられ、一六〇九年には琉球国を侵略した島津軍が上陸した場所である。運天集落には近世から明治にかけて番所があり、一九一六年まで役場が置かれていた。また日露戦争時には日本海軍の補給施設、アジア太平洋戦争時には日本海軍の基地になった(1)。保元の乱に敗れた源為朝が琉球に流れ着き、島の大里按司《あじ》の妹と結ばれ、舜天《しゅんてん》(初代琉球王)という子供に生んだという伝説が語り継がれるほど、運天は日本との関係が深い場所である。為朝が「運を天にまかせて」同地にたどり着いたので、「運天」と命名されたという説もある。一九二二年に「源為朝公上陸記念之碑」が、国頭《くにがみ》郡教育部会によって百按司《モモジャナ》《ムムンジャナ》墓の近くに建立された。記念碑の文字は東郷平八郎が揮毫した。「琉球人の祖先は日本人である」とする日琉同祖論の根拠として「為朝伝説」が使われ、伝説を史実にするための装置として同石碑が置かれたと考えられる。国頭郡教育部会は沖縄県教育会の支部会であり、国頭郡教育部会幹事の要職にあった島袋源一郎《しまぶくろげんいちろう》が、石碑建立に大きな役割を果たした。島袋は皇民化教育に基づいて『沖縄県国頭郡志』(一九一九年)を編纂し、名護尋常高等小学校校長として教育の現場に立った。島袋は金関を百按司墓に案内し、その盗掘を認めたことでも知られている。百按司墓の入口近くに同石碑が配置されており、琉球人の歴史、文化の拠り所を押さえ込むような形で、日琉同祖論の象徴としての為朝上陸の石碑が置かれたのではないか。

運天には、一六世紀以前の山原《やんばる》地域(沖縄島北部)の有力な按司や、その一族らの墓と思われる「百按司墓」、第二監守（第二尚氏時代の今帰仁按司）時代の歴代監守やその一族の墓である「大北墓《ウーニシ》」、漂着した大和人《ヤマトンチュ》（日本人、内地人）の墓等、六〇以上の古墓がある。百按司墓に納められた木棺は漆塗りであり、高い身分の者が葬られたと考えられている。[2]

現在も祭祀が行われている百按司墓

百按司墓に関する資料の中で最も古いものが『中山世譜《ちゅうざんせいふ》』（一六九七年）であり、同じ内容が『球陽《きゅうよう》』（一七四五年）にも記載されている。尚忠《しょうちゅう》王の条において百按司墓について、以下のように記述されていた。①今帰仁間切《まぎり》の下運天村（現今帰仁村）に百按司墓があるが、それは貴族たちの墓である。②墓の中には古い骨が多数散乱し、骨が納められた龕《がん》が数個がある。③木棺は美しく装飾されている。金色の巴紋《ともえ》の印が描かれた木棺が一個あるが、その他のものと比べて新しく、弘治一三（一五〇〇）年九月某日と記されている。④尚真《しょうしん》王の時代に絶えた。[3]

加藤三吾の『琉球の研究』（一九〇六年）においても、木棺に巴紋があり、弘治一三年の文字が記されていたことが記録されていた。島袋源一郎編纂の『沖縄県国頭郡志』は、「伊差川按司《えさしきやのあし》」の銘書が壁に記されていたことを明らかにした。百按司墓の近くにある大北墓には、第二尚氏の二世、四～七世の監守やその一族が葬られている。一四六九年に

終了した第一監守(第一尚氏時代の北山監守)時代の貴族が葬られたのが、百按司墓である可能性が高いとされている。(4)

沖縄県令(現県知事)の上杉茂憲《うえすぎもちのり》は一八八一年に百按司墓を訪問し、荒れ果てていた墓の修復を命じ、翌一八八二年に沖縄県庁費でもって百按司墓が修復された。一八九三年に笹森儀助が同地を訪問し、木棺の図面を描いた。一九〇五年に島袋源一郎と歴史家の東恩納寛惇《ひがしおんなかんじゅん》、一九〇六年に菊池幽芳《きくちゆうほう》、一九一四年にエドモンド・ジーモンがそれぞれ現地調査を行った。金関は人骨調査のために、一九二九年、一九七五年と複数回にわたり訪問した。また鳥居龍蔵が琉球で撮影した写真には、百按司墓木棺も含まれており、鳥居も運天に来ていたことが分かる。(5)

現在、百按司墓は村指定の文化財(建造物)とされている。現在の墓は、骨壺を覆うように半月状の石積みを漆喰で塗り固めたものである。修復された一八八二年以前は、ザフンまたはジャフン(和名ヘツカニガキ)と呼ばれる木材で囲まれた家型の墓であった。(6)

二〇〇一年、二〇〇二年に、百按司墓琉球人遺骨に関する今帰仁村教育委員会による調査が行われ、第一号墓所から二四体、第二号墓所から一八体の合計四二体分の遺骨が確認された。(7)

金関が奪った百按司墓琉球人遺骨が保管されている京都大学総合博物館において、土肥直美《どいなおみ》らが二六体分(男性一五、女性一一)の遺骨を確認した。また許鴻樑《きょこうりょう》の「琉球人頭骨の人類学的研究」(『国立台湾大学解剖学研究室論文集Ⅱ』一九四八年)により、国立台湾大学に三三体(男性一九体、女性一四体)が保管されていたことが明らかになった。(8)

金関以外にも、山崎五十麿《やまさきいそまろ》によって運天から集められた遺骨が、京大の「清野コレクション」に収

められている。(9)

現在、今帰仁に縁のある複数の門中が、拝所旧跡を拝んでまわる「今帰仁上り」(または今帰仁御廻り《ウマーイ》)が行われている。それは今帰仁のノロ(琉球王国時代から続く地域祭祀を司る女性)の先導で、百按司墓、大北墓のほか、テラガマなどを参拝するものである。(10) 百按司墓が現在でも琉球人にとって祭祀の対象になっていることが分かる。

運天には同じく村指定文化財(建造物)の大北墓がある。もともと今帰仁城《グスク》近くのウツリタマヒにあったが、天井崩壊で現在の場所に移転された。一四二二年、琉球国を統一した尚巴志《しょうはし》の第二子である尚忠を北山監守として派遣し、「第一監守時代」が始まり、一四六九年に尚徳王が滅び、第一監守時代が終わった。一六〇九年、薩摩軍により今帰仁城が焼き討ちされ、死亡した今帰仁按司五世・向克祉《しょうかつし》がウツリタマヒに葬られた。(11) なぜ金関は、大北墓から遺骨を盗掘しなかったのだろうか。第二尚氏の門中によって、同墓が管理されていたからではないか。百按司墓は、「滅亡」したとされる第一尚氏の墓であり、現存の特定門中によって管理されていないと考えたからではないか。しかし、第一尚氏は滅亡しておらず、現在でもその系統の門中は存在している。

百按司墓を訪問した人物に笹森儀助がいる。彼は八重山諸島から遺骨を持ち出した。笹森は石垣島の伊原間《いばるま》村(現石垣市)から平久保村に行き、同村内の河原浜において大和墓、八嶋墓と書かれた標木を見つけた。岩洞に入ると、砕けた数十個の人骨と完全な頭蓋骨二個を「発見」した。平家が壇ノ浦に敗れ、逃げて石垣島に至ったと言い伝えられていた。笹森に同行していた巡査が、住民がこの骨を見て村に帰ったら発狂して死亡したと述べ、笹森が遺骨を持ち出さないように注意した。しかし、笹森はこの骨を東京に持ち帰り、大学の研究者に判定してもらい、もし平家の骨であることが判明すれば、社を建立して弔いたいと考えた(12)。

笹森は警察署に出頭し、警察署長から遺骨の持ち帰りの許可を得ようとしたが、できなかった。その警察署の警察部長の許可を得るために、遺骨を警察署に引き渡した(13)。結局この骨は日本に持ち出せなかったが、与那国島で発見した骨は盗掘に成功し、京都帝国大学の足立文太郎が鑑定したことは前章で記した通りである。金関の場合は遺骨の持ち出しに障害がなかった。「京都帝国大学助教授」という権威の力で、盗掘に制限がかからなかったと考えられる。

笹森が百按司墓を訪問したときには、石垣と漆喰の囲いで数百の「髑髏《どくろ》」が覆われていた(14)、と本人が述べた。笹森が百按司墓の琉球人遺骨を盗掘しなかった一因として、この墓の囲いがあったと考えられるが、金関は躊躇することなく、これを乗り越えて遺骨を運び出したのである。

第二節　どのように琉球人の遺骨が奪われたのか

一九二四年、金関は京都帝国大学医学部の足立文太郎教授のすすめで、人類学を研究することになり、病理学の清野謙次、考古学の濱田青陵両教授に紹介され入門した(15)。足立文太郎教授が琉球人の体質人類学的研究の必要性を金関に説いたことで、琉球行きが実現した。一九二八年、足立は金関を琉球に派遣して、琉球人骨を収集せよと命じた。さらに帝国学士院(現日本学士院)から、この研究に必要な費用の一部が補助された(16)。琉球人遺骨の盗掘は、金関個人の研究者としての問題であるだけでなく、京都帝国大学が関与した「大学の問題」であると言える。

次に金関が琉球においてどのように遺骨を集め、人類学的調査をしたのかを時系列的に明らかにしたい。

一九二五年、金関は京都帝国大学医学部の助教授となり、二六年、足立教授の後を受けて人類学の講義を行った。金関は一九二八年一二月末、琉球に出発し、二九年一月末まで調査を行い、琉球人の手掌紋《しゅしょうもん》調査、人骨収集を行った(17)。

一九二九年一月八日、沖縄県庁の自動車が金関を迎えに来た。この日、沖縄県庁学務課長「福井氏」の案内で、山原地域(沖縄県北部)を訪問した(18)。県庁職員の案内で遺骨の盗掘が行われたことが分かる。

百按司墓は運天地区の背後にある懸崖の中腹にある。金関は「幣原坦《しではらたいら》氏の『南島沿革史論』以来、天下に広く知られた遺跡である」と述べており(19)、同墓の重要性を認識した上で同地に赴いたのである。

百按司墓の第九号洞の中に石棺、陶棺、甕棺《かめかん》を確認した。金関が甕棺の蓋を開けて中を見ると、雍《よう》正《せい》(一七二三～三五年)、道光《どうこう》(一八二一～五〇年)時期の年号月日、付近の村名、人名が記されているのを確認した。金関は後日これらの人骨を「徹底的に採集しよう」と覚悟を決めた。この日は「好機会」を利用して、できるだけ完全なるものを持ち帰ろうと考えた。「武田博士」を助手にして数個の頭蓋を第四号洞から取り出し、羊歯《しだ》の葉等で包み、風呂敷に入れて自動車まで運んだ。その際、北村貴族院議員に「一つあればいいではないか」と嫌な顔をされたが、金関はそのまま那覇に戻った。沖縄県庁学務課長の「福井氏」が沖縄県警察部の了解を得て、その支援を待った方がよいと助言したので、金関はそれに従った。翌日の一月九日、運天港百按司墓遺骨収集に関して警察の許可を得るため沖縄県庁に出頭し、警察部長の関壮二に面会して遺骨収集に関する手続を終えた(20)。一回目の百按司墓での遺骨持ち出しの際、事後的に沖縄県警の了解を得ていたのである。石垣島から遺骨を持ち出せなかった笹森の場合と対照的に特別扱いであった。

一月一〇日、金関は沖縄県師範学校を訪問し、同校所蔵の人骨を見た。完全な頭蓋骨が六個、長骨その他が若干あった。その多くは、同校の生徒が運天港やその他から採集したものであった。金関は同校長の了解を得て、これらの人骨を入手した。金関は、県立第一中学校を訪問し、頭蓋骨一個、大腿骨、その他数個の短骨を確認した。これらは宮古島出身の立津春方《たてつしゅんぽう》が、宮古島で採取したものである。京大所蔵の他県の人骨と交換する形で、これらの骨を金関は手に入れた(21)。

一月一一日、金関は名護尋常高等小学校に校長の島袋源一郎を訪問し、一緒に運天に行った。さらに仲宗根村巡査出張所から、応援かつ監視役として巡査一人が同行した。巡査、運転手、島袋が助手となって第一号洞より人骨を採集した。人骨は新聞紙に包み、番号を記し、大風呂敷に包んだ。頭蓋骨が一五個、頭蓋破片が十数個、軀幹四肢骨等を収集した。一月一二日、巡査や人夫(在郷軍人)は人骨に対して「本地方人特有の嫌悪」を示し、直接これに触れようとしなかった(22)。遺骨に対する住民と金関との認識や感覚の違いがあり、住民が進んで遺骨を金関に渡していたのではないことが分かる。

金関は琉球において、琉球人の身体的特徴を調べるための人体調査も行った。第一中学校五年生二五人から手掌紋を採取した。一月一七日にも女子師範学校の生徒六七人の手掌紋を採集した。また第一中学校の生徒八〇人からも手掌紋を集めた(23)。

また金関は、首里第一小学校教諭の「玉代勢《たまよせ》氏」から頭骨二個を得た。一つは首里城下の洞穴、もう一つは牧港《まちなと》の山洞前の土中から発見されたものであった。一月一六日、女子師範学校の生徒四六人から手掌紋を採集した。金関が京都から出発する前に「沖縄人の体臭」について、足立から注意があった。それを踏まえて手掌紋採集中も「鼻を大いに働かせ」て体臭の調査を行った(24)。

一月一九日、沖縄県産業課の「井田氏」が案内し、「小橋川氏」や県職員の「喜舎場《きしゃば》氏」が同行するなか、金関は中城《なかぐすく》城趾の洞において遺骨を収集した。洞にあった甕棺内には女性骨、小児骨が合葬されていた。「道光三、一一月、父比嘉」の墨書があった。それらの骨を行嚢《こうのう》に入れて持ち出した。「その祟りであろうか、これより雨はようやく激しく、山道は滑りがちでなかなかの難路となる」と金関は述べた(25)。母子の合葬遺骨を持ち出したことを「祟り」と表現したように、倫理上後ろめたい行為であるという認識をもっていた。しかし、琉球人の信仰、親子関係、祭祀の記憶に関係なく、人骨の収集という欲望に従った。

金関は中城村役所村長に人骨採集について説明し、その案内を頼んだ。城下の岩洞「そうしのし」の中に人骨が存在していた。鳥居龍蔵が東京帝大人類学教室に持ち帰った人骨も、ここから得たものであった。「めぼしい骨を悉《ことごと》く採集」して、大風呂敷で数個分の人骨を包んだ。そして金関は荻堂《おぎどう》貝塚に向かう途中の路傍にあった洞の中に、屋状石棺が数カ所あったのを見つけた。金関がこの中の骨を採集しようと言うと、同行者は色々と言って金関を止めようとした。金関が石蓋をとってその中を調べると、「骨はほとんど腐朽して、はなはだしく悪質であった」と金関は認識した(26)。村長に自らの遺骨盗掘の案内をさせるという傲慢な研究姿勢が伺える。ここでも住民は金関による遺骨盗掘に同意していなかった。

一月二〇日、金関は城岳貝塚の試掘を行い、珊瑚石灰岩製石斧《せきふ》を二個、チャート製石鏃《せきぞく》を一個、獣骨、土器片、貝殻等を得た。その後、那覇警察署に出頭し、署長に置き手紙によって次の日の行路病者屍体発掘の許可を求めた。(27)

那覇市長が行路病者屍体発掘の許可を与えた。行路病者屍体の埋葬地は、那覇市若狭町の北方、赤《あか》面原《ちらばる》といわれる砂浜であった。午前中に四体、午後に五体、その他頭蓋一個を得た。遺体の軟部や衣服が残ったままの新しい遺体であった。その中には「奄美大島人」「伊平屋《いへや》島人」の骨もあった。夕方までに一〇体の遺体を収集した。西武門《にしんじょう》の山城産婦人科から人骨数点を借用した。(28)

金関は沖縄島南部に隣接する瀬長島の自然洞内にあった人骨を収集した。洞の外周からも三、四個の頭骨を獲得した。うち二個は甕棺中に葬られたものであった。金関は宿に戻って瀬長島で集めた遺骨の荷造りをしたが、ビール箱二個分になった。(29)

金関は琉球滞在中に一一七例の現代琉球人大腿骨を収集した。(30) 金関は百按司墓だけでなく、沖縄島の各地そして瀬長島から琉球人の遺骨、まだ新しい遺体を収集し、多くの生徒から手掌紋を収集するとともに、体臭を調べた。その過程では警察、教育や行政関係者の許可を得ただけであった。現地の人々に案内や同行を求めるなど、帝国大学の教員としての権威を使って遺骨の盗掘作業を行った。琉球住民の同意を得た遺骨収集であったとは言えない。

金関が琉球人骨を盗掘した、当時の新聞『琉球新報』には次のような記述がある。「金関氏は、参考品の蒐集《しゅうしゅう》に、狂奔し中央学界を震駭《しんがい》せしむる様な珍奇な物を相当に、持ち帰った様である。（中略）

この骸骨の琉球人男女五十名は、各地から極めて合法的に集められたものであり（中略）この骸骨のうちには市町村［判読不能文字］の諒解を得て無縁塚から救い《ママ》上げられた無縁仏も居り、引取人があれば、何時でも京都から「御返り遊ばす」様な仕掛になっている。京大教室の一角に築かれる骸骨の琉球人部落は、当分大賑いを呈することであろう。殊とに、無縁塚のべん〳〵草の下に淡い夢を見ていた骸骨にとっては、学界の為に奉仕しつつ鄭重に取扱われただけでも、冥加であろう[31]」。

　右の記事では「合法的に集められた」としているが、実際は当時の刑法でも墓地からの遺骨盗掘は違法であった。また「無縁塚」としているが、瀬長島、中城城《グスク》、百按司墓等から金関が盗掘した遺骨は琉球の風葬によって葬られたのであり、金関が考える「無縁塚」ではなかった。金関は行政、教育、警察の許可を得ているが、地域住民の合意を得て遺骨を集めたとは言えない。遺骨の引取人があれば返却すると書いているが、実際は返却の事例はない。自らの博士論文完成のために琉球人遺骨を研究資料として利用した金関には、返却の意思はなかったと考えられる。当時の新聞は琉球人遺骨盗掘に対して問題意識を持っていなかったことも、右の記事から明らかである。他人事のように琉球人遺骨を認識しており、一九〇三年の「学術人類館」事件と同じく、当時の皇民化教育の影響を見ることができる。

　一九三〇年、金関は京都帝大から「琉球人の人類学的研究」によって医学博士号を授与された。一九三三年には東亜考古学会の関東州羊頭窪《ようとうあ》発掘調査を三宅宗悦とともに実施し、「満州」、朝鮮各地を見学した[32]。金関は琉球での調査結果を踏まえた論文によって学位を取得し、それが研究者生活の第一歩となった。そして日本の他の植民地である「満州」、朝鮮へと研究対象を拡大していった。

一九三六年三月、金関は台北帝大医学部教授に就任したが、同年の七月、霧社において発掘を行い、タイヤル人骨一〇〇体余りを採集した。また漢民族の「廃墓」等から多数の人骨を収集した。一九三八年に台中州霧社および内横屛のタイヤル、三九年に阿里山のツォー、そして新竹州ガラワン社等のサイセット、高雄州ライ社のパイワンに対して生体調査を実施した(33)。

霧社事件のリーダーであったモーナ・ルダオの遺体も、金関によって台北帝国大学に運ばれた(序章参照)。同遺骨は戦後、国立台湾大学に引き続き保管されていたが、一九七三年、霧社にルダオの遺体が返還され、副葬品とともに棺桶に納めて埋葬された(34)。

一九四一年、金関は海南島各地において住民の手掌紋を採集し、高雄州郡大社のブヌンの生体調査を実施した。一九四二年に花蓮港庁吉野圧のアミ、四五年に台東庁卑南のプユマの生体調査を行った。一九四七年に金関は中華民国の国立台湾大学教授に就任し、平埔やヤミの生体調査をした。一九四八年には小琉球において漁民の生体を調査した(35)。金関は台北帝大教授に就任して後も、台湾において原住民族の遺骨を集め、その生体調査を行った。

一九五〇年、金関は九州大学教授に就任した。一九五四年に波照間《はてるま》島住民の生体計測、五五年に与論島住民の生体計測とともに人骨調査や考古学的調査を行った。一九五六年、喜界島で生体計測、沖永良部島で人骨を採集した(36)。現在、九州大学には一〇〇〇体余りの人骨が保管されているが、金関が沖永良部島で収集した遺骨もその中に含まれていると考えられる。

次のように、金関は台湾でも先住民族の遺骨を盗掘した。一九四七年五月、台湾大学の紅頭嶼《こうとうしょ》(現蘭嶼)総合調査として紅頭嶼に渡島した。同島のイヤユー部落の前にイガンという三角形の岩山があり、その絶壁の中腹にヤミの遺骨が安置されていた。同島のヤミは、死霊であるアニトを非常に恐れていたが、イガンのアニトは最も邪悪であり、死後その死体にさわるのを何人も避けていたという。ある日、人類学班の金関と「崔教授」、そして民族学班の国分《こくぶ》直一《なおいち》の三人で、何枚かの毛布、綱、新聞紙などを用意してイガンの絶壁を登った。岩棚に散乱していた遺骨を三人で集め、三つの大きい毛布包みに入れて、綱でつり下げながら平地まで運んだ。三人が村に帰ったとき、村の男たちが槍で武装して三人の前面に立って村の中に入れなかった。「殺気をたたえた無数の凶暴な目が、その下に光っている」と金関は述べた。三人はこのような「槍ぶすま」から逃げて、根拠地の宿舎にたどりつくと、休まずに「人目をさけて」、木箱に遺骨を納めて梱包した。「人目につけば、この部落だとて、われわれをおいてくれるはずはない」と金関は考えた(37)。金関は、紅頭嶼でも地元住民から遺骨持ち出しの同意を得ずに、「槍ぶすま」による反発を受けながら、人目を避けるようにして遺骨を盗掘した。

第三節　戦前における「金関形質人類学」の特徴

金関は戦前、戦後にわたって日本の人類学会に大きな影響力を持っていた。日本の帝国主義が全面的に展開した戦前期と、その帝国主義が破産し領土も縮小した戦後期に分けて、「金関形質人類学」について考察する。

金関は自らの研究を「人種学」と称しており、「人種学」の知識によって人類集団の生物学的繁栄に貢献できるとともに、優生学の根拠を提供することが可能であると考えていた。金関が考える「人種学」とは、人類の地方的集団を自然科学的、生物学的に考察し、その集団の特質を明らかにする研究であった。このような人種学的な研究によって生物学的特質が明示され、他の集団と区別される人類集団が「人種」であるとした。その上で「ナチスが北欧種の純血を護ろうと云うのは当然のことと云わなければならない。且つ、之れは種族の優秀性を確保する上に必要な手段であるのみならず国家の統一の上に最も有効な方法でもある」と述べて、ナチスの優生学を評価した[38]。

優生学の観点から台湾の原住民族に対して、次のような政策を提示した。彼らに対して、どのように結婚を奨励し、または結婚を避けさせるか。その指導をどのように実行すべきか。これに対して政府のとるべき道は唯一つである。台湾における厚生科学の確立と、その研究の成果に基づく「優生政策」の実施である。「人種学、人種遺伝学、優生学」のような、厚生科学に関する独立研究所と厚生局との設置がその具体案となる。「優生上望ましくない者との結婚禁止法案」制定のような措置も、必要となってくるだろう。混血政策による「人種の融合」と、優生政策による「人種の改造」は「本島人皇民化」に関して最も重大な問題であるにもかかわらず、これまで最も軽視されてきた[39]。金関の「人種学」は研究分野で完結するのではなく、台湾総督府に対して自らの政策を提案するなど、社会に対する能動的な働きかけを含むものであった。その政策は、ナチスがユダヤ人絶滅のために援用した優生学に基づいていた。

日本の優生学団体である日本民族衛生協会における代表的人物は、日本初の人類学科を大学に創設した長谷部言人《はせべことんど》や、清野謙次であった。清野は戦時期の著作物において「混血防止」を力説していた。植民政策学者や優生学者が、文化の遺伝的決定論や「混血防止」の立場から同化政策に反対すると、朝鮮総督府から皇民化政策を妨害する「民族同化不可能論者」と呼ばれ、敵視された(40)。清野謙次は日本民族衛生協会の結成当時からの評議員であり、「混血防止」とともに優生政策を強調した(41)。金関の指導教授である清野謙次も優生学を主張しており、金関はその学説を継承していたことが分かる。清野自身は日本人形成における「混血説」を唱えていたが、戦時中には「混血防止」を主張していた。

金関は、台湾に住む漢族を知ることは「支那民族」を知ることにつながり、日本の南方進出のために必要であると考えていた。金関は戦時中に海南島の調査を行ったが、漢族の形質研究に関心をもっていた。金関は日本の支配権拡張について肯定的であった(42)。日本帝国の植民地において研究を行い、自らの研究業績を積み上げてきた金関の足跡を見ても、日本の帝国主義を肯定するだけでなく、そのさらなる拡大を学知の面で補強しようとしていたと考えられる。

琉球と同じく、台湾では次のような同化政策、皇民化教育が実施されていた。皇居遥拝、神社参拝、在来寺廟の整理、新聞における漢字(中国語)欄の廃止、台湾語放送の中止、日本語の強制、改姓、初等教育の義務化、下駄や着物の着用や畳の使用等の習俗の日本化、旧暦正月の禁止、台湾芝居の禁止等である。改姓し、日本語を使用する家の門には「国語家庭」と明示され、日常的な配給物も増加された(43)。

伝来の寺廟を破壊し、日本の神社に置き換えた。例えば、台南にあった鄭成功《ていせいこう》を祀る廟を日本の神社建築にして、「開山神社」と改称させた。植民地政府は台湾人の改姓を強制しながらも、在台日本人と対等に扱わなかった。丸の中に台の字が刻まれた印判を、戸籍簿上に記載された改姓者氏名の上に捺して他と区別し、「丸日本人」と呼んだ。統治者は改姓によって自らの統治が容易になると考えた。なぜなら日本名に変えることにより、学校、軍隊、工場でも点呼し、整理しやすくなるからである。台湾人の徴用と徴兵にとっても日本名が便利になった。改姓は島民に一層の服従を強い、統治を容易にし、戦争の準備としても用いられた(44)。琉球における同化政策、皇民化教育も植民地統治を強化し、住民を戦争に動員する上で効果を発揮した。

以上のような同化政策、皇民化教育が行われていた中で、金関や中村哲《なかむらあきら》を中心として雑誌『民俗台湾』が一九四一年七月に発刊された。様々な人によって雑誌の巻頭言が書かれたが、次のような「巻頭言の方向性」は共有されていた。またそれは中村と金関が有する雑誌発刊の趣旨とも合致していた。民族の歴史、伝統、生活などを調査して、それぞれの民族にあった政策を立案する必要がある。そのためには民族学が最も基本になる。その意味で本誌は閑人の道楽や骨董いじり、異国趣味の満足ではなく、今後の南方統治の手段として大いに役立つものである。とくに南方には、「人種」、民族的にも台湾の漢民族、高砂族と類似した人間が住んでおり、似たような言語、文化、伝統、宗教を維持しており、台湾の民俗調査は必要不可欠となる(45)。

一九四一年七月から四五年一月まで発行された『民俗台湾』には、直接的、間接的に戦争協力の言説が表明されていた(46)。大東亜共栄圏の統治に貢献する学問としての民族学、人類学の重要性を明らかにすることが同誌の目的であったと言える。自らの学問を植民地主義、帝国主義という国策を補強するために利用するという、恩師の清野謙次と同じ道を、金関が台湾という日本の植民地において歩んでいたのである。

金関は京都帝大におけるもう一人の恩師である足立文太郎の影響もあり、体臭に関する研究も行った。嗅覚器官である鼻に関して金関は次のように述べている。「原始人」は比較的よく鼻を使い、「鼻キッス」を行う。日本人がお辞儀をする代わりに、彼らは鼻と鼻を擦り合わせて挨拶する。この風習はアフリカの黒人、「ラプランド人」（サーミ人）、「エスキモー」、樺太アイヌ、インド人、ペルシャ人、ニュージーランド「原住民」、ミクロネシア人、マレー人等にみられる。(47)「鼻キッス」を行うとされた諸民族を、「原始人」として差別的に表記している。

その上で、金関は欧米人の接吻を、「原始人」の一般的風習である「鼻キッス」の遺風であると指摘する。そして日本人はこの風習を脱しており、接吻、手を触れ合うこともせず、身体は匂わない、嗅ぎ回さないと述べた。そして「（日本人は）毛も少ない。之れだけから考えると、欧米人に比して吾々は遥かに高等であると云わなければなりません」と「日本人優秀説」を強調した(48)。

金関は次のように、体臭の強さによって「人種」を差別する言辞を連ねている。「黒人は一般に不潔臭が甚だ強く、女は山羊や牛の尿で顔を洗う所があります。それから水で洗い、其のあと獣脂を塗る。（中略）不潔臭を除いても黒人は臭い。強く匂う」「欧米人と同じアーリヤ系種族でもジプシーには特別の匂いがあり、警察ではジプシー関係の犯罪は、現場に残る匂いで発見する。（中略）アーリヤ系ではこの他に印度人、波斯《ペルシャ》人などもよく匂うらしい」「猶太《ユダヤ》人は生まれつきの匂いを持っているという人があります。猶太人に対する欧米人の反感の原因には、此の匂いが与《あずか》って力あることは容易に想像出来ましょう」「黒人に近いと云う豪州土人、之れも可成りよく匂うらしい(49)」欧米において差別の対象になった人々の体臭の強さを、科学的根拠のない伝聞と主観によって金関は強調している。

金関は「胡人《こじん》の匂い」という論考を書いているが、「胡人」とは漢代後、アジアの東方に流入した

「白人系人種」であるとされ、「胡臭とは白人臭と解して恐らく差支なかろう」と指摘し、「白人に近い人種としてはアイヌがおります」と断じている(50)。

アイヌが「白人」に近い人種である根拠として、「皮膚の黄色くないこと、多毛、美髯《びぜん》（美しく立派なほおひげ）、波状毛であること、眉間は突出し、鼻根や眼は凹み、瞼は二重で、眼尻は下り、顔には雀斑《そばかす》（顔にできる褐色の小斑点）が多い」ことを挙げ、血清学や手掌紋の研究者によって、同様な説が提起されていると述べている。金関が行った調査の結果に基づいて、アイヌには「腋臭者が非常に多い。而も甚だ強烈なのであります」と論じた(51)。科学的な実証に基づいたものではない印象論で「アイヌ＝白人」という結論を下し、世間のアイヌに対する偏見や差別を助長するような発言をしている。

金関は「アイヌの腋臭」と題する論考でも、学知によってアイヌ差別を正当化しようとした。一九二八年一二月、足立文太郎の指導に従って金関は北海道アイヌの男女一九名を対象にして、その腋臭の有無を調査した(52)。金関は琉球に行き、遺骨を盗掘する前に、アイヌの体臭に関する調査を行ったことになる。琉球でも金関は琉球人の体臭調査を実施した。

調査の前に足立は金関に対して、「アイノ（アイヌ）もまた白人同様腋臭がひどくはないか」などと述べたという。金関は被験者の肌に鼻を押し付けて尺度の目盛を読んだが、「筆者の鼻が無事であったのは奇蹟だ」「人種学をやるのもまたつらいかな(53)」とアイヌ民族の人格を傷つけるような調査方法を行い、偏見に満ちた言辞を自らの論考の中に残した。

全一九人の男女の被験者のうち、一二人の女子は全て腋臭があり、「内地人」（日本人）との「混血」の子供である二七歳の若者だけが微弱な腋臭しかなかったと述べている(54)。被験者数が一九人でしかなく、データの母数が非常に少なく、信憑性を欠く「科学的調査」であることが分かる。

また「アイヌの中に若し匂わないのがいたら、近い先祖に必ず内地人がいる」という金田《きんだ》一《いち》京助の仮説を紹介した上で、金関は「アイヌの人種学的研究の上に、殊に其の材料選択の上に参考にされていい事だ」と述べ、「アイヌは匂う人種である。此の事は疑いない所であります」と断言した(55)。

アイヌ差別を助長するとともに、日本人との「混血」つまり同化を促すような結論を導いている。またアイヌを研究の「材料」としか考えていないことも分かる。

金関は「内地人と終始接触するものは、内地人が夫れを嫌うと云う其の理由で自分を卑下すると云うような事はあるかも知れません」と述べている(56)。つまり、金関は自らの研究によってアイヌが差別され、苦しむことを予想できたのではないか。当事者の人権や気持ちよりも、自らの「研究成果」を優先している。ここから学知による植民地主義が発生するのであり、琉球人遺骨盗掘とも共通する問題である。

さらに金関は「アイヌは匂う人種である。同時に一例には過ぎませんが体臭賛美の文学さえある」と述べた(57)。『ユーカラ』のある一部分に対する自らの独断的な解釈だけで、「体臭賛美の文学」とまでアイヌ文化を貶《おとし》めている。

最後に金関は「思えば千数百年の昔から、今日に至るまでわれわれ東洋人が受けつづけた白人禍の、これなど(引用者注：白人臭)は最も瑣細《ささい》な一例に過ぎないものであるかも知れぬ」と述べた(58)。先に考察した足立文太郎は「白人」の体臭の強さについて研究したが、金関も恩師の説を継承している。「白人」が多く住む欧米諸国と闘い、対抗しながら大東亜共栄圏を拡大していた帝国・日本のイデオロギーを人類学の分野で体臭に焦点を当てて、「鬼畜米英」の国策に学術上の根拠を与えようとした。その際、「アイヌ＝白人」という誤った説に基づき、国内の少数者に対する差別、排除を学知を用いて促した。

アイヌは日本人とは異なる存在であると金関は考えていたが、琉球人をどのように位置付けていたのだろうか。金関が京都帝大に提出した博士論文の論題は、「琉球人の人類学的研究」であった。博論で「琉球人」という言葉を使用した理由について、次のように述べている。琉球人という「特殊の人種」が存在するかどうかを知ることが、この研究を行う動機の一つになった。「琉球人」と称するよりは、「沖縄県人」等の呼称を用いる方が穏当と思われるし、後者の呼称を使うように薦める人もいた。しかし自分が本研究の対象とするのは沖縄県下の住民だけでなく、「奄美大島の如き」、鹿児島県の管轄下にある地方の人々をも包容している。「琉球人」とは事実上、仮定上の「特殊人種」を意味するのではなく、所謂「琉球」なる地方に在住する人々を指す。琉球に住む全ての人々ではなく、その「土着民」のみを指す(59)。つまり金関にとって「琉球人」とは、琉球列島に住む「土着民」であった。ここでいう「土着民」は、琉球列島に居住する日本人(内地人、大和人)とは区別される存在であり、「特殊の人種」であると認識されていた。

博論のテーマは「琉球人」の体質人類学的研究であった。この研究は琉球人の「人種学的所属」を知るために必要不可欠であり、「其の周辺民族、殊に吾が日本人」の由来や成立を知る上にも重要な手がかりになると、金関は研究の目的を示した(60)。「琉球人」と「吾が日本人」は異なる民族であると、金関は考えていたようである。琉球人の研究によって「日本人の成立」を探究するという研究の方向性は、二一世紀の現在も日本人研究者によって共有されている。アイヌ研究と同様に琉球人研究によって、日本人の「自分探し」(アイデンティティ)を明らかにしようとしているのである。そのために琉球人遺骨の盗掘も行われた。

沖縄県衛生課長の職にあった西山伊織博士は、清野謙次の求めに従って石垣島住民男女三九六人の手掌紋、足蹠《そくせき》理紋《りもん》の印影を採取し、金関に送付した(61)。京都帝国大学の「学知のネットワーク」を利用して、金関の博士論文完成のために琉球から研究材料が収集された。

琉球人と日本人は「人種的」、民族的に異なる存在であると、博士論文執筆の時期には考えていたが、その後、次のように琉球人を日本人として認識するようになった。金関によれば、琉球人頭蓋骨は台湾および南方の諸群のそれに類似する点が多いが、北陸地方の日本人、アイヌとは比較的相違していた。また琉球人は多毛、深目、短軀等の特徴から、「琉球アイヌ」などと呼ばれていたが、従来の見方は改められる必要があると主張している(62)。金関が考える日本人とは、「歴史的、民俗的意識において、われわれが従来連続的に感じ来った一つの統一体、いわば大和民族とも称すべき」人々、そして「日本本島、九州、四国及びその附属諸島に古来住み来った」人々であり、北海道その他に移り住んだのは最近のことであったと論じている(63)。

清野との共著論文でも、日本の「祖型人種を日本石器時代人と呼び、現代人を日本人及びアイヌ人と呼ぶのが便利であると思う」と指摘している(64)。以上から判断すると、金関にとって琉球人は大和民族ということになり、日琉同祖論を人類学から主張する根拠を提供したと考えられる。

第四節　戦後における「金関形質人類学」の特徴

百按司墓から琉球人遺骨を盗掘して二五年後の一九五四年に、金関は琉球を再訪した。文部省から派遣された南島文化総合調査団には、金関丈夫・九大教授、国分直一・農林省水産講習所(現東京水産大学)助教授、酒井卯作《さかいうさく》・民俗学研究所員、永井昌文《ながいまさふみ》・九大医学部解剖学教室助手等がいた。それぞれ人類学、民俗学、考古学の立場から、浦添ようどれ、羽地村《はねじ》(現名護市)呉我《ごが》の高倉、今帰仁村運天の百按司墓、首里博物館(沖縄県立博物館の前身)の土器石器等の調査を行った。琉球での調査の目的は、「今日本で問題になっている日本の民族文化の起源と経路」を解明することであった。

新聞での対談で金関は次のような発言をした。「たやすく変わるとフィリッピン化しますよ。(中略)フィリッピンは固有文化のない所に西洋の支配を受けたので、西洋の文化が無条件にはいってしまった。(中略)西洋文化に対抗し得る自国の文化を持っていないことはフィリッピンの不幸で今ではほとんど完全に植民地化しています。沖縄もそのようにならぬように自分の文化を持っているということをしっかり自覚すべきです」「私は今まで沖縄本島の人骨、与那国での生きた人間について調査しました」「民族の精神とか生活の基底となる心理的なものを調査するのが狙いです。これは今の日本の民俗学の新しい行き方で、沖縄でのこの仕事は日本の民俗学に対しても最も重要な仕事になる」。金関らの発言を受けて、仲宗根政善《なかそねせいぜん》・琉球大学教授は「沖縄の研究は本土の各大学の先生達と連携を保ち、こんどの総合調査を機会に広く各大学に呼びかけて手をつなぐことが必要でしょう」と述べた(65)。

米軍統治下におかれた琉球が、日本人のアイデンティティのための研究における参照項目として注目されていたのである。「フィリッピンには固有文化がない」と断定しているが、タガログ語等の独自の言語が多数存在し、国内にも多くの先住民族が生活しており、誤った考え方であると言える。琉球人に対して自分の文化を持つことの自覚を促しているが、琉球独自の歴史や文化の象徴ともいえる遺骨を持ち出し、その「固有の文化」に毀損《きそん》を与えたのは金関その人であった。琉球の言語学者であった仲宗根も、「本土の各大学の先生達」との連携によって、琉球の研究を進めるべきことを説いているが、その姿は百按司墓に金関を案内した島袋源一郎の姿と重なる。琉球在住のエリートが日本人研究者の案内役となり、その研究の助手としての役回りを押し付けられ、島の文物の持ち出しの手助けをした。島袋だけでなく、「沖縄学の父」・伊波普猷も、鳥居龍蔵の琉球調査において案内役となった。それは結果的に、島の歴史、文化に関わる文物を失わせ、日本人や日本政府による琉球の研究、理解、支配を容易にしてきた。

一九五四年に実施された金関らの「南島文化の総合的調査研究」では、波照間島の島民二五九人（男性一〇七人、女性一五二人）に対する生体調査も行われた。生体調査の調査項目は、頭髪形、体毛、上眼瞼《じょうがんけん》、腋臭等であった(66)。同調査団の一員として参加した永井昌文の論文「琉球波照間島々民の生体学的研究」（『人類学研究』第一巻三・四号、一九五四年）には、同島住民男女の写真（真正面と横顔、中には胸部が裸体の人もいる）が多数掲載されている。住民の肖像権、プライバシーに対する配慮が払われておらず、標本として住民を認識していることが分かる。

一九五七年一二月一八日付の『沖縄タイムス』において「骨集めが沖縄との縁、月の夜に墓地あさり」の見出しで、金関が百按司墓琉球人遺骨盗掘について語っている。同紙記者が次のような導入文を書いている。「沖縄との関係はふるい。昭和四年の春から五年《ママ》にかけて「骨を集めにいった」のが琉球とのゆかりをつくった初めという。平和な時代だから、戦後の遺骨収集とはイミがちがう。運天のホラ穴や、無縁仏を七、八〇体あつめ、帰って〝琉球人の人類学的研究〟という論文を書き、博士になった」。金関は次のように語った。「私の先生、足立文太郎教授が琉球人の研究をしていた。東大の人類学教室に与那国から集めた骨があったが数が少なく、鳥居龍蔵さんの本に運天には骨がたくさんあると書かれていたので、もっと集めてこいと沖縄行きを命じられた」「いまでこそ泊港はにぎやかだが、当時の泊はさびしい河岸だった。このアカチラバルというところに行路病人(死体)を埋葬した墓地があった。ちょうどいい、この骨を下さい、と那覇署に願い出た。警察はびっくりして、あるだけの書類や法規をひっくりかえしたが、先例がないと断られた。それでもぜひとたのんだ。署長が割にもののわかった人で許してくれたが、こんどは掘りだすのに困った。人夫はこわがって手伝ってくれない。日が暮れた。幸い月の夜だったが、人気のない墓地にひとりだ」「(琉球に行く前に)伊波普猷さんから名護の島袋源一郎さんあて紹介状をもらっていた。島袋さんは学校の先生をしていたが運天へいっしょにいってもらった。途中の道ばたに石棺がありフタをあけようとすると〝中にハブがはいっているかも知れない。あぶないから〟ととどめられた。誰かがいっしょにいくと、あすこはなんだ、ここはなにかある、ととどめられ、ぜんぜん骨が集まらない。しかたがないのであとはひとりで集めることにした(67)」。

同紙記者は琉球人の骨が島から持ち出されたことに、疑問を持たなかったのだろうか。現在であれば許されないことが、当時は問題として意識されなかった背景には、日本を祖国と考えてそこへの「復帰」を求め、日本人知識人に率直に自らの考えや気持ちを言えないという、精神的な従属性があったのだろうか。金関の「骨集め」の手引になったのは指導教授の足立と、「運天には骨がたくさんある」と記された鳥居の本であったことが分かる。新しい行路病者死体の埋葬地での「骨集め」も無理強いをして得ることができた、警察からの許可だけであった。金関の人夫でさえ「骨集め」を嫌がり、一人で収集しなければならなかった。コミュニティの同意も得ていない。地元民が「骨集め」に合意し、喜んで手伝っていたのではないことが分かる。盗掘から三〇年近くたっても、金関には遺骨盗掘に対する罪の意識がなく、自慢話のように琉球の新聞記者に語っていた。

一九五四年に南島文化総合調査団長として金関は国分直一と二人で、波照間島において下田原《しもたばる》貝塚を発掘した。調査の結果、下田原式土器と台湾の古代土器を比較して、八重山諸島の言語や文化に南方的ないしオーストロネシア的要素が含まれていると主張した。それに対して石垣島出身の言語学者・宮良當壮《みやらとうそう》が、『民族学研究』誌上にて批判を行い、金関は同誌上で再反論をした。

宮良の批判に対する金関の再反論に関して検討し、八重山諸島と南方文化圏とがどのように関係しているのかを考えてみたい。まず金関は琉球人とアイヌとの形質人類学的な違いについて、次のように指摘した。現代の「南島人」の体質がアイヌのそれと大きく違うことは、体質人類学の調査によって判明している。故三宅宗悦博士も琉球人の生体計測を行い、同様な結論に達しており、旧説の誤りを指摘していた[68]。しかし、琉球人とアイヌとの形質人類学的な類似性を主張する学説もあり、右の指摘はあくまで金関の仮説でしかない。

金関は琉球人とアイヌとの関係について、次のように述べている。自分が沖縄で集めた現代琉球人頭蓋骨に関する、自分の門下生である許鴻樑博士が調査した結果も、そのことを証明している。「人種」が似ているという場合、頭蓋骨の相似だけでは証拠として不十分であるが、「人種」が異なると主張する場合は頭蓋骨だけでの判断で十分である。考古学的にも、人類学的にも、琉球にアイヌ的な要素が古代、そして現在も存在するということは、「決して言えない」のである。宮良博士による琉球におけるアイヌ語地名説は、言語学的に確かな証拠があるのだろう。地名がアイヌ語で解釈できるというような、「幼稚な素人考え」でなく、「語史的な証左」を伴う学問的な考証があるのだろう。[69]

なぜ、「人種」の相違が頭蓋骨だけで判断できるのか、という疑問が生じる。伊波普猷、鳥居龍蔵、ベルツらはアイヌと琉球人との考古学的、人類学的、言語学的な類似性、影響を明らかにしており、「決して言えない」という金関の結論は、客観的で合理的な証明を行うべき研究者の姿勢として大きな問題があると考える。アイヌ語で琉球の地名を解釈することが、「幼稚な素人考え」でしかないと金関は述べているが、宮良と同様な調査を行った伊波普猷も「幼稚な素人考え」の持ち主なのだろうか。

金関は波照間島の地名を、インドネシア語源説によって解釈しようとした。そしてアルタイ語系といわれる今日の日本語の前に、南方系の言語が日本に存在していたとの仮説を示した。さらにもしインドネシア人が古代において日本に渡来し、日本住民の中で優勢な一部であったならば、琉球を経て北上し日本に上陸したことを「率直に認むべき」であるとした。「琉球の不可解な地名」の語源を探るには、「先ず何よりもインドネシア語に眼をつけるべきである」と強調した。[70]

まず一九四九年に独立して後に、「インドネシア人」と呼ばれる国民が形成されたのであり、同国には様々な言語、文化があり、多様な民族がいる。これまで同地域にはシュリーヴィジャヤ国、クディリ国、シンガサリ国、マジャパイト国等の国々が存在した。現代の「インドネシア人」が、古代において琉球を経て日本に移住したという想定自体が非論理的である。また「琉球の不可解な地名」という言葉から、琉球文化蔑視の視線を伺うことができる。本論考において「インドネシア語」で琉球地名を説明するという、金関の論証も成功したとは言えない。大東亜共栄圏構想を人類学で補強しようとした清野謙次による、「南方文化の日本流入説」を金関も踏襲しているのではないか。

さらに金関は、インドのタミールの体質や文化が「今日のメラネシア人」に甚だ近く、タミールがインド大陸からマライ（マレー）半島を経て太平洋諸島に進出した歴史は、「疑いないもの」であると主張した。そしてメラネシア系民族の風俗と、八重山諸島の過去における同様の風俗は、両地において偶然に発生し、一時的な交流によって伝播したものではないとし、次のような事例を紹介した。波照間島前村（現竹富町）の親盛家が所蔵する木製の鼓筒は、粟の収穫祭の際に挙行されるマキ踊りの時の楽器であったが、これはニューギニアで使われている砂時計型鼓に酷似している。また波照間島とニューギニアの木臼も類似している。[71]

インドのタミールが太平洋諸島に移動したことを具体的に証明することなく、思いつきのような仮定に従って自らの仮説を紹介している。太平洋諸島に存在する「メラネシア人」「メラネシア系民族」という言葉も曖昧であり、正確に言うと「メラネシア文化圏に存在する人々」となる。メラネシア文化圏はインドネシアの西パプア州、パプアニューギニア、ソロモン諸島、バヌアツ、フィジー、ニューカレドニア等の島々から構成されており、多様な歴史や文化を有する人々が住んでいる。八重山諸島と「メラネシア系民族」の文化的類似性が偶然的でなく、一時的な伝播ではないことを論証するために波照間島とニューギニアの鼓や木臼の類似性を挙げている。しかしサンプル数が少ないという問題だけでなく、金関の主観的な印象で論証しようとしており、科学的な研究とは言えない。

金関は「インドネシア人」と「メラネシア人」との交流は、「首狩り、入墨、歯牙変工」等からみて疑うことができないと述べた。また八重山地方には、「インドネシア要素」とともに、「インドネシア人」によって伝えられた「メラネシア的要素」が残存している、あるいは残存していたと考えた(72)。「インドネシア人」と「メラネシア人」の全ての人が「首狩り、入墨、歯牙変工」をしていた、またはしているという、偏見と蔑視の根拠を読者に与えるような言説を展開している。琉球人もまた双方の要素が残存しているので、同様な風習を有しているのではないかという差別の連想にも繋がりかねない。

次のように同論考の中には、直接的な琉球人差別と受けとめられるような文言がある。「『宮古史伝』等に、宮古島の与那覇勢豊見親《ママ》(実際は与那覇勢頭《よなはせど》豊見親《とぅゆみゃ》)なる酋長が元中四(一三八七)年、中山に到って察度王に方物(土地の産物)を献じたが、言語が通じない。那覇の泊御殿に留まって、沖縄語を習得すること二―三年にして、よく通じたという話しがある。(中略)いかに頭の悪い男でも、これを習得するに二―三年もかかるわけはない(73)」。「酋長」という侮蔑的な言葉を使用している。また「いかに頭の悪い男」でも沖縄語を習得するのに二、三年もかかるわけがないとして、「与那覇勢豊見親」を「頭の悪い男」と暗に馬鹿にしている。

金関は、これまでメラネシアと日本を繋ぐ場所に関する研究が存在しなかったことが、両地域の文化的関係を考える上で最大の弱点であったと指摘した。しかし、八重山諸島にメラネシア文化の痕跡があることが判明したことは、この問題にとって意味が大きいと述べた[74]。琉球を経て北上した文化や人間の体質が古代から存在し、それが日本文化や日本人の体質の重要な要素を構成したと、金関は考えた[75]。

八重山文化または琉球文化、あるいはその「地方の民族の局部に係る問題」ではなく、広く「日本民族」ないし、その「人種の由来につながる、一般的の問題である」と金関は認識していた。古代日本に体質上、文化上において濃厚なインドネシア要素があったという想定の一事例を、「たまたま八重山のはし」で捉えて問題にしたのであると述べた[76]。

つまり、「日本人の文化や体質に対する南方人の文化や体質の影響」という自説を論証するために、八重山諸島の歴史や文化が利用されたのである。しかも、八重山諸島が「地方の民族の局部」として位置付けられ、「日本民族」の由来という大きな問題を、「八重山のはし」で実証したと述べている。「辺境」として八重山諸島が、軽視される形で認識されている。しかもその論証方法は、表層的で主観的な観察と非合理的な断定、曖昧な概念規定に基づくものであった。

また金関はアイヌと琉球人について次のように述べている。宮良博士が主張するような琉球人の体質がアイヌのそれに近いという「俗説」は、何ら科学的に根拠のないものである。最近の人類学的研究の成果は、そのことを明らかに否定している。他方で八重山諸島の一部には、過去において入れ替わった旧言語のイントネーションが今日まで残っている。そのイントネーションはインドネシア語のそれに似ている。琉球各地の地名のいくつかは、共通の語形によってインドネシアの地名に関連させることが可能であり、それはアイヌ語で地名を解釈しようという考えに比べて「突飛なもの」ではない。[77]

アイヌと琉球人との類似性については、戦前の研究者だけでなく、埴原和郎《はにわらかずろう》によって提示された二重構造モデル(第五章参照)もあり、必ずしも「俗論」として片付けられないだろう。金関には、琉球人とアイヌとの歴史的、文化的、生物的関係を切断し、南方文化の日本への経路として琉球を措定したいとする強い意思が感じられる。

八重山諸島の人々の体質について、金関は次のように論じている。それは琉球人一般と同じく、今日の南九州地方人と一つの「体質圏」を形成している。よって八重山諸島の人々は、体質面からみると「日本人」であることは疑いない。この「体質圏」の人々は、「台湾、フィリピンの如き南方の種族」のある者や北九州人と似ていない。他方で腋臭者が多い点で南方につながる傾向が強く、多毛の点でルソン島の山地に住む古層のインドネシア人に似ている。[78] 八重山諸島の人々は体質上、「日本人」であると主張しつつも、「腋臭」「多毛」の点で南方との繋がりを指摘し、一般の「日本人」との違いを確認している。同化によって日本に取り込み、異化によって差別、排除するという、琉球人に対する日本人の「統治と支配の方法」を金関の琉球人認識にも見出すことができる。

金関は琉球人が日本人でありつつも、「腋臭」「多毛」等によって南方的要素を強く有していると主張している。「腋臭」「多毛」は差別、蔑視につながる人間の特性である。学知によって琉球人の生物学的特徴が他律的に規定され、それに批判すると「俗説」「素人考え」等として貶められる。

金関の最大の関心は日本人の由来である。琉球人はその論証のための手段であり、根拠でしかない。日本人の古代における祖先が、琉球を通過し北上して日本に移動したのかどうかは、琉球人にとって大きな問題ではない。琉球人が植民地主義の支配下におかれ、差別、搾取されてきたことが問題である。金関の研究は戦前、戦後を通じて琉球に対する差別と搾取を特徴とする植民地主義の特徴を色濃く有していたと言えよう。

小熊英二《おぐまえいじ》は金関の研究と、反復帰論や独立論との関係について、次のように論じている。

金関の「沖縄人＝非日系南方人説」は、沖縄の南方的要素を重視する「ヤポネシア」論や「異族」論と間接的に結びつき、沖縄側が「ヤマト」とは別個のナショナル・アイデンティティを築く際の土台とされた(79)。反復帰論や独立論に影響を与えた吉本隆明《よしもとたかあき》の沖縄論である「異族の論理」は、金関の説を引用した石田英一郎《いしだえいいちろう》の議論から構想を得ている。伊波普猷から発した「沖縄人＝北方渡来日本人説」が主流だったなかで、金関の主張によって「沖縄人＝非日系南方人説」が戦後に流布する発端となった(80)。

右で検討したように、金関の説は小熊が称するような「沖縄人＝非日系南方人説」とは断定できない。琉球人を日本人としながら、「南方的特徴」を恣意的に見出して、日本人の南方的要素を琉球人を通して論証しようとしたものでしかない。よって、「「ヤマト」とは別個のナショナル・アイデンティティを築く際の土台とされた」のではなかった。吉本の「異族の論理」への金関の議論からの影響も不明確であるとともに、「異族の論理」が琉球の反復帰論、独立論に大きな影響を与えたとも言えない。

第五節　清野研究室は琉球列島で人骨収集をどのように行ったか

次に金関以外に清野謙次の門下生による、琉球における遺骨盗掘について検討してみたい。三宅宗悦は一九三三年一二月から三四年一月の間において、奄美大島笠利《かさり》村(現奄美市)の各地で人骨約八〇体、沖縄島で約七〇体を採集した。さらに中山英司とともに三宅は、一九三五年一月と二月の間に、喜界島で人骨約七〇体、徳之島で約八〇体を得た(81)。

三宅は奄美諸島での琉球人遺骨収集について、次のように述べている。清野が日本全国において人骨を発掘した結果、収集人骨は959号までになった。しかし、この人骨中には「南方の材料」が少なく、人骨数「千体突破」が琉球列島における人骨採集の目的となった。「千突破を奄美大島で。」との希望を胸に秘めて」、知人のいない奄美大島に出かけた。島では予想以上の収穫があり、奄美大島と沖縄島において約一五〇体の古人骨を集めることができた(82)。人骨収集に執念を燃やしていた指導教授・清野への三宅の忠誠心が、琉球列島における人骨収集の大きな動機となった。

三宅は南島での人骨収集に関して次のように考えた。手軽に大量の人骨収集を行うには、沖縄の古墳を探るのが最も手っ取り早い。数年前、「畏友金関博士」は沖縄において、七〇、八〇例の古人骨を集めた。かつてベルツが兵士の計測を行って以来、奄美大島、沖縄の人々はアイヌに似た体質を持っていると言われてきた。アイヌの実態を明らかにするためにも、南島の人類学的研究は不可欠である(83)。金関の遺骨盗掘の事例を踏まえて、「古墳」を中心に人骨収集を行うという方針を決め、またアイヌ民族と琉球人との関係を明らかにすることも調査の目標とした。

調査の過程で三宅は奄美大島の人から次のような声を聞いた。島の人から「夜などふと目が覚めて確に自分達は毛深く、容貌も異っている。ほんとに鹿児島の人々が云う如くアイヌの子孫なのじゃなかろうか、と淋しく思う」。そして三宅は「日本石器時代人＝アイヌ説」の根強さに驚くと同時に、この「純情な二十一万の島の人々」を苦しめていることに憤りを感じた。三宅は島の人にその学説の誤謬《ごびゅう》を説明し、「君達は立派な日本人なのだ、しかも純粋度の高い体質の所有者達なのだと思う」と言った。その結果、島の人々が大変喜んでくれたが、それは今まで人類学徒として感じたことのない感激であったという。また島のある人は「我々は今日迄この科学的な説明をどれ程待っていたか知れない」と喜び、またある人は「丁度大島振興計画案が内務省で通って予算が可決さるれば、十年間毎年二百万円宛の補助を受け島が救われるが、貴君の今の説明はそれ以上の喜びを我々に与えるものである」と喜んだという。その結果、笠利村で約八〇例の古人骨を集めることができた。笠利村の赤木名《あかきな》小学校の校庭で人骨の荷造りをすませて「キヨノシュウシュウジンコツ一〇〇〇トッパ」と京都へ打電した(84)。

鳥居龍蔵は、琉球列島の石器文化は日本本土と同じ文化であり、琉球の石器時代人もアイヌであったと認識していた。「琉球の石器時代人＝アイヌ」という考えは、同化政策と沖縄人差別の中において沖縄の人たちに大きなショックを与えた。三宅は沖縄での調査において、清野の「混血説」を引き合いに出し、日本の縄文人はアイヌではなく日本人の祖先であり、朝鮮半島から来た移住者との「混血」が少なかったために、アイヌと琉球は古い体質を残していると説いて回った(85)。

一九〇三年の「学術人類館」事件に象徴されるように、戦前、琉球列島の人々に対する差別は激しく、差別から逃れるために皇民化教育に従い、日琉同祖論が知識人によって唱えられた。その中で島の人に「立派な日本人」「純粋度の高い体質の所有者」と言い、人骨収集の了解を得たことで多くの骨を三宅は入手することが可能になったと考えられる。また「日本石器時代人＝アイヌ説」を否定し、「日本石器時代人＝日本人説」を主張する清野の学説の正しさを証明するということが、人骨収集のもう一つの目的となった。日琉同祖論というイデオロギーを利用して琉球の人々の遺骨を集めたのであり、対等な関係性の中で合理的な説明を行った上で、住民の了解を得たということにならないだろう。つまり植民地主義という不平等で差別的な人間関係を利用して、遺骨が収集されたのである。

奄美大島の地政学的重要性について、三宅は次のように強調している。小笠原諸島、澎湖《ほうこ》列島とともに「南の生命線」である奄美大島の人々が、自分の説明によって「民族的自覚」を強くしてくれたことは、非常時の日本にとっても「同慶の至り」であり、人類学がこのように役立ったことは限りなき喜びであり、希望である(86)。人類学という学問によって島の人々が、「立派な日本人」であるという「民族的自覚」を有することができたことを三宅は喜んでいる。人類学の研究を通じて日本の戦争遂行、帝国主義を補完していたと言える。

三宅は琉球列島での調査を行う前に、研究材料収集に対する配慮に関して、京都帝国大学医学部学部長に鹿児島県知事、沖縄県知事に対して依頼をしてもらった(87)。つまり三宅による琉球調査は、帝国大学の威信と影響力を背景にして行われたのであり、金関と同じく琉球からの遺骨盗掘を「大学の問題」として認識することができる。

三宅は次のように奄美大島で人類学的調査を行った。名瀬《なぜ》尋常高等小学校に行き、児童の手掌紋を採取した三宅は、森山警察署長に面会して古人骨採集に関する了解を得た。名瀬尋常高等小学校に再び行き、約一五〇人分の児童の手掌紋を採取した(88)。奄美大島の宇宿《うしゅく》では人骨を収集した(89)。三宅は沖縄島でも約八〇体分の古人骨を得た(90)。

三宅は次のように琉球人について述べている。沖縄の人々は琉球という名称を非常に嫌がっている。「琉球人」などと特殊視されてきた、過去の因習によるのであろう。改称された方がよいだろう。彼らを「日本石器時代人種」と呼びたい。そして彼らから今日の日本人もアイヌ人も出たと主張するのが、清野謙次博士の「日本石器時代人種論」である(91)。日本人とは異なるという印象を与える「琉球人」という名称は、改称されるべきであると述べている。琉球人は日本人として「純粋度の高い体質の所有者」である日本石器時代人の子孫であると、認識していたのではないか。これは日琉同祖論を形質人類学という学知によって正当化し、補強したことを意味する。

遺骨の盗掘は刑法違反の行為である。琉球列島から遺骨盗掘を行った金関、三宅、中山が刑事罰を問われなかったのは、帝国大学の権威、知事や警察等の許可、地元知識人の案内や支援等があったからである。それとともに、琉球が日本の植民地となり、不平等な人間関係が形成されていたからでもあった。

三宅宗悦は次のように「アイヌ・琉球同系説」を批判した。日本各地の生体計測データを比較し、「南島」(琉球)や山間僻地のように地理的に他地方との「混血」が少なく、血族結婚が続いてきた地域の住民に古代人の体質的特徴が残っていることを指摘し、「日本古式体質」と呼んだ。その特徴は低身、長い「頭最大長」、低い頭高、大きい眉間隆起、眼窩《がんか》の窪み、多毛、腋臭頻度の多さ、蒙古皺襞の出現頻度の少なさ等である。「日本古式体質」の保有者としてアイヌは認識されず、アイヌと琉球人が近いというのは誤りである。これは三宅の指導教授である清野謙次の説、「日本石器時代人はアイヌの祖先ではない」に影響を受けた結果であると考えられる。[92]

「アイヌ・琉球同系説」を否定した研究者として、金関丈夫門下生、国立台湾大学の許鴻樑がいる。許は初めて、沖縄列島各地より発掘収集された八十有余体の墳墓骨を計測して、平均関係偏差（Rm）という方法で周辺集団の頭骨と比較した。そして琉球人男性頭骨の比較調査の結果、インドネシアおよび華南の客家のような「南方種」に比較的近く、アイヌ、北陸日本人のような「北方種」には比較的遠い関係にあると結論付けた。しかし現在の統計学からみると、許が利用した平均関係偏差という統計方法にはかなり問題があると指摘されている。[93]金関丈夫が百按司墓等から盗掘した骨によって、日琉同祖論を正当化する研究が行われたが、その分析手法の誤りが専門家によって指摘されている。

また一九九八年に百々《どど》幸雄《ゆきお》、土肥直美、近藤修の連名で執筆された論文は、形態小変異（非連続形質）による分析の結果、琉球人はアイヌから遠く、本土日本人に近く、「アイヌ・琉球同系説」が成立しないことを明らかにした。琉球人はアイヌと本土日本人のほぼ中間に位置するとされた。さらに顔面平坦度計測分析によりアイヌの顔面骨は、琉球人の顔面骨よりもはるかに立体的であることが分かった。[94]

他方で「アイヌ・琉球同系説」を肯定する研究も存在する。尾本恵市は斎藤成也《なるや》との共著論文において同説を支持している。近隣結合法で系統樹を描くと、アイヌと琉球人が八五％の確率で最初に結びつくことによって、両者が直接の子孫であることが論証されたとしている。またミトコンドリアDNAのハプログループM7aとN9bの出現頻度は、琉球人とアイヌで高く、日本本土人で低いという報告を篠田謙一、安達登が行っている。Y染色体のハプログループDも、本州・四国・九州の日本人が低頻度で、アイヌと琉球人が高頻度となると指摘する論文もある。さらに生体的特徴において、指紋の三叉示数、手掌紋のD線と呼ばれる線の走り方、分離型耳朶《みみたぶ》、二重瞼、湿型耳垢《みみあか》などの出現頻度において、アイヌと琉球人に類似性が見られると山口敏《びん》が主張している[95]。

このように「アイヌ・琉球同系説」の肯定、否定の研究がそれぞれ存在しており、どの説もまだ仮説の段階に留まっているということを確認しておきたい。

第二章　学知の植民地主義
――琉球人遺骨と大学・博物館の問題

第一節　京都大学はなぜ当事者の声を無視するのか

二〇一七年五月、私は京都大学総合博物館に対して「百按司墓遺骨」の実見を申し入れ幾つかの質問をしたが、同博物館はその要求を全て拒否した。私は同博物館との間で、次のようなメールのやり取りを行った。

京都大学：「平成29年5月8日付貴殿より申請のありました標本利用について検討した結果、当該標本の利用は不許可といたしましたのでお知らせいたします。また、標本利用申請書の別紙としていただいた質問事項についてのご回答及びご要望の記録の提供には応じかねますのでご了承ください」。

松島：「本日、琉球人遺骨実見申請書、質問文への回答書をメール添付にて頂戴しました。しかし、遺骨実見拒否の理由、各質問事項への回答をお願いしたく存じます。私は「日本人種論」研究の上で、本遺骨に大変関心を持つ研究者であるとともに、琉球の石垣島で生まれた琉球人です。(中略)百按司墓遺骨は、金関丈夫氏が遺族の許可を得ないで採骨し、その後、貴大学の清野謙次氏に譲られ、貴博物館に保存されるようになったと認識しております。全国の大学に保管されているアイヌ民族の(遺骨)返還運動が本格化するなかで、百按司墓遺骨に対する関心も高まっております。京都大学は、アイヌ民族の遺骨に関して「アイヌ人骨保管状況等調査ワーキング報告書」を作成しましたが、琉球人の遺骨に関しても説明責任があると考えます。琉球人研究者に対する真摯なご回答お願い申し上げます」。

京都大学：「以前のメールでもご連絡したところですが、館蔵資料の閲覧は、すべての資料について、いかなる場合でも、研究目的、及び、それぞれの資料の取扱いの熟達度や研究実績等を考慮して、閲覧の可否を判断しております。また、すべての館蔵資料について、収蔵状況等の個別の問い合わせには応じておりません」。

京大にて情報公開を求める筆者(左)

松島：「琉球人骨の実見、質問事項への回答を拒否されますが、全く納得がいきません。丁寧な説明をお願いします。なお、本件については様々な問題が含まれていると考えておりますので、添付資料のようなシンポを6月5日に同志社大学で開催いたします。貴博物館の館長、または博物館関係者のご参加をお願いしたく存じます。その場において意見交換ができましたら幸いです」。

京都大学：「5月19日に当館よりメールにてお送りした回答以外に御答えすることはありません。今後、何らかの形で質問・要望をいただいたとしても、応じかねますので、ご了承ください。また、公式な協力関係にある組織以外からの、集まり等への参加要請については、館として対応しておりません」。

京大総合博物館は『琉球新報』『沖縄タイムス』『東京新聞』『京都新聞』等からの本件に関する取材も退けた。同博物館は「すべての館蔵資料について、収蔵状況等の個別の問い合わせには応じておりません」と私に回答した。なぜ問い合せに応じないのかの理由を説明せず、議論、対話を拒否した。

日本国民からの一切の取材、質問、要望への回答を拒否することは、国民の税金で運営されている国立大学として許されない。京大が、日本国民、特に日本の植民地になった琉球の人々から同遺骨に関する問い合せを無視することは、「植民地主義的な対応」であると言える。このような対応は、日本国憲法二一条の「知る権利」にも反している。また「資料の取扱いの熟達度や研究実績等を考慮」して閲覧の可否を決めると述べているが、「熟達度」「研究実績」の目安も公開せず、恣意的に決定を行うことができる。京大は、遺骨の当事者が「遺骨に手を合わせたい」という信仰の自由を否定する権利があるのだろうか。

二〇一七年六月、私は琉球人遺骨問題に関して、同志社大学の冨山一郎、京都大学大学院の駒込武《こまごめたけし》らの協力を得て同志社大学において「琉球人骨問題を考える」と題するシンポジウムを開催し、「学知の植民地主義問題、先住民族の権利、今日のレイシズムの形態」等について議論を行った。先のメールのように、本問題のもう一人の当事者である京大総合博物館関係者のシンポへの参加はなかった。議論を通じて問題を解決するという、大学が本来有しているはずの社会的責任に背を向けているとみなされても仕方がない。

二〇一七年八月、私は「人骨標本番号毎に記録された文書」に関する京大法人文書開示の請求を行い、同年一一月、閲覧した。しかし琉球人遺骨に関する法人文書は、一件のみであった。私が更なる情報の公開を求めたところ、次のように京大担当職員は答えた。「「清野コレクション」に係る文書は清野個人のものであり、京大法人とは無関係であるため、情報公開の対象にはならない。提出した資料は京大法人が文書としてまとめたものであり、京大総合博物館所蔵の琉球人遺骨については、文書としてまとめていないから公開する必要はない。情報公開法は既存の文書の公開であり、新たな文書の作成を命ずることはできない」。

京都帝国大学医学部に所属していた清野が収集し、京大内に保管していた遺骨が京大法人とは無関係であるはずがない。京大法人が保有している遺骨は、所蔵目録等でリスト化されているはずであり、文書として存在しないとは言えないだろう。「情報を隠蔽するための情報公開法」でしかない。

琉球人遺骨のファイルには、次のような情報が記載されていた。「人骨標本番号第五百九十六号大正十三年十月二日採集、発見地名：沖縄県琉球本島国頭郡運天、時代別：現代琉球、人骨、備考：本人骨ハ高々百年位ヨリ経過シテ居ラ無キモノダ。沖縄ノ墳墓ノ甕ノ中カラ発見サレタモノデ友達、[redacted]君ノ寄贈ニカカル」。寄贈者の氏名は墨塗りで消されていたが、他の資料によって「桑田理学博士」であると考えられる。一〇〇年未満の遺骨であり、百按司墓ではない、運天にある他の墓地から持ち出したものであろう。同ファイルには「琉球本島」と記せられていたが、「沖縄本島」を清野が間違えて書いたと考えられる。

同遺骨に基づいて研究を行ったのが金高勘次《きんたかかんじ》であり、その論考には次のような記載があった。運天において偶然、某氏が入手したものを清野博士が寄贈をうけた。現代沖縄人に属する人骨であることは確かである。運天には有名な百按司墓や大和墓があり、数多の「髑髏が唐櫃《からびつ》に納れてうだって居る」、また壺中《こちゅう》に納められて無数に並べられた洞窟もある(1)。

金高は、この人骨(特に一頭蓋骨)に関して研究を行い、次のような結論を下した。頭蓋骨は中等大であり、頭長幅示数は長型に属し、「南墺蕃人《なんおうばんじん》」、与那国島人および北海道アイヌ人らに似ている(2)。

金高は金関が百按司墓から持ち出した遺骨について、次のように記している。京大の金関氏は一九二九年一月に沖縄へ採集旅行した。研究の結果は斯界にとって多大の貢献になることは言うまでもない(3)。金高が研究対象とした遺骨が京大法人文書として記録されながら、同じく京都帝国大学の助教授であった金関が得た百按司墓やその他の場所から盗掘した遺骨が、京大法人文書として残されていないという事実からしても、遺骨を隠蔽しようと大学が意図していると疑わざるを得ない。

二〇一三年四月、アイヌ・ラマット実行委員会共同代表の出原昌志《ではらまさし》は、次のような京大法人文書の開示請求を行った。金関丈夫が琉球から持ち帰った人骨、三宅宗悦や中山英司が喜界島から七〇体、徳之島から八〇体収集した人骨に関する文書の開示である。しかし京大は「該当する法人文書は確認できなかった」と回答している。

二〇一七年一二月、私は京都大学大学院理学研究科自然人類学研究室に対して、骨格閲覧を申請した。同研究室の事務所は、「申請書を受け取りましたが、閲覧ご希望の標本は当研究室の管理資料に存在しません」と回答した。なぜ存在しないのか、いつどこに移動させたのかという質問をしたが、未だに回答がない。同研究室のホームページには次のような記載があった。「自然人類学研究室は「清野コレクション」と呼ばれる日本屈指の発掘人骨資料を所蔵しています。この資料は日本列島におけるヒト集団の変遷とその生活様式の研究に大きな役割を果たし、多くの研究者が利用に訪れています」(4)。京大は「清野コレクション」を個人のものだとしながら、これを「日本屈指の発掘人骨資料」

として大学法人の所蔵品とするという欺瞞性、当事者の人権に配慮しない学知の傲慢性が、右の記述から明らかである。

二〇一七年八月末、照屋寛徳《てるやかんとく》・衆議院議員は国政調査権を発動し、文部科学省を通じて京大に対して百按司墓琉球人遺骨に関する照会を行い、琉球人遺骨問題に関する検討会議の学内での立ち上げを求めた。その結果九月、京大は初めて同遺骨の保管を公式に認め、次のように回答した。遺骨は「プラスチック製の直方体の箱」に保存している。同遺骨に関する研究成果について把握せず、遺骨リストも作成していない。京大に設置された「アイヌ人骨保管状況等調査ワーキング」のような組織を百按司墓琉球人遺骨に関して設置する予定はない（「京都大学総合博物館に所蔵されている「百按司墓遺骨」について」「文部科学省から照屋寛徳議員事務所あて回答文、二〇一七年九月一五日」に基づく）。

その保管方法からは、琉球人遺骨に対する尊敬の念はみえない。つまり京大は研究を行わないにもかかわらず、遺骨を保管し、「個別の問い合わせ」にも応じず、ワーキングの設置も拒否し、返還をしようともしないのである。

京都大学大学院理学研究科自然人類学研究室の教員であった池田次郎は、「頭骨計測値の多変量解析からみた現代琉球人（男性）」と題する英文論文において、運天の渡久地、徳之島、喜界島等の琉球人の遺骨を自らの研究のために利用したと記載している。同論文には、三宅らによって収集された人骨も研究対象にしたことが明記されている(5)。つまり京大は沖縄県選出の国会議員に対して、文科省を通じて虚偽の報告をしていたことになる。

琉球人や研究者の団体も遺骨返還を求めている。二〇一七年四月、琉球民族独立総合研究学会は、国連の人権高等弁務官事務所に対して、「百按司墓遺骨」返還の正当性を主張した。また同学会は二〇一八年四月にニューヨークの国連本部で開催された「第一七回国連先住民族問題常設フォーラム」において、京大からの琉球人遺骨返還を訴えた。

二〇一七年八月、私は琉球民族遺骨返還研究会代表として、京大総長の山極壽一《やまぎわじゅいち》に対して琉球人遺骨返還に関する要望・質問書を提出するとともに、遺骨関連の情報開示請求を行った。京大は琉球民族遺骨返還研究会の要望・質問書に対して次のように回答した。「本件について個別の問合せ・要望には応じかねます。つきましては、本件で本学を来訪することはご遠慮いただきたく存じます。なお、今後、何らかの形で新たな問合せ・要望をいただいたとしても、応じかねますので、ご了承ください」。

なぜ「個別の問合せ・要望」に応じないかの理由も示さず、私の大学への訪問も拒否するという、植民地主義を絵に描いたような冷酷な対応である。京大のこのような植民地主義は一貫している。二〇一七年八月二三日に私が京大を訪問した際、総長室がある建物に入ることが警備員によって許されず、担当職員が屋外に出てきて「要望・質問書」を受け取った。受け取りの模様をカメラで撮影しようとしたら、「写真を撮るなら文書受け取りを拒否する」と述べた。

同年一一月一三日、私は「コタンの会」(第四章参照)代表でアイヌ民族の清水裕二とともに京大に行き、アイヌ、琉球人の遺骨について問い合せをした。総長室がある建物の玄関ホールに入ることはできたが、警備員の目の前に置かれた内線電話の使用が認められず、私の携帯電話で外線を通じてアイヌ、琉球人の遺骨担当部署である総務課に電話することを命じられた。担当職員は私たちの前に現れず、清水が求めた京大による『アイヌ人骨保管状況等調査ワーキング報告書』の手交も拒絶した。さらに清水との名刺交換についても、「その必要はない」として拒否した。これは明らかな大学による民族差別である。

二〇一八年一月、琉球大学で行われた東アジア共同体・沖縄（琉球）研究会のシンポジウムにおいて、私が起草した「琉球人・アイヌ遺骨返還問題にみる植民地主義に抗議する声明文」が承認された。同声明文は京都大学関係機関、琉球・京都・北海道の新聞社、照屋寛徳・糸数慶子・伊波洋一の沖縄県選出国会議員に送付された。奄美大島から本シンポに参加されていた大津幸夫は原井一郎とともに、奄美諸島から持ち出され、現在、京大に保管されている遺骨返還を求める運動を始めた。二〇一八年五月、徳之島、喜界島、奄美大島に遺骨返還の組織をつくり、「京都大所蔵の遺骨返還を求める奄美三島連絡協議会」を設立し、二六〇体超の遺骨の返還を京大総長に求めた。

二〇一八年二月、照屋議員は「琉球人遺骨の返還等に関する質問主意書」を提出したが、日本政府は琉球における遺骨返還運動を認めず、京大による遺骨保管に理解を示し、学知の植民地主義を正当化した。同年二月、国連NGOのAIPR（琉球弧の先住民族会）が、インドで開催されたAIPP（アジア先住民族連合）の評議会に対して、琉球人遺骨問題に関して私が作成した報告書を提出した。

同年三月と四月、照屋議員は京大総長に対し内容証明付きの公開質問状を二回提出し、詳細な遺骨情報の提供とその返還を要求した。京大は回答書の中で照屋議員からの質問や要望にこたえないという、不誠実な対応をとるとともに、今後、本問題に関して今帰仁村と協議するとしたが、その詳細は明らかにしなかった。

遺骨返還運動は琉球において広がりを見せている。まよなかしんや（アイヌ民族と連帯するウルマの会）、具志堅隆松《ぐしけんたかまつ》（ガマフヤー）、目取真俊《めどるましゅん》（小説家）、安仁屋眞昭《あにやしんしょう》（おもろ継承者）、『月刊琉球』編集部、東京琉球館、命《ぬち》どぅ宝！琉球の自己決定権の会等も遺骨返還、再風葬を求めている。現在、私は、照屋寛徳議員、大阪の丹羽雅雄弁護士、普門大輔《ふもんだいすけ》弁護士、定岡由紀子弁護士、琉球に拠点を置く「命どぅ宝！琉球の自己決定権の会」等とともに京大総長を被告とした「琉球遺骨返還請求訴訟」の準備を行っている。

第二節　「日本人アイデンティティ」誕生の場としての博物館——港川人を中心として

これまで日本人のアイデンティティを確立するために、アイヌ民族、琉球民族の遺骨が研究者によって注目され、利用されてきた。本節において港川人を巡る学説の検討と、本当に港川人が日本人の祖先なのかを考えてみたい。

二〇一七年一〇月、私は東京にある国立科学博物館において、琉球人の祖先と考えていた港川人と「再会」した。国立科学博物館において、日本の「領土」で発見された港川人が「日本人の祖先」として位置付けられている。同博物館には復元された港川人の人形から始まり、縄文、弥生と時代を下る形でそれぞれの時代の人形が配列された展示コーナーがある。研究者によって復元された港川人の顔には、「日本人的な顔」と「アボリジナル的な顔」の二種類があるが、前者の顔の人形が置かれていた。琉球人に対するイメージを来館者に刻み込む役割を果たしていると考えられる。東京大学総合研究博物館には港川人のほぼ全体の骨格部分がそろった遺骨（港川人1、2号）が所蔵されている。また沖縄県立博物館・美術館において、港川人が琉球人の祖先として敬意をもって扱われていないという問題もある。博物館という学知を広く社会に伝える空間において、学知というお墨付きを与える形で、日本ナショナリズムが形成され、琉球人に対する偏見が生み出されてきた。

一九六〇年代末に発見されて約二〇年後の八八年に、国立科学博物館において「日本人の起源展」が開催され、港川人骨を「日本人の祖先」として初めて「国民にお披露目した」のであった(6)。一九八八年に「港川人が日本人の祖先である」という仮説に、国立の権威ある研究機関によってお墨付きが与えられた。

国立科学博物館内で展示されている港川人の人形

この一〇月、私は東京大学総合研究博物館を見学した。同博物館奥に設置されたガラス張りの研究室内に「港川フィッシャー遺跡出土の人骨」が置かれ、その説明板には次のような記述があった。「日本列島では、最終氷期最寒冷期（二万六〇〇〇年から一万九〇〇〇年前）まで遡る人骨はほとんど知られていないが、一九六八年～一九七〇年発見の沖縄島の「山下町人骨」（1 sd 較正年代 37, 399～34, 982 cal

BP)と「港川人骨」(1 sd 較正年代 22, 858〜21, 277 cal BP)がある。これらの年代は、供伴する木炭を用い、当時本学で測定した放射性炭素年代である」。港川人1号と4号の顔骨のレプリカが、ガラスケースの中に入っていた。「山下町人骨」や「港川人骨」と呼ばれる琉球人の祖先の遺骨は、博物館のどこかに保管されている。

二〇一八年三月、私は八重瀬《やえせ》町具志頭《ぐしかみ》歴史民俗資料館において港川人の展示を見学した。一階展示場の半分以上が港川人を紹介するためのスペースに割かれ、パネル、映像、模型等で解説が行われていた。港川人に関する説明文の大部分は、国立科学博物館の馬場悠男《ひさお》研究員によるものであった。他方、同町出身者で、近代琉球において日本の植民地支配に抵抗した謝花昇《じゃはなのぼる》の展示室は文書資料中心であり、照明も薄暗い同館の地下にあった。同町内には港川人が描かれた大きな看板があり、町発行のパンフレットでも港川人について大きく紹介されていた。同町は明らかに港川人を観光、社会教育において重視していることが分かる。同館内にあった港川フィッシャー遺跡の説明板には、「港川人が日本人の先祖」であると明記されていた。日本人研究者の仮説が発見現場にも浸透しており、日琉同祖論が博物館内で再生産されていた。琉球人とアイヌが異なり、日本人と近いとする説も紹介されていた。

パネルの説明板をみると、港川人の推定年が「二万二〇〇〇年前」に変更されていた。資料、教科書等では「一万八〇〇〇年前」とされている場合が多い。同館の学芸員によれば五、六年前に年代を「炭素計算」から「較正計算」に変更したそうである。人骨の年代測定には次の二種類がある。①放射性炭素年代は、一九五〇年を基準としたものであり、年代は変わらない。②較正年代とは、人骨の人が生きていた時に生活していた環境、酸素の量等に関する新たな分析結果の情報を繰り入れるため、年代が変化する年代測定法である。具志頭歴史民俗資料館ではこの年代に変更したのである。日本の考古学、形質人類学の学界において、人骨年代表記法が統一されていないのである。

同じく二〇一八年三月、港川フィッシャー遺跡に行ってみた。港川人が発見された場所の前に、石製香炉が二つ置かれていた。琉球人の中には聖地として「拝み」(ユタ等の琉球の伝統的霊能者、家族、門中が琉球各地の聖地を巡拝する風習)をする人がいることを確認した。

さらにこの三月、沖縄県立埋蔵文化財センターを訪問した。展示説明パネルで「港川人は日本人のルーツを考える意味で重要です」と記載され、同センターの総合案内パンフレットでも「港川人と同じ特徴をもっている化石人骨としてインドネシアのワジャク人１号があげられ、日本人の祖先である縄文人につながると考えられています」と書かれてあった。また同センターでも国立科学博物館、具志頭歴史民俗資料館と同じく港川人と現代日本人との比較図が展示されていた[7]。同図を見た琉球人は潜在的に自分を日本人と意識した上で、港川人と自らを対比するのではないか。なぜ「現代琉球人」と港川人とを比較する図を見せなかったのか。思考の基準を日本人、日本に置くという「思考装置」、日琉同祖論の浸透を図るという「イデオロギー操作の場所」として博物館や資料館が機能している。

沖縄県立博物館・美術館で開催された「港川人の時代とその後」(二〇一六年一一月〜一七年一月)においても「彼ら港川人こそ、私たち日本人の祖先の最有力候補者なのです」と紹介され、「私たち」が「日本人」であることが前提とされていた[8]。同博物館にある「ふれあい体験室」では、港川人とリュウキュウジカのバラバラになった骨のフィギュアをパズルのように接合させるコーナーがある。琉球人の祖先が遊びの対象になっており、敬意をもって扱われているとは言えない。

琉球の歴史教科書副読本として書店でも販売されている『これだけは知っておきたい琉球・沖縄のこと』でも、次のように港川人が説明されている。「(港川人は)日本の旧石器人として国際的に紹介された」「沖縄で発見された港川人も、これら縄文人とほぼ同様の特徴をもっていることから、現在最も確実な日本人の祖先として位置づけられた」[9]。

国立科学博物館の研究内容を紹介する書籍『日本列島の自然史』の中でも、港川人は「二万年近く前の私たちの祖先が、どのような姿形をして、どのような生活をしていたかを明らかにしてくれる唯一の資料である」と記載されていた[10]。また同書において、港川人1号男性の推定身長は一五三㎝であり、縄文人男性平均(一五九㎝)よりもやや低く、現代日本人青年男性平均(一七〇㎝)よりも遥かに低いと説明されていた。港川人1号が縄文人男性や現代日本人男性と比較されており、日本人の祖先であることを前提としている[11]。

港川人の遺骨は、沖縄島の港川フィッシャー遺跡で一九六〇年代末〜七〇年代半ばに発見された。石灰岩中にできた裂け目(フィッシャー)を覆っていた土の中から掘り出されたのは、四体(成人男性一体、成人女性三体)の保存のよい骨と、他の部分的な骨であった。特に港川人1号と呼ばれる男性の「化石」は全身のかなりの部分が残っており、アジア東部で知られるホモ・サピエンスの「化石」の中では最も保存がよかった[12]。

「日本の旧石器人骨」の中で顔の形が判明できるのは、港川人の1号と4号だけである。中国では港川よりも古い人骨が発見されているが、港川フィッシャー遺跡では複数の個体が同時に発見され、そのうち一体(1号)は全身の骨の大部分が残っており、他に例を見ないものであった。アジアにおける人類進化を探る上で最重要資料の一つである[13]。

港川人を発見したのは大山盛保《おおやませいほ》であった。一九六七年、大山が農園の工事のために購入した粟石の石材にイノシシの化石がこびりついていたものを発見し、ヒトの骨が出るかもしれないと考えたことが、港川人の発見に繋がった[14]。

一九六八年、大山はイノシシ等の骨に混じった「上部港川人」として知られる人骨を掘り出した。一九七四年までの間、地元と東京大学人類学教室の研究者が、三回の組織的発掘調査を実施した。第一回と第二回の発掘調査の間となる一九七〇年八月に、港川人の主要な骨が発見された。大山がその発見を東京大学に伝え、人類学教室の渡邊直經《なおつね》が現地に赴いて、三体分の人骨(港川人2～4号)が取り上げられた[15]。

大山は琉球人であり、古琉球時代の英雄である護佐丸《ごさまる》(琉球の有力按司)の子孫であることを常に誇りに思っていたという。OK運輸合資会社の社長職という多忙な中、仕事を終えて、午後六時頃に現場につくと、車のヘッドライトで堆積層を照らして毎日のように調査を行った。自宅で毎晩遅くまで、発掘した遺物の整理をした。渡邊直經・東大教授が東京に帰った後も、大山は足しげく現地に通って発掘を続けた。その結果、一九七〇年一一月二日、大山は港川人1号を発見した[16]。

港川人が発見された場所は、旧石器時代においてどのような状況にあったのだろうか。

東京大学教授の鈴木尚《ひさし》は港川人骨の一部に傷跡が見られたことから、港川人は殺害されてフィッシャーの中に投げ込まれたと考えた。しかし現在よりもはるかに人口が少なかった旧石器時代の人骨が、同じ場所から何体もまとまって発見されたのであり、天災、事故、殺人のような偶発的な現象で説明するのは困難である。科学的な年代推定調査からも港川人の骨は一時的に堆積したのではなく、徐々に溜まっていったことも解明されている。港川フィッシャー遺跡は、旧石器時代の墓地であったとも言われている[17]。また港川人4号女性の上腕骨の下端が関節の直上で折り取られ、尺骨肘頭《しゃっこつちゅうとう》の後面が抉り取られている[18]。これは葬送儀礼として傷つけられたと認識されている。つまり港川人は墓地に葬られた可能性が高く、当時の琉球人は葬送の儀礼を行っていたことになる。つまり、金関が百按司墓から琉球人の骨を奪ったように、東京大学の鈴木を初めとする日本人研究者が港川人の墓から琉球人の遺骨を奪取したのである。

港川人はどのような人であったのだろうか。五万年前頃より、アフリカからホモ・サピエンスが世界中に拡散した。港川人は骨の特徴からホモ・サピエンスである。原人や旧人は脳頭蓋が低く、眼の上にできる分厚い骨の隆起が発達し、顔が前方へ突出する傾向があるが、港川人にはこれらの「原始的特徴」がない。鈴木は主に頭骨において港川人と縄文人はよく似ており、両者は近い関係にあると考えた。旧石器時代に日本に渡ってきた集団も港川人と同様の集団であり、港川人が縄文人の祖先であると推定した。この考えは埴原和郎に継承された[19]。港川人は縄文人の祖先、つまり日本人の祖先であるという仮説が提示されたのである。

しかし山口敏や馬場悠男は、頭骨比較研究により、港川人は中国北部の山頂洞人よりも、ジャワ島のワジャク人とよく似ていると主張した。五〇〇〇年以上前の東南アジアには、現在のオーストラリア・アボリジナルと似た集団(ワジャク人もこのグループに含まれる)が広く分布していた痕跡があり、港川人の下顎骨の特徴からすると、この集団に由来する可能性があるという[20]。

このような研究成果に基づいて、国立科学博物館は港川人の復元像を修正した。従来の港川人の復元像は、港川人が「縄文人の祖先」であるという仮説に従って、「日本人らしい」顔つきにしていたが、顔の皺や瞼などを変更して少し「アボリジニ的な要素」を加えた[21]。港川人復元像の顔が「日本人らしい」ものから「アボリジニ的な要素」に変更しても、港川人が「縄文人（つまり日本人）の祖先」であるとする国立科学博物館の展示内容が修正されることはなかった。

港川人の復元像制作に関わった海部《かいふ》陽介は次のように述べている。これまで港川人の研究は、主に日本人の起源を探る目的で行われてきた。港川人はホモ・サピエンスの世界拡散史を探る上において、「琉球地域のパズルピース」を埋める役割を果たす、最重要資料である[22]。二種類の港川人復元像からも分かるように、日本人の起源を探るための港川人研究であることは明らかである。また現在の説も仮説でしかなく、将来、異なる仮説が提示されるかもしれない。ホモ・サピエンスがアフリカから出発してどのようにアジア、琉球を経て日本に来たのかに関して、日本人研究者は大きな関心を持っているようである。それはとりもなおさず、日本人が港川人をどのように認識しているのかも示していた。日本人研究者は明言しないが、港川人は日琉同祖論の論拠にされていると理解することができる。日本人研究者が、琉球人の祖先の顔を決めるという他律性にも違和感を覚える。琉球人が誰であるかを日本人研究者が決定し、琉球人は研究の客体でしかないという、認識論上の主従関係がある。

それは、二〇一八年に復元された白保《しらほ》竿根《さおね》田《た》原洞穴《ばるどうけつ》人の顔の復元像についても、同様に言えることである。復元されたのは「4号人骨」であり、最初に、X線コンピューター断層撮影で頭骨の形状をデジタル情報で捉えて、三次元プリンターで出力した。その後、超音波で測定した「日本人の皮膚の厚さ」のデータを基にして、粘土で肉付けして完成させた(23)。なぜ「日本人」の皮膚のデータを利用しなければならないのだろうか。同遺骨が「日本人の祖先」であると前提されていると考えられる。

港川人の身体には次のような特徴があった。港川人は、エネルギー消費量を抑えるために胴体が細く、四肢(特に肩と上肢)が細く短く、身体全体のサイズが小さかった。粗末な道具を使うため港川人の手は身体の割に大きくなり、荒れた地面を移動するため下腿と足は頑丈になり、下腿は短くなった。狭い島の高低差がある環境で瞬発力と柔軟性の必要な運動に、それぞれ適応したものである。港川人の骨格の特徴は、狭く凹凸の激しい土地に住み、粗末で栄養の乏しい食物を摂るという島嶼の生活に適応していたことを物語っている。日本列島や大陸とは長い間にわたって隔絶され、遺伝子を交換する機会が事実上なかった。琉球列島から発見された縄文時代相当の人骨には、日本列島の縄文時代人のそれと本質的な違いは見られない。琉球列島の縄文人は港川人のような「島嶼適応」の傾向を示していない(24)。

港川人と縄文人の頭と顔の特徴を比較すると、前者が「原始的」であり、「島嶼適応」をしており、港川人が縄文人に進化したと認識されていた。しかし、その他の体の部分を比較すると両者は全く異なる。脛骨《けいこつ》の扁平性は港川人が未発達だが、縄文人はよく発達している。四肢骨末端部分の長さも縄文人が長いのに対し、港川人は短い。港川人は踵が極めて短いなど縄文人に見られない特徴がある。港川人が縄文人に進化したと説明するのは困難である(25)。

以前、琉球人はアイヌと並んで縄文人の直系子孫であると考えられたが、最近は、琉球人は縄文人の影響よりも日本の渡来系弥生人、中国からの移住者の影響の方が強いというデータが多く出ている(26)。二〇一一年の学術雑誌 *Anthropological Science* には、港川人と縄文人との「祖先・子孫」関係を疑問視する多くの研究論文が掲載された。佐宗《さそう》亜衣子らは高解像度レーザースキャンにより、港川人と縄文人頭骨の眉間周辺の三次元表面形状を比較し、港川人の眉間部領域の隆起パターンは独特であり、縄文人とは異なることを明らかにした。海部陽介は、港川人の下顎骨が多くの点で縄文人とは時代差・地域差を超えて異なることを指摘した。東京大学総合研究博物館教授・諏訪元《げん》は、港川人の歯根長と歯頸《しけい》部径が現代人と縄文人のそれらよりも大きいと主張した(27)。つまり港川人が縄文人＝日本人とは言えないのであり、港川人は琉球の地で生まれ、育ち、葬送儀礼をするなどの社会関係を築いてきた琉球人の祖先であると考えることができる。

港川人が日本人の祖先であると前提できるのは、琉球併合によって琉球が日本の植民地になり、その島々が日本の領土に組み入れられ、その地で港川人が日本人研究者によって研究され、現在もその遺骨の重要部分を東京大学が所有しているからにほかならない。

一八七九年の琉球併合まで琉球は独自な国であり、もしも琉球が国のままであり続け、その地から港川人が発見され、琉球人によって研究されていたら、当然、港川人は琉球人の祖先になっていただろう。その際、琉球人研究者は遺骨を研究した後は元の「港川フィッシャー墓地」に戻し、供養の礼を尽くすであろう。港川人が日本人の祖先であるという仮説は、琉球が日本の植民地であることを象徴的に示していると言える。

第三節　日琉同祖論と新たな琉球人骨研究

次に日本の人類学者が琉球人遺骨をどのように認識し、研究し、そして研究成果を展示しているのかについて検討してみたい。国立科学博物館人類研究部人類史研究グループ長の海部陽介は、次のように述べている。日本の人類学者にとって、沖縄は「聖地のような場所」である。土壌が弱酸性である北海道から九州は「化石」の保存に向かず、旧石器時代では断片的な骨しか見つかっていない浜北人を除いて「化石」がない。琉球列島はその例外である。奄美大島以南の島々ではサンゴ礁を起源とする石灰岩が発達しており、そのアルカリ成分によって「化石骨」が保存される(28)。日本人研究者にとって琉球人遺骨は「石に化した物」つまり「化石」でしかない。信仰や儀礼とは切り離された研究標本として認識されていることが、「化石」という言葉から伺える。

一九六八年に那覇市山下町の第一洞穴において、六〜七歳の子供の大腿骨と脛骨が発見された。それは三万七〇〇〇年（放射性炭素年代では三万二〇〇〇年）ほど前の骨とされ、「日本最古の人骨」と言われている(29)。同遺骨も、鈴木尚を中心とする東京大学の研究者が調査を行い、現在、東京大学総合研究博物館に保管されている。琉球が日本に「復帰」する前に「発見」されたが、「日本最古の人骨」として認識され、教科書、説明板等で流布されている。

琉球が日本の一部であることにより、また「琉球人が日本人である」という仮説が通説とされ、日本人研究者は「自らの先祖の歴史」を旧石器時代にまで遡って研究することが可能になったのである。

琉球の存在によって、日本の先史時代を延長することができたと言える。よって琉球は日本人の人類学者のみならず、日本人一般、日本政府にとっても「聖地」としての役割を果たすのである。しかし、将来、琉球が独立すれば港川人、山下町第一洞穴人は琉球人ということになり、日本史の人間に関する先史時代は短くなり、琉球はそれよりも長い歴史を持つ国となるだろう。自国の先史時代が短くなることを不名誉に思い、琉球独立に反対する人がいるかもしれない。

日本では発見されないものが琉球で見つかることもある。居住遺跡である南城市のサキタリ洞遺跡では、旧石器時代人が利用していた貝殻を割った貝器が発見された。旧石器時代の貝器は日本では知られておらず、「日本初」の発見であった。石器を積極的に使わない「石器に依存しない文化」が琉球にあった。九州以北と琉球は文化的につながらず、台湾経由で南方との関連が強くなる[30]。琉球が日本の一部であることにより、東南アジア、太平洋等の「南方」、戦前の用語で言えば「内南洋」と「外南洋」と日本との文化的つながりも明らかになってくる(序章参照)。大東亜共栄圏構想において清野謙次が研究した「南方」との文化的関係、日本への影響等に関する研究の系譜が現在、再び注目されるようになった。

日本考古学会がこれまで蓄積してきた後期旧石器時代の遺跡データは、質・量の両面で国際的に第一級であるという。この時代だけでも一万カ所以上もの遺跡が記録されている。琉球には旧石器時代の人骨もかなりある。ユーラシアにおける太古の人類といえば、ヨーロッパのネアンデルタール人やクロマニョン人が有名であるが、アジアにも「それに負けないダイナミックな人類史」があった[31]。「欧州に負けないアジアの人類史」の研究を可能にしたのが、琉球から発見された旧石器時代の遺骨であると認識している。それゆえに「港川人が日本人の祖先である」という展示内容を、国立科学博物館は現在も続けるようになったのだろう。

篠田謙一らによるDNA解析を研究手法とする形質人類学者は、人骨を破壊して研究を行う[32]。実際、以下で論じる石垣島の白保竿根田原洞穴遺跡から発見された遺骨に対して、DNA解析が実施された。つまり、琉球人の遺骨が破壊されたのである。今後、このような研究によって仮説の書き換えは続くであろうが、遺骨そのものは削り取られ、この世から消えてしまう恐れがある。つまり琉球人遺骨のマブイ(霊魂)は安住の地を得ることができず、彷徨《さまよ》い続けると琉球人が不安に思っても、それは杞憂であるとは言えない。

篠田による白保竿根田原洞穴人のミトコンドリアDNA解析によって、同地の遺骨が南方集団に近縁性を示しており、縄文人との類似性は大きくないという結果がでた[33]。日本人の祖先の日本への移動経路を明らかにするために、琉球人の祖先の骨が破壊されたのである。

日本人の祖先である縄文人は、どのように形成されたのであろうか。旧石器時代、アジア大陸の様々な方面から、異なる由来をもつ集団がやってきて日本で「混血」した。アジア周辺地域に、DNAの同じ組み合わせをもつ集団は存在しない。縄文人はアジアの広い範囲に住む集団から遺伝的影響を受け、他に類を見ない形質を獲得した。つまり「縄文人は日本で生まれた」のである[34]。研究上は、縄文人と、港川人や白保竿根田原洞穴人とは繋がらないとされた。しかし形質人類学者は、日本人の移動経路、日本人の形成を知る上で琉球の旧石器時代人骨が重要であることを強調し、博物館等でもそのように説明されている。

近年、白保竿根田原洞穴遺跡の発掘調査が注目されている。旧石器時代、下田原文化期等、様々な時代の地層が重なった遺跡であり、沖縄県立埋蔵文化財センターを中心に国内の研究者によって調査が進められてきた。

新聞各紙においても、同遺跡の発見が大きく取り上げられた。沖縄県立埋蔵文化財センターの金城亀信所長は、「日本の人類学、考古学研究に新たな歴史を刻む重要な発見だ」と強調した。また石垣市の中山義隆市長は、「島にとって貴重な財産だ。観光資源としての可能性もあると思う」と語った。(35)

国内初の旧石器時代の墓域(墓地)であり、世界最大級の同時代の人類遺跡であるとされた。一体の全身人骨は、港川人骨の年代記録を塗り替えた。(36) 同遺跡の調査に参加した土肥直美は、「日本人がどこから来たかなど人類の拡散についても必ず進展させることができる」と述べた。(37)

また二〇一六年七月三日付『沖縄タイムス』の見出しも「日本人の起源　解明期待」であり、次のような内容の記事が掲載された。「日本人の起源」や人類の軌跡にまで迫る期待感が高まった。状態がいい頭骨の数は港川人を上回るとされ、当時の姿を「より正確に」解明することができる貴重な資料である。骨に残るコラーゲンやDNAなど有機物の劣化を防ぐ調査法を用いるなどして、「これまでにない細密な調査」が実施された。出土した骨のコラーゲンの化学分析によって、約二万年前の人類の食生活に海産物が存在しなかったことが判明した。DNA調査を担当した国立科学博物館副館長の篠田謙一・人類研究部長(分子人類学)は、「沖縄の成り立ちもそうだが、日本列島を見るための窓はここだけ。国内では人類の軌跡を知る唯一の場」と述べた。松浦秀治(日本人類学会会長、お茶の水女子大学教授)は次のように述べた。「日本人の起源にも関係するが、もっと広い意味で東アジアの人類史にも関係してくる。いずれ日本史の教科書に載るはずだ。日本列島で旧石器時代の人骨が出るのは少なく、本州は一カ所。石器は多く出土し、四万年ぐらい前から人が来たことは確かだが、人骨はほとんど出ない。だが琉球列島は石灰岩の地層で条件が良いから人骨が残りやすく、旧石器時代の人骨の宝庫だ。首からの上の骨も複数出たことも重要。どんな人だったかもいずれ分かるかもしれない。研究対象として非常に重要性が高い」[38]。

『毎日新聞』も次のように報じた。二〇一二年から一六年まで白保竿根田原洞穴遺跡において、沖縄県立埋蔵文化財センターの発掘調査が行われた。人骨数は一〇〇〇点超であり、一九人分の人骨が発見された。出土量は世界最大級であり、国内最古の全身骨格も発見された。旧石器時代の風葬跡である。国内最古となる約二万七〇〇〇年前の頭蓋骨は、高齢の男性のものであり、身長は一六五㎝あった。河野礼子・慶応大准教授（自然人類学）は顔の復元に注目しており、「日本人のルーツのヒントになる」と述べた。旧石器時代の人骨では初めてヒトのＤＮＡ抽出にも成功し、中国大陸南部や東南アジアなどを起源とするＤＮＡパターンであることが判明した。「日本人のルーツ」を探る貴重なデータとなっている[39]。

港川人の場合と同じく、白保竿根田原洞穴人も「日本人の祖先」であるとされ、「日本人がどこから来たか」を解明することに研究者は大きな関心を持っていたのである。つまり日本人アイデンティティを確立するための素材として、白保の琉球人遺骨が利用されたと理解することができる。

ミトコンドリアＤＮＡ分析を担当した篠田謙一、安達登によれば、約二万年前の人骨からハプログループ B4, R, M7a が検出された。日本で初めて旧石器時代人骨のＤＮＡ分析に成功した。M7a は南方に起源を持ち、琉球列島を中心に分布を拡げたと認識されており、現在の琉球列島人のおよそ四人に一人がこのハプログループを有しているという。B4, Rは中国南部か東南アジアから北上して琉球列島に到達したと考えられる。下田原文化期の人骨からもハプログループM7aが検出された[40]。

東京大学の人類学者である米田穣《みのる》が、放射性炭素年代測定をした。人骨そのものの年代を測定するために人骨から骨片を切り出し、その骨片からタンパク質（コラーゲン）を抽出して、年代測定を行った[41]。DNA分析だけでなく、放射性炭素年代測定においても遺骨の破壊が行われたのである。同遺骨を琉球人の祖先として供養したいと考える琉球人が、信仰の自由という先住民族の権利よりも研究が優先されたと認識してもおかしくない。

さらに注目すべきは、発掘場所が港川フィッシャー遺跡と同じく墓地であったことである。旧石器時代人骨が出土するⅢC層、Ⅳ層から石器がまったく発見されず、目に付く遺物は人骨ばかりであった。イノシシなど大形動物の化石も少なかった。人骨ばかりが集中して埋没している状況は、琉球の他の旧石器時代人骨の出る遺跡の状況とよく似ていた。同洞穴は墓として使われていた可能性が高い。同遺跡において下田原文化期に属する風葬の墓も発見されている[42]。

「白保4号人骨」と呼ばれる琉球人遺骨は、仰向けの状態で両膝を胸のほうに強く屈曲させた状態で発見された。岩陰に置かれた遺体が、その場で骨化したものと推測されている。この葬法は琉球列島から東南アジアにかけてみられるように、土中に埋めずに骨化させる葬法、すなわち崖葬《がいそう》（風葬）である可能性が高い[43]。

同遺跡において遺体を葬る場所として、壁際を意識していたとみられる。頭位は東から北東を向いていた。この墓に葬られた一九体のうち一八体が成人男女であり、未成人は一体のみであった。乳幼児は意識的に別の場所に葬ったのであろう。伝統的な琉球における葬制は次の通りである。遺体は墓内(崖や洞穴)で風葬し、骨化後は蔵骨器に納め、イケ(池)と呼ばれる場所に合葬する。このような葬墓制は崖葬墓と呼ばれており、琉球王国時代からグスク時代を遡り、先史時代から存在していた。各時代の崖葬墓に共通する特徴は、①岩陰や洞穴を利用する、②遺骨は地下に埋めずに地上に安置する、③遺骨は特殊な場合を除き人体の形を保っておらず、バラバラの状態にする、④追葬が繰り返された結果、複数体が合葬されてひとつの墓となる。このような崖葬墓文化は琉球列島だけでなく、アジア、東南アジア島嶼部等にもみられる(44)。港川や白保の琉球人遺跡のように、墓地として洞穴、フィッシャー等が利用されていた。これらは風葬、崖葬と呼ばれる葬制であり、今帰仁の百按司墓も同様な墓地であると考えられる。つまり、琉球の葬制は、旧石器時代、グスク時代、古琉球時代、近世琉球時代を経て、近現代にまで続いていた。そういう風葬の墓地において研究者による発掘、盗掘、遺骨の破壊が行われてきたのである。

旧石器時代において、葬送の儀礼が実施されていたことが明らかになった。当時の琉球人は葬送儀礼をするなど、互いの死を悼み合う人間関係が形成された社会であった。「琉球人社会」が誕生したと認識することもできる。琉球人は、近現代の植民地時代だけでなく、歴史書にその存在が記録される三山時代や琉球王国時代とともに、港川人、白保竿根田原洞穴人の旧石器時代から琉球の島々で生活してきたのである。

次に、港川人が生活していた場所として近年注目されているサキタリ洞遺跡について、検討してみたい。現在、同遺跡を含む地域一体は「ガンガラーの谷」として観光客用のツアーも行われ、大きな鍾乳洞は結婚式や音楽ライブの会場として利用されている。私も二〇一八年三月、同ツアーに参加したが、ガイドさんが写真やパネルで同地域内の遺跡を説明した。遺跡を歩きながら学ぶという、いわば「フィールド型の博物館」である。ガイドさんも「日本人の起源を探るうえで重要な遺跡」と説明していた。

同遺跡は沖縄県立博物館・美術館を中心に調査が実施されている。サキタリ洞遺跡では堆積状態のよい更新世の地層から、貝製の釣針やビーズ、モクズガニの外骨格などの有機物を含む生活痕跡が発見された。北海道から九州の旧石器時代の遺跡では、骨や角などの有機物がほとんど残らない。サキタリ洞遺跡の数々の発掘物は、更新世に暮らした人々の食生活について最古の直接的な証拠を提供している。更新世において、ヒトが小さな島に持続的に適応して生活することができた証拠が存在しているのは、琉球諸島のみである(45)。日本本土では残らない有機物が琉球では発見されるという意味でも、琉球は「日本、日本人の起源」、生活を探る上で重要な場所であると認識されている。他方、私は琉球人の祖先が「生まれ島」において、どのように生を営んできたのかを知ることができた。

二〇一五年のサキタリ洞遺跡の発掘において、九〇〇〇年前の一体分の遺骨が交差した状態で発見された。遺骨の上部には三〇㎝大の石灰岩礫が四個配置され、人為的に洞穴内に埋葬されたものと考えられる。洞穴が墓として利用された可能性が大きい。二〇一四〜一六年度の調査では、岩陰部から一体分の全身骨格が発見された(46)。港川フィッシャー遺跡、白保竿根田原洞穴遺跡と同様、サキタリ洞遺跡も墓地であったと言える。この地でも、琉球人の葬送儀礼の痕跡を知ることができる。

同遺跡から約一万四〇〇〇年前の石英製石器や、約九〇〇〇年前の押引文土器《おしびきもん》が発見された。同遺跡で発見された押引文土器よりも古いとされる土器が、ティーラガマ遺跡(南城市)や港川遺跡、ヤブチ(藪地)洞穴遺跡(うるま市)から発見されている。(47) これまで約一万八〇〇〇年前の港川人の時代から、その後一万年の間の遺物が発見されなかったため、港川人は絶滅して、その後の琉球人と繋がる先祖ではないという仮説があった。しかしサキタリ洞遺跡、白保竿根田原洞穴遺跡、その他の遺跡の発見があり、港川人は絶滅せず、琉球人の祖先である可能性が高い。

サキタリ洞遺跡で発掘された九〇〇〇年前の遺骨を最古の事例として、地面に掘った穴の中に遺体を埋める埋葬法は、それ以後の時代にも継承された。「ガンガラーの谷」の敷地内にある、約二五〇〇年前の武芸洞《ぶげいどう》遺跡において石棺墓が発見されたが、その内部は上下二層構造になっていた。上層部には、身長一五〇cmの四〇歳代の男性の遺骨が安置されていた。腰の部分にシャコガイ、左の足首にオオベッコウガサが供えられていた。左手首には貝ビーズからなる腕輪が着装されていた。石棺の下層から、少なくとも成人と未成人の二体分の遺骨が発見された。(48) 武芸洞遺跡は、貝塚時代(BC四〜五世紀からAD一一世紀まで)に生きた琉球人の墓地であり、副葬品も添えられていた。現在、遺骨や副葬品は沖縄県立博物館・美術館が所蔵しているが、一定の調査が終了した後は元の場所に戻し、琉球人の先祖として供養できるようにすべきであろう。「ガンガラーの谷」の中には、琉球の門中が清明《シーミー》祭を毎年挙行している石像の古墓や、ユタらに導かれた人々が巡礼するウタキ(御嶽)が存在している。

先述のように、琉球において埋葬と並んで広く見られる葬制に崖葬(風葬)がある。伊是名《いぜな》島と伊平屋島の中間の島の具志川島遺跡群は、貝塚時代の大規模な墓地遺跡として知られており、九〇体分以上の遺骨が岩陰に安置されている。サキタリ洞遺跡の岩陰囲込墓はグスク時代の一一世紀の墓であり、洞壁際に設けられた石囲の内部には多数の遺骨が埋葬されていた[49]。白保竿根田原洞穴遺跡でも、壁際に遺骨を埋葬する事例があった。琉球では崖葬(風葬)が広く行われたのであり、百按司墓もその延長上にある琉球人の墓である。現在の琉球で広く見られるような亀甲墓、破風墓のように、親族が一堂に会して食事や儀礼を行うのではない形式の墓であったと考えられる。金関丈夫らの日本人研究者は、それを「放置された捨て墓」「無縁墓地」と考えて盗掘をしたのではないか。しかしそれは決して放置されたのではなく、人があまり近づかない墓でもあったのだ。

本章では大学、博物館、研究機関において、「日本人の起源」を探るための調査や展示が行われてきたことについて論じた。同時に、琉球独自の歴史編年名称について述べる。この名称を日本史のそれに変更しようとする動きがある。現在の琉球史の時代区分の中心となる編年(旧石器時代、貝塚時代、グスク時代等)を、はじめて体系化したのは多和田真淳《たわだしんじゅん》である。徳永重康《しげやす》は琉球の先史文化に「貝塚時代」の呼称を与え、多和田はそれを定着させるのに貢献した。一九七五年に読谷村《よみたん》の渡具知東原《とぐちあがりばる》遺跡において曽畑式《そばたしき》土器が発見された。この土器は縄文時代前期における九州の代表的な土器であり、五〇〇〇年前のものである。渡具知東原遺跡から曽畑式土器が発見されるまで、沖縄諸島の最古の土器は伊波式・荻堂式土器であり、それは三五〇〇年前のものであった。曽畑式土器の発掘により、沖縄諸島の先史文化の起源が縄文文化に由来すると考えた高宮広衛は、縄文時代の時代区分に対応させる土器編年名称を発表した。高宮の仮説を受けて、二〇〇〇年発刊の『沖縄県史 各論編2 考古』では「貝塚時代」という呼称に代えて、「縄文時代」という呼称が用いられた[50]。沖縄県を代表する公的歴史書において、九州由来の土器が琉球で発見されただけで、琉球独自の歴史編年名称を日本式の名称に変更していいのだろうか。考古学における日琉同祖論に繋がる動きであると理解される。

琉球の先史時代の遺跡には、非日本的な遺物が数多く存在する。宮古・八重山諸島(先島諸島)には縄文文化が及んでいない。また宮古島の浦底《うらそこ》遺跡において二〇〇〇年前の集石遺構が多く発見されたが、それは石蒸し調理をした跡であると認識されている。あわせて発見されたシャコガイ製の貝斧は、フィリピンやミクロネシアでも発見され、東南アジアや太平洋諸島との文化的共通性を示唆する物証であるとされている。先島諸島のように一度出現した土器文化(下田原式土器文化)が途絶するという現象は、世界的にも稀である。同様の現象は太平洋のポリネシア文化圏の島々でも発生しており、西ポリネシア地域に存在していた土器文化が、東ポリネシア地域への人々の進出時に失われた(51)。先島諸島では日本の旧石器時代、縄文時代の人々との間ではなく、東南アジアや太平洋諸島に住む先史文化の人々との間で交流がみられた可能性が高い。

新潟県糸魚川の翡翠《ひすい》、佐賀県腰岳の黒曜石が沖縄諸島から発見され、縄文文化交流圏の南端として位置づけられている。しかし、縄文式土器を代表する縄目文様の「縄文」は、沖縄諸島の在地で造られた土器に施されることがなかった。また土偶、石棒のような縄文文化を代表する遺物の発見もない(52)。このような状況において、本当に「貝塚時代」を「縄文時代」に置き換えてよいのだろうか。琉球独自の歴史編年名称によって琉球史を記録し、認識することがその歴史の実態に沿うことになると考える。

に、頭蓋骨をできるだけ多く集めた。二〇年間でモートンは約一〇〇〇体の人骨を収集したが、それは当時の世界において人類学者による最大の人骨収集数となった[3]。清野謙次もモートンと同様、人骨の計測数値を比較するという同様な研究手法から、できるだけ多くの人骨を収集した。

モートンは頭蓋骨の大きさに関するデータに基づき、「白人」を頂点に置き、モンゴリアン、マレー人、そしてアメリカ人、エチオピア人の順に位置付けした。それは脳の大きさが知能を決定するという、仮説に基づいたものであった[4]。表象的な特徴によって人間の能力を差異化し、「白人」に特権的地位を与え、他者への支配を正当化しようとした。

モートンによる脳の容量、頭蓋骨形態の計測は、民族集団を「人種化」する方法であり、「白人優秀説」を実証する方法とされた。モートンは研究に必要な頭蓋骨を集めるために、経済的インセンティブを兵士、移住者、政府職員らに与えて、ネイティブ・アメリカンの墓地に入り、人骨を収集するよう促した。病気、植民地化の過程で生じた様々な要因により、ネイティブ・アメリカンの死亡率が高くなり、彼らの多くの遺骨が研究者の掌中に集まるようになった。一八六八年に米陸軍のジョセフ・バーンズ軍医総監は、軍医官や野戦外科医に対して科学的研究のための人骨収集を命じた。その結果、約四五〇〇個のネイティブ・アメリカンの頭蓋骨が、陸軍医療博物館に保管された。その多くは一八九〇年代にスミソニアン博物館に移管された。他の多くのネイティブ・アメリカンの人骨は、欧州諸国に持ち去られた。人類学者はネイティブ・アメリカンの遺骨の収集過程で大きな役割を果たした[5]。

サミュエル・モートンは、ネイティブ・アメリカンが「人種的」に劣った「野蛮人」であり、このまでは絶滅するという仮説を頭蓋骨の測定によって科学的に証明しようとした。モートンが確立した「絶滅するレッドマン」論は、彼らを土地から追い出し、土地を奪い、そして虐殺するための「科学的正当化」の根拠として米政府の政策立案者によって利用された。その後数十年の間、四〇〇〇個以上のネイティブ・アメリカンの頭部が、戦場、墓地、捕虜収容所、病院、絞首台の埋葬地から集められた。政府の「頭部収集人」は、まだ埋葬されていない西部カンザスの戦場で虐殺されたポーニー（Pawnee）の戦士、コロラド州の「サンド・クリーク（Sand Creek）の虐殺」で犠牲になったチェイニーとアラパホ（Cheyenne and Arapaho）、そして、敗北し、絞首刑にされたモドック（Modoc）らの人々の頭部を切り取り、陸軍医療博物館に保管した。(6)

ドイツ生まれの科学者、フランツ・ボアズは、「アメリカ人類学の父」として広く知られている。彼は「非欧州人の劣等性」という仮説を証明するために科学を誤用することを批判し、「人種」によって文化、道徳、知識が決定されるという考え方に強く反対した。ボアズは「科学的人種主義」に反証するための証拠を集める目的で墓地の発掘を命じ、ネイティブ・アメリカンの遺骨販売にも関わった。また何人かの「エスキモー男女」を研究目的でニューヨークに連れてきて、死亡させるというスキャンダルにも関係している。(7)

フランツ・ボアズは、北米北西部海岸に住むネイティブ・アメリカンの口承文芸とともに、その人骨の収集を行った。クワキウトル人（Kwakwaka, wakw）の民族学的調査をしながら、ボアズは暗くなると墓泥棒をした。ボアズは次のように語っている。「墓から人骨を盗むのは大変嫌な仕事である。しかし、必要なことであるから、誰かがやらなくてはならない」。ボアズの北米北西部海岸での初期調査において、約一〇〇体の完全な骨格、そしてクワキウトル人や沿岸サリシュ人(Coast Salish Peoples)の二〇〇個の頭蓋骨を集めた。ボアズはそれらの人骨を、シカゴのフィールド自然史博物館に売った。(8)

一九世紀末以降、オーストラリアから人体組織がイギリスに持ち込まれてきた。アボリジナルの脳の分析によって、その知能の発達が欠如しているという仮説を解剖学的に証明しようとした。一九八八年に、ケンブリッジ大学の生理学実施教授補のＨ・Ｄ・ロバートソンが、アボリジナルの脳について研究し、「教育のある品行方正な人」と「感情的で動物のような野蛮人」の脳の違いや、大脳半球の構造と知能の発達との関係を明らかにしようとした。ロバートソンはアボリジナルの脳は欧州人のそれに比べて、知的能力を司る脳の部分において非常に「単純」であると述べた。(9)

エジンバラ大学の生理学部には、世界中から集められた多くの人骨が保管されていた。一九三九年までに五五の国々から集められた、一六六〇体分の頭蓋骨があった。このコレクションの大部分はオーストラリアから持ち込まれたものであり、少なくても六〇〇個のアボリジナルの遺骨が含まれていた。(10)

研究者だけでなく、次のように個人の収集家も先住民族の人骨を手に入れようとした。ドイツ人のアマリエ・デートリッヒは、アボリジナルの人骨を得るためなら殺人も認められると考えていた。デートリッヒは、一八六三年から七二年までオーストラリアに置かれていたＪ・Ｃ・ゴドフロイ社で働き、ハンブルクにある自分の博物館に保管するために各種の標本資料を集めた。一八六五年にゴドフロイ社は、デートリッヒに対してクイーンズランドへの旅行中に民族資料とアボリジナルの人骨を収集するように求めた。デートリッヒの娘であるビスコフは、牧畜家に依頼してアボリジナルを射殺させ、その遺骨や皮膚を手に入れた(11)。

研究上貴重な人骨は、次のように売買の対象にもなった。一八九四年にイギリスの人類学会は、非欧州人の遺骨コレクションをイングランド王立外科大学に一〇〇ポンドで売却した。一八七一年にモートン・オールポートから入手したタスマニア人の人骨は、一八九八年に大英自然史博物館に一〇〇ポンドで売却され、現在もそこに所蔵されている(12)。個人の人骨収集家は、このような転売益を得るために人骨を集めたと考えられる。

オーストラリア社会の中で「低い地位」にあるアボリジナルは将来絶滅し、「優秀な文化」への同化が不可避であるとみなされていた。アボリジナルを進化過程の一番下に位置付けようとする言説は、ジャーナリズム、政治的発言、大衆的読み物等において喧伝《けんでん》され、彼らに対する偏見を助長した(13)。「優秀な文化」への同化によって先住民族を実質的に滅亡させるために、学知による「科学的言説」が大きな役割を果たした。帝国主義、植民地主義の拡大にともなう先住民族の遺骨盗掘は、世界的に見られた現象であった。百按司墓琉球人遺骨の盗掘問題も、このような世界的流れの中で考察する必要がある。

先住民族人骨の所有に関して、次のような見解がある。多くの科学者は、人骨がある集団に属し、他の人々を排除することは非科学的であり倫理的に間違っていると考えている。彼らは、全ての人類が人骨を所有できると認識し、「地球全体」や「共通の歴史」という概念を強調する。そして彼らは遺骨返還を主張する人々こそが、人種主義的な考え方を広めているのだと批判する。人骨に関する調査は、人種主義的な固定観念を取り除くのに役立ち、人類の歴史における「共有する過去」や人々の関係性を明らかにすることができると指摘する。[14] 形質人類学者による、人類の地球上での移動や「共通の歴史」の強調は、先住民族概念を見えにくくさせ、欧米諸国による植民地支配の歴史を覆い隠す恐れがある。

遺骨返還を批判する人がしばしば指摘するのが、遺骨返還によって「歴史が破壊」されるということである。科学調査のために人骨標本が利用できなくなるからだという。[15] このような認識には、科学者によって歴史が明らかになり、記録されるのだとする、学知の植民地主義が反映されている。先住民族からすれば、先祖を祀り、過去の記憶の源泉となる遺骨が奪われたことで、彼らの「歴史が破壊」されるのである。

ポストコロニアル、ポストモダン理論が提示されるなか、「科学」はヨーロッパ文化の地域的偏見でしかなく、普遍的、客観的なものではないと認識されるようになった。西欧の科学者や知識人は、自らのヨーロッパ中心的な学知を世界の他の地域に押し付け、多くの人々が不利益を被るようになった。[16]

ベネディクト・アンダーソンは、「想像の共同体」としての国民国家に関する議論において、博物館は公式ナショナリズムの貯蔵庫、発話者として利用され、「想像の共同体」のシンボルとなると述べた。博物館は、市民儀礼、国家概念、構造的不平等等を促すために利用されてきた。[17] 第二章で論じたように、日本の国立科学博物館等においても「港川人」を通じて日本ナショナリズムが生成された。日本における公式ナショナリズムと琉球のナショナリズムとの対立が、博物館において明確になった。

東京、琉球双方の博物館において植民地主義、日琉同祖論が再生産され、同化=近代化を促す場所になっている。

人間の遺骨は「人間、身体」として社会的に分類されるが、同時に「物、遺体、人骨、死体」としても認識されている。つまり「境界上の主体」として遺骨は、現実と非現実、人間と非人間の間の境界を混乱させる物であると言える[18]。先住民族は遺骨を人間の一部と考え、形質人類学者は物、人骨標本として認識する。形質人類学の研究は、帝国主義、植民地主義の拡大とも深く結びついているがゆえに、先住民族の遺骨は支配や搾取の対象にされてきた。

世界中で興行された、ドイツの解剖学者・グンター・フォン・ハーゲンスの「人体の世界」という、プラスティネイションの展示において、身体は権威のある施設の中で科学の対象として観察されるものとして見せ物にされた。人体の展示は、科学や技術の権威を強化するのに役立った。またその展示を通じて研究の科学的手法を紹介し、それを確立し、人体を含む自然世界の支配をも意図するものであった[19]。遺骨を返還しない背景には、「科学を守る」という科学者の欲望がある。「自然世界の支配」「研究機関の権威付け」「科学や技術の権威強化」は、人体だけでなく遺骨にも繋がる認識であり、「科学の勝利」を大衆に教育する場所として博物館が利用されている。

第二節　なぜネイティブ・アメリカンの遺骨は奪われたのか

一八八四年、コロラド州において「サンド・クリークの虐殺」が発生し、チェロキー(Cherokee)がメソディストの牧師に率いられた騎兵隊によって殺害された[20]。北アメリカに上陸した植民者は土地を所有し、調査し、地図を作製し、フェンスを作って私有地を囲い込んだ。フェンスを作ることで、良き隣人が生まれると考えた[21]。アメリカにおける西部開拓と琉球における米軍基地の形成過程は類似している。戦後、琉球において米軍は住民を収容所内に強制的に集め、住民の土地をフェンスで囲い込み、軍事基地を造成した。また一九五〇年代半ば以降は、住民を「銃剣とブルドーザー」を使って土地から追い出して、基地を建設した。米軍は自国で行った「インディアン殲滅政策」をアジア太平洋戦争後、琉球においても展開したのである。

陸軍医療博物館が一八六二年に設立され、全ての「人種」の頭蓋骨の収集活動を始めた。一八六五年以降、同博物館は特にネイティブ・アメリカンの人骨の収集活動に力を入れるようになった。一八四六年に設立されたスミソニアン博物館と、一八五九年に設立されたハーバード大学の比較動物学博物館も、ネイティブ・アメリカンの人骨と工芸品を集めた。「インディアンが絶滅する」前にその工芸品を集めようとして、ヨーロッパにある博物館もその収集活動を始めた。一八九三年に開催された「世界コロンビアン博覧会」(シカゴ万博)のような世界的なイベントのために、ネイティブ・アメリカンの村から遺物や遺骨が奪われた。このような博覧会では、「野蛮から文明への人間の進化」という、人間の進化の過程に関する展示が行われた[22]。

科学者や素人考古学者は、身体と霊魂は死後分離するというキリスト教の教えを根拠にして、死後、霊魂が天界に昇るのになぜ遺体のことを心配するのかと言って、ネイティブ・アメリカンから遺体を奪った。しかし遺骨が発掘され、副葬品と遺骨が引き離されたら、霊魂は平安を保つことができないと考え、双方ともに埋葬することを主張したネイティブ・アメリカンもいた[23]。植民地支配とキリスト教布教がセットで行われたように、彼らの遺骨もキリスト教の教えに基づいて奪われたのである。ネイティブ・アメリカンの信仰が異教として断罪され、植民者による研究、支配、統治、搾取、収奪が欧米世界の中心的信仰であるキリスト教を用いて進められた。

人種差別的な研究を行う科学者を、ネイティブ・アメリカンはしばしば「墓泥棒」と呼んだ[24]。人種差別主義者であるからこそ墓泥棒をするのだろう。

このような人種差別主義者は、「良いインディアンは死んだインディアンだけである」と言うようになった。「白人植民者」は、法的、倫理的に対等な扱いを受ける権利が与えられていない、知的に劣った「二級の人間」としてネイティブ・アメリカンを見なすようになった[25]。「白人植民者」に抵抗しない「死んだインディアン」は、死後、その人骨がネイティブ・アメリカン差別のために利用され、植民地支配の道具にされた。

「科学的人種主義」は次のように台頭するようになった。欧州人によるアメリカの植民地化が、「帝国主義的考古学」を生み出した。ネイティブ・アメリカンに対する暴力的な領域の拡大、猛烈な人種主義、文化的抑圧の下で彼らの墓地が破壊された。一九世紀、多くの学者は自らの国による侵略を合理化するために研究を行った。このような学者による頭蓋骨測定法を利用した人種学的研究を名目にして、民間人や軍人がインディアン墓地を盗掘するようになった。頭蓋骨研究は科学的に正しいと主張して、「インディアンの野蛮性、好戦的な性格」等を実証しようとした。これが科学的人種主義である。「インディアンの後進的で野蛮な行動」の原因は、その脳の小ささによって説明できると考えた。人類学者は「インディアンが滅びゆく人々」であると見なし、その工芸品、聖なる物を「保護」しなければならないとするキャンペーンを始めた。研究者の学位取得、教授への昇進などが、インディアン墓地を掘り、その身体を研究することを通じて実現するようになった[26]。

ネイティブ・アメリカンと同様なことが琉球人でも発生している。日本列島では発掘が難しい旧石器時代の人骨が、琉球では地質学的な条件から発掘される場合が多い。日本人研究者が琉球人の人骨を研究することが、学位取得、就職や昇進に結びついている。金関丈夫も琉球から盗掘した人骨、同地での人体調査に基づく研究によって京都帝国大学から学位が授与された。琉球人遺骨の研究を通して日琉同祖論の根拠を学知が与え、日本の植民地支配を固定化しようとした。

他方、科学者は、食事、寿命、罹病率、健康、病気、文化的発展、移動経路等に関するデータを含む古代の文化や生活に関する重要な情報を先住民族に提供してきた。遺骨返還によって人類全体にとっての利益が損なわれるという主張が、人骨を保管し続けたいと考える側からなされた。科学の名において行われる全ての研究には正当性があり、人類にとって必要かつ有益であるという主張である[27]。

アメリカで一九〇六年成立の遺跡保存法(Antiquities Act)は、「考古学的資料」の保護を意図したものであった。それらの資料は連邦政府の土地に存在する物であり、同法によって略奪者からそれらを保護しようとした。同法によって連邦政府の土地で埋葬されたネイティブ・アメリカンの人骨は、「考古学的資料」として規定され、「連邦政府の所有物」になった。同法により、ネイティブ・アメリカンの人骨は連邦政府の許可があれば、公的博物館に永久に保管するために発掘することが可能になった。その後、公的機関はネイティブ・アメリカンの死体を考古学的資料、財産、病理学研究の材料、データ、標本等として扱い、人間としては扱わないという風潮が一般的となった。[28]

これらの物は発掘され、博物館に送付され、連邦政府の正式な許可を得て管理された。同法は、公有地またはネイティブ・アメリカンの土地で略奪を働く素人考古学者を減少させる上で効果があった。しかし彼らの「過去」は彼ら自身ではなく、科学者に属するという考え方が流布するようになった。ある推定によると、一九〇〇年までに少なくとも一万四五〇〇体のネイティブ・アメリカンの遺骨が、国立公園サービス、土地管理局、魚類・野生生物サービス等の連邦政府機関の管理下におかれた。[29]

米連邦最高裁判所においてネイティブ・アメリカンは、「市民の権利を持たない劣等種族の人々」であるとの判決が下された。一八七九年になってはじめて米連邦最高裁判所は、ネイティブ・アメリカンが連邦法において「人間」であると判断した。しかし一九二四年まで彼らには市民権が与えられなかった。[30]ネイティブ・アメリカンの人権が奪われたので、その人骨の盗掘も容易になった。その人権を否定する上で科学者による人骨研究が貢献したのである。

一八世紀後半には、考古学という学知と戦争は緊密に結びついていた。軍事的拡張は世界の僻遠地での考古学調査を促した。考古学調査によって、世界の「闇の部分」に「文明」がもたらされると考える帝国主義者の活動に学術的な根拠が与えられた。[31]日本においても清野謙次、鳥居龍蔵、金関丈夫らのように学知と日本帝国主義の拡大は密接に関係していた。

米政府に「敵対している」と見なされたネイティブ・アメリカンの次のようなリーダーたちが、米政府の政策によって捕らえられ殺された。シッティング・ブル（Sitting Bull）、ビッグ・フット（Big Foot）、ブラック・ケトル（Black Kettle）、ジェロニモ（Geronimo）のように投獄されたリーダーもいた。

サンド・クリーク、ワシタ(Washita)、ウンデッド・ニー(Wounded Knee)のような場所で男性、女性、子供が虐殺された。その過程で聖なる物、副葬品、文化的または個人の財が奪われた。これらの物はしばしば、仲介業者、兵士、その家族の手に渡り、他のコレクターに転売された[32]。ジェロニモは一九〇四年のセントルイス万国博覧会において、一九〇三年に大阪で開催された内国勧業博覧会での「学術人類館」の琉球人たちのように見せ物にされた。同じ時期にネイティブ・アメリカンと琉球人は、被植民者として植民者マジョリティの視線に晒されていたのである。

これらのコレクションは「スミソニアン・陸軍博物館合意」に基づいて、先住民族の首を切り落とし、脳を計測し、更なる「研究」のために利用された。頭蓋骨は、虐殺現場、戦場、監獄、学校、埋葬地、断頭台や新しい墓地から「獲得」された。ネイティブ・アメリカンの中には、その頭を得る目的だけのために殺害された者もいた。二〇世紀においてもネイティブ・アメリカンに対する差別は続き、イベントで見せ物にされたこともあった。また一九八四年、ある形質人類学者は「モドック首長」(Modoc Chief)の頭蓋骨を灰皿として使っていたことが分かった。スミソニアン博物館にある先住民族の遺骨コレクションの四分の一は約四五〇〇個の頭蓋骨であり、その半分は一八九八年と一九〇四年に米陸軍によって獲得されたものである。ネイティブ・アメリカンの工芸品は、美術作品の投資、個人的な土産、戦利品、「権力を表象するもの」(Power Objects)、研究資料、そして博物館運営の源泉とも言うべき富裕な寄付者を引きつけるための「餌」等として利用された[33]。

一八九〇年一二月二九日、サウスダコタのウンデッド・ニーにおいてネイティブ・アメリカンの成人男女、子供に対して米陸軍が発砲した。三四六人のラコタ人(Lakotas)が虐殺され、そのうち一五

○体の遺体が集団墓地に埋葬された。彼らの身体からは所有物が剝ぎ取られ、一八九三年にシカゴで開催された「世界コロンビアン博覧会」（前述）や、アメリカや欧州の博物館で展示された。しかしウンデッド・ニーの悲劇はその後も続いた。ネイティブ・アメリカンは今日でも、貧困、無視、失業、低賃金、人種主義、健康問題、自殺やアルコール関連の疾病による高い死亡率、自動車事故、その他の「非インディアン」の手による暴力等と闘い続けている[34]。

ネイティブ・アメリカンの権限は侵され、米連邦政府と彼らとの間で結ばれた条約は破棄された。人類学研究は、消えゆくように見える彼らの生活様式を「救う」ために行われているのだと言われた。ハリウッド映画では、ヒーローがネイティブ・アメリカンと闘う人として映し出された。スポーツチームでは、しばしば彼らをマスコット人形として扱い、戯画化している。米政府による「インディアン政策」は、彼らを子供のように保護する政策と、「アメリカ的生活」に同化させる過程における「進歩の障害物」として扱う政策との間を、振り子のように揺れ動いている。彼らの工芸品や遺骨が収集され、博物館、観光客向け店舗、そして金持ちの自宅内に保管され、「欲望の対象物」になっている。一九世紀の間、数千ものネイティブ・アメリカン墓地の神聖性は奪われ、科学、農業開発、国家形成、そして進歩のために利用された[35]。

トーマス・ジェファーソン第三代大統領は、ネイティブ・アメリカンの男性には農業、女性には機織りをそれぞれ訓練し、他の民族との結婚を促すことで、彼らに文明をもたらすことができると述べていた[36]。画一的な分業という近代化と、「混血」による同化によってネイティブ・アメリカンを統合しようと、アメリカ建国のリーダーが考えていたのである。

一八八四年に、米政府のインディアン問題局はインディアン事務所規則を発出し、ネイティブ・アメリカンによる全ての伝統的、宗教的儀礼を違法とした。髪形を三つ編みにし、サンダンス(Sun Dance)を踊り、「文明への大きな妨害」になると見なされた儀礼に参加すると、三〇日間投獄された。実際、ゴーストダンス信仰を米政府が弾圧する過程で、一八九〇年にウンデッド・ニー虐殺が発生した。彼らの信仰に対する弾圧として、次のようなケースもあった。学校の教室でネイティブ・アメリカンの生徒はキリスト教への改宗を迫られ、その固有の信仰や言葉を廃棄させられた。また病気、殺人、財産の没収等が頻繁に発生し、「異端の教え」に対するキリスト教徒からの圧力があり、ネイティブ・アメリカンの葬儀が行われる埋葬地の場所もしばしば変更を余儀なくされた(37)。

第二次世界大戦中、アメリカの人類学者は自国が戦争に勝つために協力した。それらの研究は、「民族の性格」研究、「遠隔地域の文化」研究として実施されたが、ルース・ベネディクトによる日本文化に関する研究である、『菊と刀』(一九四六年)のような目覚ましい成果が生み出された(38)。アメリカ人類学会に多大な功績を残したジョージ・マードックも、人類学の見地から琉球の歴史や文化を分析した『民事ハンドブック』(一九四四年)を作成したが、それは米軍による戦争遂行、その後の軍事植民地統治において大きな役割を果たした。

米政府の先住民族政策は、次のように二つの時期に分けることができる。①当初は米政府が自らと対等な主権を有する相手として認めたインディアン・コミュニティを、強制移住によってその領土から引き剝がし(特に一八三〇年代以降の西部への強制移住政策)、領土を米政府に譲渡させた。「恩恵」として与えた居留地で同化政策を行い、コミュニティを解体して、インディアンを個人へと分解し、一八八七年の一般土地割当法によりコミュニティの権限を解体した。②同化政策を完了させて、先住民族政策を終了させる「終結政策」から、居留地を基盤としたインディアン・コミュニティの「再組織政策」に移行した。一九六〇年代末以降のネイティブ・アメリカンの主権回復運動を経て、インディアン・トライブ(連邦政府が承認した自治体)の法的地位は、「国家内の従属国家」(Domestic Dependent Nation)となった。その元々の意味は「独立国家ではない主権国家」であり、ネイティブ・アメリカンの主権を弱める再定義を示した、連邦最高裁判所の判決に由来する。判決はその主権に対する州政府主権の優越性を退け、連邦政府主権の優位性を明記し、連邦政府による彼らの支配に法的な根拠を与えた。(39)

第三節　アメリカ合衆国における先住民族の遺骨返還運動

最初にハワイの先住民族、ネイティブ・ハワイアンによる遺骨返還運動について考察する。(40) 過去二〇年間、フイマラマ・イ・ナ・クプナ・オ・ハワイ・ネイ(Hui Mālama I Nā Kūpuna ʻO Hawaiʻi Nei : Group Caring for the Ancestors of Hawaiʻi「ハワイの先祖を尊敬するグループ」)は、ハワイ、米国本土、スイス、カナダ、オーストラリア、イングランド、スコットランド等からネイティブ・ハワイアンの遺骨や副葬品を返還させてきた。返還された遺骨は五九六四体分にもなる。

同組織はネイティブ・ハワイアン以外の遺骨の返還運動も進めてきた。一九九六年に南アリゾナ、ミズリー、九八年に中央アリゾナにそれぞれ住むネイティブ・アメリカンの遺骨を返還させた。アメリカ、カナダの先住民族の代表と協力して、エジンバラ大学から三七個のネイティブ・アメリカンの頭蓋骨返還に対する支援活動を行った。さらに、同組織は二〇〇〇年に、グアム、テニアン、サイパンから持ち去られた四〇〇体近くの人骨を、ハワイのビショップ博物館から返還させたチャモロ人をサポートした。二〇〇二年には、仏領ポリネシアの島々から持ち去られた一三一体の遺骨を、ビショップ博物館から返還するために、タヒチ人、マルキーズ人、その他のソシエテ諸島人を助けた。二〇〇四年には、ビショップ博物館に保管されていたマオリの三個の頭蓋骨の返還運動を支援した。

一九八八年、同組織は、マウイ島のホノカフアで一一〇〇体のネイティブ・ハワイアンの遺骨が発掘調査された際に結成された。ザ・リッツ・カールトンホテル建設予定地において、ネイティブ・ハワイアンの反対にもかかわらず、発掘調査が実施された。同組織は、ハワイ州政府に対してホノカフアの開発予定地を購入し、遺骨を再埋葬するための資金の提供を求めた。ホノルルにおける二四時間の抗議行動により発掘が中止された。当時の知事、ジョン・ワイへエ(ネイティブ・ハワイアン出身)が遺骨を元の場所に戻すことを認め、再埋葬地を確保し、ホテル建設予定地をより内陸側に移動させた。

一九八九年、ハワイ州政府は、土地銀行法に基づき、五〇〇万ドルをネイティブ・ハワイアンの埋葬地購入のために支出した(41)。

ネイティブ・ハワイアンは、正式に「インディアン・トライブ」として認定されていなかったが、「国立アメリカ・インディアン博物館法」(National Museum of the American Indian Act: NMAIA、一九八九年制定)や「ネイティブ・アメリカン墓地保護及び返還法」(The Native American Grave Protection and Repatriation Act: NAGPRA、一九九〇年制定)により、遺骨返還において、次のようなネイティブ・ハワイアンの組織は、「インディアン・トライブ」と同様な法的権限を得ることができた。フイマラマ・イ・ナ・クプナ・オ・ハワイ・ネイとハワイ問題事務所（OHA）は、ハワイ人のホームランドから人々の合意なく発掘された遺骨、文化財の取り扱いに関する協議に参加し、それらを返還させることができる組織として指定された。

一九九〇年に開催された米連邦議会下院内務・島嶼問題委員会において、ハワイ州選出のダニエル・アカカ米連邦議会上院議員は次のように証言した。ネイティブ・ハワイアンは、先祖の埋葬が自らの文化的尊厳の下で行われるべきだと常に考えている。先祖がこの世を離れ、あの世に旅立つ時、彼らの遺骨は決して奪われてはならない。なぜなら彼らの遺骨は、精神世界と現実世界とを繋ぐ唯一の鍵だからである。しかし、過去数十年の間、ネイティブ・ハワイアンの遺骨や副葬品が偶然にまたは科学的調査により掘り返され、適正な文化的、信仰的権利を持たないスミソニアン博物館等の博物館に収蔵されるようになった(42)。

終章で論じるように、琉球人の信仰世界においても遺骨は「骨神《ふにしん》」となって、生者と死者の世界を繋ぐ役割を果たしていると信じられていた。インディアン・トライブ、ネイティブ・アラスカン、ネイティブ・ハワイアンは一般的に、死体が荒らされ、奪われたら、彼らの霊魂も荒らされ、さまよい、その結果、死者の精神的打撃が生者に病気をもたらすと信じている(43)。琉球人、特に霊的能力のあるユタやノロもそのように考えるのであろう。

NAGPRAは、スミソニアン博物館の管理下にある国立アメリカ・インディアン博物館、国立自然史博物館等に対しても適用の対象になった。二〇一〇年一二月三一日までに、スミソニアン博物館は四三三〇体の遺骨（総数五九八〇体の四分の三）、九万九五五〇の副葬品（総数一二万二二二〇の半分）の返還に合意した。その他の所蔵品は、トライブ側の受け入れ体制等の欠如により返還されなかった。受け入れには、返還作業、返還品の再埋葬や所蔵のための人材の確保等が必要になった。またスミソニアン博物館は、約三四〇体の遺骨、約三一〇の副葬品を返還しなかった。なぜなら、それらがトライブと文化的に関係しておらず、これらの物に対する取り扱い方針が欠如していると判断したからであった。NAGPRAはNMAIAよりも包括的であった。前者は聖なる物、文化財をも返還対象に加えるとともに、返還の期限を設定し、目録作成、持ち主の特定作業、返還プロセスの監視や検討作業を行う検査委員会の設置を求めた。[44]

NAGPRAやその実施法規は、インディアン・トライブ、ネイティブ・ハワイアンの各組織の求めに応じて、NAGPRAに関連した全ての文化財や遺骨を迅速に返還することを定めている。つまり返還請求を受けて九〇日以内、通知が公表されて三〇日には返還しなければならない。[45]

NAGPRAは、遺骨の子孫または「文化的系譜」で繋がった先住民族に遺骨を返還するとしている。「文化的系譜」とは、現在のインディアン・トライブ、または先住ハワイ人組織と前の世代との歴史的または先史的な関係を有する、集団的アイデンティティを共有する人々の関係である。[46]

「インディアン・トライブ」が意味するのは、トライブ、バンド、ネーション、またはその他のネイティブ・アメリカンの組織やコミュニティであり、アラスカ先住民族の村（Alaska Native Village、アラスカ先住民請求和解法［Alaska Native Claims Settlement Act］に規定され、または同法によって設立された村）を含んでいる。インディアン・トライブは、連邦政府によりインディアンとしての地位が認められ、米政府による特別プログラムやサービスを受けることができる[47]。

「ネイティブ・アメリカン」は、アメリカに住む先住のトライブ、人々、文化集団であり、連邦政府によって認定されていないインディアンを含んでいる。「ネイティブ・ハワイアン」とは、現在、ハワイ州を構成する島々が統一され、主権の行使が認められた一七七八年(探検家クックが到達した年)より前に同地で生まれた人々の子孫を意味する[48]。

一九三四年の「インディアン再組織法」(Indian Reorganization Act)は、「エスキモー、アラスカの他の先住民族」を含む「インディアン」として次の三つの集団を法的に規定している。①米連邦政府管轄下において、「インディアン・トライブ」として認められた人々およびその子孫。二〇〇〇年現在、五七〇の連邦政府認定のトライブが存在するが、その他一五〇のトライブは認定されていない。②「血」に関係なくインディアン居留地内で生活しているメンバーとその子孫。③「連邦政府認定トライブ」「インディアン居留地の住民」に関係なく、インディアンの「血」の半分またはそれ以上有している人々。問題を複雑にしているのは、「インディアン・トライブ」がそのメンバーの認定に際して、それぞれの判断基準を有していることである。多くのトライブがトライブの「血」として少なくとも四分の一以上を求めているのに対して、六分の一しか求めていないトライブも存在する[49]。

アメリカのトライブは、「連邦政府認定トライブ」と「州認定トライブ」に分けることができる。前者は、連邦政府との間において「政府対政府」の関係性を持つ政治組織である。トライブの基本的な形態は、インディアン再組織法によって定義され、その多くは居留地を有している。「トライブ認定」は、現在、米内務省インディアン問題局が決定している。「トライブ認定」を申請する集団は、その集団が一九〇〇年以降、継続的に米国内に存在してきたことを示す文書を提出する義務がある。後者は、米国内の州政府によって認定されたトライブである。「州認定トライブ」の法的地位や権利は、各州政府によって定められており、州政府のなかには居留地を設定している事例もある。連邦政府による「連邦認定トライブ」への住宅補助、食糧支援、奨学金支援は、「州認定トライブ」もその支援対象になり、各トライブ政府やその構成員に利益をもたらしている。[50]

アメリカの各州においても、次のように遺骨返還の取り組みがみられた。一九八九年、ネブラスカ州政府は、「無標の人体埋葬地や遺骨保護法」と呼ばれる一般返還法令を施行させた。この画期的な法律は、州公認の全ての博物館に対して、個別的な確認が可能な遺骨や副葬品をトライブに返還させることを求めた。同法律に基づいて、ポーニー・トライブは、遺骨返還に対するネブラスカ州歴史協会から返還させた。ポーニー・トライブは四〇〇個以上の遺骨をネブラスカ州歴史協会による抗議にもかかわらず、一九九〇年に遺骨を再埋葬した。一九九〇年にアリゾナ州は、遺骨、副葬品、聖なる物、トライブの宝等を返還させるために「大返還法」を制定した。この法律に基づいて、州関係機関が保有する、文化的、信仰的にトライブに結びつく遺骨が返還された。さらに、文化的にトライブと結びつかない遺骨についても一年以内に、遺骨が発見された場所から最も近い場所への返還が義務付けられた。また一九九一年にカリフォルニア州は、ネイティブ・アメリカンの遺骨と副葬品の返還を、州の政策とする法案を可決した。[51]

アメリカにおいて一九六〇年代から遺骨返還運動が顕著になってきた。この運動は、アフリカン・アメリカンの公民権運動、女性による平等獲得運動等の様々な闘いとともに展開された。遺骨返還運動の初期段階において、アメリカン・インディアン運動（ＡＩＭ）、国際インディアン条約評議会、冒瀆に反対するアメリカン・インディアン（ＡＩＡＤ）などの諸団体が、考古学的調査への懸念を強く訴えた(52)。

一九八六年に北部チェイニーのリーダーたちは、スミソニアン博物館に約一万八五〇〇個の遺骨が保管されていることを明らかにした。この発見を契機にして、遺骨や文化財をインディアン・トライブや遺族に返還することを目的にした法律の策定を目指す全国的な運動が展開された。一九八五年から九〇年の間に、この問題に関する多くの法案が第九九、第一〇〇、第一〇一議会に提案された。しかし、スミソニアン博物館、アメリカ博物館同盟、アメリカ考古学協会等が同法案に強く反対したため、採決されなかった。一九八九年に国立アメリカ・インディアン博物館法（NMAIA）が制定された。同博物館法に基づいて、スミソニアン博物館内に国立アメリカ・インディアン博物館が設置された。同博物館法に記載された遺骨返還条項は、スミソニアン博物館とネイティブ・アメリカンのリーダーたちとの間の合意に基づいて設けられた。同条項は、「過去におけるインディアンに対する不正義」を是正すること、「将来、インディアンの先祖に相応しい安住の地を与えること」を目的としている(53)。米政府がネイティブ・アメリカンの遺骨に対する不正義を認め、その是正のための法律を制定、実施している。それと対照的に、日本政府はアイヌ、琉球人等の遺骨に対する不正義を認識せず、その返還に対しても後ろ向きな姿勢をとっている。日本においてもNAGPRAのように、遺骨返還と再埋葬、再風葬を認め、その実現のための財政的支援をする法律が制定されるべきである。

アメリカの先住民族は次のように、遺骨の略奪から返還までのプロセスを思想的に位置付けている。

西欧の資本主義やキリスト教に象徴される「進歩、近代化」の過程において、先住民族は絶滅する運命にあるという認識が広がった。そして先住民族の生態や文化に関する標本資料は、博物館の中に「白人の将来世代」のために保管される必要があると考えて、彼らの遺骨が集められた(54)。

ミシェル・フーコーが論じたように、「知と権力」は緊密に結びついている。何かを知ることは、それを支配することを意味する。研究者が先住民族の歴史をその当事者以上に「知る」こと、彼らの古代における移動経路を地図上に記すことを通じて、先住民族の歴史は支配される。ケネウィックマン（アメリカ合衆国ワシントン州で発見された約九三〇〇年前の人骨）を巡って、先住民族と研究者が対立した裁判は、「誰が歴史的な説明をする主導権を握るのか」「誰が現在と将来を決めるアイデンティティに影響を与えるのか」を巡る、思想的な闘いでもあった(55)。

生きている人間と同様に、遺骨に対しても敬意をもって接することが重要である。また先住民族を客体（＝研究対象）ではなく主体として語ることによって、先住民族は自らの歴史に対する主権を回復し、歴史、時間、空間、先祖に関する概念を掌中におさめることができるようになる。自分自身を名付け、力と作用を決める「主体の立場」を獲得することによって、「搾取－被搾取」という従属関係を逆転させることができる(56)。先住民族は、遺骨返還を通じて、自らの名前を名乗り、歴史を主体的に語る権利を回復することで、植民地構造を変革することができるのである。

次にNAGPRAの内容と成立後の経過について検討してみたい。一九九〇年に開催された米連邦議会下院内務・島嶼問題委員会での審議において、同委員会の委員長である、米領サモア出身のエニ・ファレオマバエガ議員は次のように述べた。全ての人間は生者にせよ、死者にせよ、常に尊厳をもって扱い、子孫の意思にも十分配慮しなければならない[57]。アメリカの属領である米領サモア選出の先住民族出身の議員が、同法案を審議する委員会の委員長であったことを確認しておきたい。それは日本においては、アイヌ民族の国会議員が、その遺骨返還を義務付ける法案関連委員会の委員長になるのと同じことを意味する。

NAGPRAは、次のように定めている。インディアン・トライブまたはネイティブ・ハワイアン組織が、地理的・親族的・生物学的・考古学的・人類学的・言語学的・民俗学的な資料、口承文芸や歴史等の関連情報、専門家の意見等を証拠として提出し、文化的関連性を示したら、すぐに彼らの遺骨や副葬品は返還しなければならない。系譜上の子孫、インディアン・トライブ、ネイティブ・ハワイアン組織が文化財の返還を求めた場合、これらの物が特別な科学調査の遂行にとって不可欠であり、アメリカ全体にとって大きな便益があるのでなければ、連邦政府機関や博物館は直ちにそれらの物を返還しなければならない[58]。

一九七八年の「アメリカ・インディアン信仰自由法」(The American Indian Religious Freedom Act：AIRFA)は、ネイティブ・アメリカンの聖地に影響を与える事業を実施する際に、関係する先住民族グループとの協議を求めている。一九七九年の「考古学資源保護法」(The Archaeological Resources Protection Act：ARPA)は、調査の影響を受けるトライブとの協議を求めるだけでなく、トライブの土地における発掘調査に必要な考古学許可書の期間や条件をトライブが決定することを可能にした。NMAIAやNAGPRAは、ネイティブ・アメリカインへの考古学的、文化的遺物や遺骨の返還を推進するとともに、居留地を超えた土地をも対象にすることで、「インディアンの土地」の範囲を拡大させた[59]。これがこれまでの法律と異なる、NMAIAやNAGPRAの画期的な面であると言える。

他方、ネイティブ・アメリカンの中には、NAGPRAの墓地保護規定が米連邦政府やトライブの土地だけでなく、米国内の全ての土地に適用されるべきであると主張する人々もいる。なぜなら、北米大陸全てが、かつて彼らの土地であったからである[60]。

ペコス・プエブロ(Pecos Pueblo)において、考古学者のアルフレッド・キダーが一九一五年から二九年の間発掘し、ハーバード大学ピーボディ考古学民族学博物館に保管されていた約二〇〇〇個の遺骨、約一〇〇〇点の宗教品が、一九九九年五月、七〇年以上振りに返還された。同年五月二〇日付の『ニューヨークタイムズ』の記事によれば、「ペコス・コレクション」は単一の場所から発掘された、米国史上最大級の遺骨数であった[61]。

アメリカの先住民族が遺骨や副葬品の返還を求める場合、その「所有物」の返却を主張しているのではなく、多くの場合において、もし返還が実現しないと全ての人にとって世界が「正常、健康、美、生長、正しさ」を実現できなくなるという、認識が共有されている[62]。つまり、遺骨返還によって世界の秩序が回復されるというコスモロジーが、先住民族の遺骨返還運動の信仰的、思想的支柱になっていると理解することができる。

また先住民族は、人体やその一部、文化遺産、埋葬された供物、遺体から剥ぎ取られた衣類を、ジェノサイド、民族殲滅、文化的破壊、領土の侵略等の植民地主義の被害を受け続けている人々に返還されるべきであると認識している[63]。植民地支配の被害者として、先住民族は遺骨返還を訴えている。その返還が、植民地支配の反省と償いの第一歩となるのである。他方、京都大学のように外部からの遺骨に関する問い合せに答えず、遺骨を返還しないことは、現在における自らの植民地主義を自覚せず、それを今後も続けていくという意思の表明であると理解することができる。

当初、ネイティブ・アメリカンを戦争省そして国防総省の保護の下において、外国人として扱い、その遺骨や物品を奪い、博物館に収蔵した。それらの収蔵物は、ネイティブ・アメリカンに対する「勝利の展示」でもあった。このような歴史を直視し、政府の政策を見直し、ネイティブ・アメリカンとの関係を再検討する機会がNAGPRAによって与えられたのである(64)。先住民族の遺骨は植民地支配の「戦利品」であり、博物館でそれらを展示することで植民地支配を確認し、固定化しようとした。港川人を「日本人の祖先」として国立科学博物館で展示することは、日本の琉球に対する「勝利の展示」でもあり、現在も琉球が日本の植民地であることを如実に示している。

UCLA(カルフォルニア大学ロサンゼルス校)のように、大学の責任として遺骨返還を実施している事例もある。地域の先住民族を尊重しない研究や、反感を生むような研究を推し進めることによる、大学の財政的、政治的な損失は大きくなった。NAGPRAの規定によれば、遺骨返還の対象となるのは連邦政府認定トライブ等であるが、UCLAは、非認定トライブに対する遺骨返還プロジェクトを実施した。UCLAは、再埋葬にふさわしい土地をサンタモニカ・マウンテンにおいて購入し、トライブに提供した(65)。

第四節　ヨーロッパ、オーストラリアにおける先住民族遺骨の返還

一九八四年、オーストラリア人類学協会は、一七八八年以降に収集された人骨のコミュニティにおける再埋葬と、個人が特定されたアボリジナルの遺骨返還を支持するという内容の方針を発表した。同協会は、その方針によって先住民族と考古学者との協力関係を築きたいと望んだ。他方で、同方針では、その他の全てのアボリジナルの人骨は科学的に重要であり、再埋葬や火葬によって破壊されるべきではないと強調した[66]。一七八八年は、アーサー・フィリップ（後のニューサウスウェールズ州の初代総督）が率いる一一隻の船団が、シドニーのボタニー湾に着岸した年であり、その後、オーストラリアにおける大英帝国の植民地支配が始まった。

ニュージーランドにおいて、法律上、先住民族の遺物は許可なく発掘することはできない。許可を得るには、地域のマオリ・コミュニティからの承諾が必要になる[67]。

オーストラリアには、NAGPRAのように国全体を網羅するような、遺骨返還に関する法律は存在しない。しかし州法、博物館等の政策を通じてアボリジナルは、同国の博物館に収蔵されている遺骨を返還させることができる。もしも遺骨が適切に扱われず、葬礼を行わないと、重大な事態が生じると考えられている。その背景には、遺骨が物質ではなく、現在も存在している人間であり、尊厳をもって扱わねばならないという認識があるからである。アボリジナル・トレス海峡諸島民委員会（ATSIC's）は、二〇〇一年に遺骨返還に関する提案書を、イギリスの遺骨に関する作業部会に提出し、次のように訴えた。遺骨が返還されると死者は敬意をもって扱われ、儀式を受けることができる。遺族も文化的な義務を果たすことで、精神的にも安定する。「人骨コレクション」の存在が、アボリジナルにとってトラウマになるのは、過去の世代が受けてきた抑圧の刻印として遺骨を認識しているからである。彼らは発掘されたアボリジナルと欧州人の遺骨に関して、最近まで異なる対応がとられたことに反発している。前者は自動的に博物館行きとなり、後者は再埋葬された。先住民族のグループは、このようなダブルスタンダードを批判し、欧州社会の人々が自らの死者に敬意を払うのと同じように、先住民族の死者に対しても敬意を示すべきだと訴えた(68)。

アボリジナル・トレス海峡諸島民財産保護連邦法(一九八四年)では、アボリジナル問題省に対してアボリジナルの意図と反する形で保管された遺骨を、先住民族の伝統に沿った形で返還することを命じることができる。一九九三年、オーストラリア・アボリジナル問題評議会(アボリジナル問題担当大臣、州・領土の担当者によって構成される)は、先住民族の遺骨や文化財に関する政府方針を決定した。それによって、博物館やその他の機関において保管されている、彼らの遺骨や文化財に対する先住民族の所有権や、その返還における、彼らの主体的役割が認められた。アボリジナル・トレス海峡諸島民委員会は、一九九八年に「重要な文化財の保護と返還に関する方針」を採択した。同方針により、同委員会は、文化財に関する調査を行い、関連する地域に情報を提供し、海外にある重要な文化財の特定、交渉、返還のために資金を提供することができるようになった(69)。

一九八〇年代初頭から始まった、アボリジナルによる遺骨返還運動に応えて、エジンバラ大学は一九九〇年代にわたって、遺骨返還の要請に積極的に応じてきた。一九九〇年三月、サバイバル・インターナショナルのメンバーであった、エジンバラ大学の学生も、アボリジナルに対する遺骨返還運動に参加した(70)。

イギリスとオーストラリアの首相は、二〇〇〇年にアボリジナルの遺骨に関して、次のような共同声明を発表した。イギリスとオーストラリア両政府は、オーストラリアの先住民族に遺骨を返還するよう努めていくこと、そして、両国の関係機関と先住民族の間での情報の共有をさらに図ることに合意する。[71]

豪州政府のアボリジナル問題省によると、現在のオーストラリアにおいて「先住民であること」の定義は、出自、自認、コミュニティによる認知という三つの基準に基づいている。この定義が一九八〇年代から広まる前において、アボリジナルは「混血」の「度合い」によって分類され、「混血」の人々は、アボリジナルの親から引き離されて、「白人」の運営する施設や里親の下で育てられた。このようなアボリジナルは、「盗まれた世代」と呼ばれている。このような歴史に鑑み、シドニー南西部郊外に住むアボリジナルは、「肌の色が白くてもアボリジニはアボリジニであり、大切なのは肌の色ではなく家族につながるルーツとその関係なのだ」ということを強調するようになった。[72]

タスマニア人の遺骨も、イギリスからオーストラリアに返還された。二〇〇六年、大英自然史博物館評議員は、一七個のタスマニア人の遺骨をタスマニア・アボリジナルセンター（TAC）に移管した。[73]またエジンバラ大学は、タスマニア・アボリジナルセンターが一九八二年に返還要求した遺骨を返還した。さらに同大学は、二〇〇〇年、残りのアボリジナルの遺骨と、ハワイ人の遺骨コレクションを返還した。二〇〇二年、王立外科医師会もタスマニア人の遺骨を返還した。*Museum Journal* の一九九三年三月号は、博物館における遺骨問題を特集した。同誌の表紙には、「遺骨の再埋葬：過去の過ちを正す」と記載されていた。[74]先住民族遺骨の再埋葬によって、過去の不正義を是正することができるという認識が共有されていたことが分かる。

「最後のタスマニア人の一人」であると言われたトルカニニ(Truganini)の願いは、自らの遺骨が平穏な形で取り扱われることであった。しかし、一八七六年に彼女が死亡して二年後に、彼女の身体は王立タスマニア協会によって墓から取り出され、タスマニア博物館・美術館で展示された。一九七〇年代において彼女の遺体は、タスマニア人の地位、アイデンティティ、土地権を巡る闘いの焦点となった。同時に彼女の遺体は、「タスマニア人絶滅」に関する議論を巻き起こし、オーストラリアのアボリジナルに対する植民地主義問題を象徴するものとして論じられた(75)。

一九九五年、コイコイン系の組織は、当時のネルソン・マンデラ南アフリカ共和国大統領の協力を得て、フランス大使館に対してサラ・バートマン(一七八九〜一八一五年)の遺体返還を求め、二〇〇二年に実現した。バートマンは生前、ヨーロッパで「野蛮な有色人種」の見本として展示され、死後は身体模型、骨格標本、性器がパリの人類博物館に保管されていた(76)。

フライブルク大学とベルリンのシャリテ(ベルリン医科大学)に、旧ドイツ領南西アフリカ(現在のナミビア)から奪われた遺骨が保管されていた。約一〇〇年前に同地で、ジェノサイド(ヘレロ・ナマ戦争、ドイツ最初のジェノサイドとされる)が行われ、強制収容所で犠牲となった人々の頭部がドイツに持ち去られた。ベルリン大学の研究者はフォルマリン漬けにした頭骨を測定して、「アフリカ人の顔の筋肉はヨーロッパ人のそれよりも未発達」であるとの結論を下した。その遺骨は返還後、ナミビア独立記念博物館で展示された(77)。南アフリカとナミビアの遺骨返還は、それぞれ独立後に行われたが、フランスやドイツでの遺骨保管は、独立後も植民地主義が解消されていない象徴として認識されていた。その返還は独立後の脱植民地化運動において、大きな意味を有していた。南アフリカとナミビアの人々にとって彼らの遺骨は、政治的象徴性を帯びていたことを意味する。それゆえナミビアの場合、返還後、「不正義の是正」を目に見える形で国民と共有するために、独立記念博物館で展示されるようになったと理解できる。

「民族、国」は死者、遺骨を土台にして形成された側面もある。特に独立戦争における戦士の遺体は、他の遺体よりも国家形成の過程で重要な扱いを受けることが多い。遺体の階層性は、独立国家の政治的階層性を反映している。[78] 死者がどのように独立戦争を闘ってきたのかという記憶や歴史が、民族意識や国家像の形成に大きな影響を与えてきた。独立運動においても、遺骨が有する政治的象徴性が大きな意味を持つようになるだろう。

百按司墓琉球人遺骨の返還運動に対する関心が高まった理由は、琉球国の礎を築いた先人に対して尊厳ある取り扱いがなされてこなかったという、不正義に多くの琉球人が怒ったからであると言える。琉球側の反対にもかかわらず、二〇一三年に日本政府は「主権回復の日」記念式典を挙行し、琉球の民意を無視した米軍新基地建設強行に対して「沖縄差別」を主張し、「イデオロギーよりもアイデンティティ」を訴えた翁長雄志《おながたけし》が沖縄県知事に選出された頃から、琉球人アイデンティティの高揚が見られるようになった。そこで「アイデンティティ政治」と百按司墓琉球人遺骨返還運動が、連関するようになったと理解することができる。またそれは琉球国の独立（復国）を求める琉球人の心性とも共鳴し、遺骨返還運動は琉球独立運動とも連携しながら行われるようになった。

西洋人は、過去は自分の後ろにあり、未来は前に広がっていると考える。しかしマオリ文化にとって、過去は自分の前に存在する。なぜなら、過去のことはよく知ることができるからである。他方、未来はまだ見えず、分からないことなので、それは自分の後ろにあると認識している。[79] 先住民族にとって遺骨が奪われることは、過去や自分自身を失うことを意味する。なぜなら、確かな事実で裏付けられた過去の上にある、自らの生存にも関わる重大なことであると考えるからであろう。

イギリスでは、次のように先住民族の遺骨返還に関する法や政策が整備されるようになった。二〇〇四年、人体組織法がイングランドで制定され、ウェールズや北アイルランドでは、二〇〇六年にそれが制定された。同法は、一九八四年の解剖法に代わるものとなった。人体組織法は、人体の組織の摘出、保管、使用を規制している。同法により人体組織管理庁 Human Tissue Authority（HTA）がイングランド、ウェールズ、北アイルランドで設立され、特定の目的のための人体組織（生殖細胞、胎を除く）の摘出、保管、使用、処分に関する問題の解決を目指している。二〇〇六年に大英博物館と大英自然史博物館は、アボリジナルとの間で彼らの遺骨返還に合意した。[80]

人体組織法では、植民地主義時代（約二〇〇年前から約一〇〇年前）に収集された、先住民族の遺骨を含む遺体組織が研究目的での保管に適さないとし、その親族、文化的コミュニティ、管理者、学術組織に遺体の請求権を認めた。[81]

二〇〇五年、英政府は次のような「博物館等が保有する遺骨類の取り扱いに関するガイダンス」を発出した。「現地住民の承諾を得ずに持ち出しただけでなく、遺骨がイギリスの植民地支配の中で集められただけでも、決して対等な関係ではなく、このことを踏まえて解決策を検討せよ」。また同ガイダンスでは、系譜上の子孫とともに文化的コミュニティをも遺骨の返還先として認めた。[82]

同ガイダンスには、次のような記載もある。遺骨の中には植民地主義時代という不平等な関係下において、先住民族から得られたものもある。今日、血縁で繋がる子孫、文化的コミュニティ、管理人、学会等の多くの団体から遺骨返還請求が出されるようになった。文化的コミュニティとは、同地域に住み、文化・精神世界・信仰を共有し、共通の言葉を有する人々の集団である(83)。同ガイダンスの考え方に従えば、琉球が日本の植民地になった一八七九年の琉球併合後、日本人研究者によって奪われた遺骨の返還先として、先住民族としての琉球人を想定することができる。つまり、一八七九年より前に琉球で生まれた人の子孫であり、植民地下で生きる先住民族であると自覚する人々全体が、「奪われた遺骨」を返還させる権利を持っているのである。

2011 年，国連脱植民地化特別委員会にグアム政府代表団として参加した筆者（右端）

先住民族の遺骨返還は、アメリカ、イギリス、オーストラリア等の国内法だけでなく、国際法でも保障されるようになった。二〇〇七年に採択された、「先住民族の権利に関する国際連合宣言」の第一二条において、「宗教的伝統と慣習の権利、遺骨の返還」が次のように明文化された。

「1　先住民族は、自らの精神的および宗教的伝統、慣習、そして儀式を表現し、実践し、発展させ、教育する権利を有し、その宗教的および文化的な遺跡を維持し、保護し、そして私的にそこに立ち入る権利を有し、儀式用具を使用し管理する権利を有し、遺骨の返還に対する権利を有する」。
「2　国家は、関係する先住民族と連携して公平で透明性のある効果的措置を通じて、儀式用具と遺骨のアクセス（到達もしくは入手し、利用する）および／または返還を可能にするよう努める[84]」。

一九九六年以来、琉球人は国連の諸会議・委員会、先住民族関連の国際会議に参加し、琉球における植民地主義を批判し、脱軍事化、脱植民地化を自らが有する自己決定権に基づいて主張してきた。国連NGOである琉球弧の先住民族会と市民外交センターは、毎年のように国連に琉球から報告者を派遣し、二〇一四年には糸数慶子・参議院議員や、翌二〇一五年には翁長雄志・沖縄県知事（第五章参照）が国連で訴えた。私も一九九六年に市民外交センターのメンバーとして国連先住民作業部会、二〇一一年に国連脱植民地化特別委員会にグアム政府代表団のメンバーとして報告し、活動した。その結果、二〇〇八年以来、国連の諸会議において、琉球人が先住民族であると認められ、琉球の歴史・文化教育の実施、「人種差別」としての米軍基地の押しつけの改善等を、国連は日本政府に勧告してきた。

先住民族としての琉球人の遺骨が盗掘され、それが現在でも京大に保管されているという事態は、国際法上の問題でもある。琉球人遺骨問題は、世界の先住民族と共通する側面を多く有する、世界的な問題なのである。

第四章　アイヌの骨

――学問の暴力への抵抗

第一節　アイヌ遺骨の再埋葬

二〇一七年四月に発表された文科省の調査によると、アイヌの個体ごとに特定できた遺骨が一六七六体（内、北海道大学には一〇一五体）、個体ごとに特定できない遺骨が三八二箱、それぞれが全国の一二の大学に保管されていた。遺骨のうち個人が特定できたものは、三八体であった[(1)]。遺骨とともに副葬品も持ち出された。北大の研究者は、一九七〇年代までアイヌ遺骨の発掘を行っていた。琉球と同じく、日本の植民地支配下において遺骨が盗掘されたが、今、アイヌ自身の手によってその返還の扉が開かれてきた。

一九八〇年、アイヌの海馬沢博《かいばざわひろし》が北大に、遺骨に関する公開質問状を提出し、情報公開を求めた。当時、遺骨は、同大医学部の「動物実験室」に保管され、エゾオオカミと一緒に「標本」として並べられ、頭骨には番号とドイツ語の文字が記されていた。一九八四年、北海道ウタリ協会（現北海道アイヌ協会）の求めに応じて、「アイヌ納骨堂」が同大学に建設された。

日本政府のアイヌの遺骨返還に関する方針は、どのようなものだろうか。二〇一二年に発表された「民族共生象徴空間」構想は、北海道の白老町にアイヌ遺骨を納める慰霊施設、国立博物館、体験交流施設を二〇二〇年に完成させることを目指している。遺骨盗掘への大学側からの謝罪がないまま、遺骨を国立施設に集約しようとしている。同施設から遺骨を持ち出して、ＤＮＡ分析等の研究することも可能である。政府は個人が特定された遺骨を、「祭祀承継者」としてのアイヌに返還することを認めている。しかし、それは日本人の家制度に基づく考え方であり、全アイヌ遺骨の九九％が「民族共生象徴空間」に集約されてしまう。政府の遺骨返還方針は、新たな同化政策であると言える。

政府の方針にアイヌは必ずしも同意せず、情報開示・遺骨返還運動を活発に展開してきた。二〇〇八年、小川隆吉らが北大に対して、情報公開法に基づき「アイヌ人骨台帳」の公開を請求した。同年、北大開示文書研究会が発足し、遺骨返還運動の中心的な組織になった。北大は情報を隠蔽しようとしたが、小川らの追及により情報開示を迫られた。二〇一二年、小川、城野口《じょうのぐち》ユリらが、北大に対して遺骨返還請求訴訟を起こした。二〇一四年には、畠山敏（紋別アイヌ協会会長）、浦幌アイヌ協会（会長差《さし》間《ま》正樹《まさき》）、一七年には、旭川アイヌ協議会（会長川村シンリツ・エオリパック・アイヌ）がそれぞれ、北大に対して遺骨返還請求訴訟を起こした。さらにコタンの会は、一九五体の遺骨返還を求めて北大と新ひだか町を提訴した。そして二〇一八年になると、「コタンの会」は浦幌アイヌ協会とともに遺骨返還を求めて、札幌医科大学と北海道庁を訴えた。

訴訟に立ち上がったアイヌは、コタンへの遺骨返還を求めている。コタンとは、アイヌ独自の領土であり、その中では裁判や意思決定が行われ、漁業、狩猟等の経済活動の拠点となり、先住民族の土地権の保有主体である。墓地および遺骨に関する慰霊や管理も土地権、つまり先住民族の権利（先住権）に含まれる。遺骨返還運動は、先住権に基づいて実施されている(2)。これまで国や道庁は同化政策、福祉政策として「アイヌ政策」を実施してきたが、それに対してアイヌは、「民族の自己決定権」行使として遺骨返還運動を展開してきた。

現在、日本政府は、先住民族の集団としての権利である先住権をアイヌに認めていない。アイヌは、北海道各地域のアイヌ協会、「コタンの会」が先住民族の集団としての権利の受け皿であるとして、コタンへの遺骨返還を主張している。またアイヌは遺骨返還とともに、先住民族としてシャケや鯨を捕る権利を回復しようとしている。

訴訟の和解が成立して、二〇一六年七月、一二体の遺骨が浦河町杵臼《きねうす》共同墓地で再埋葬された。この際、「コタンの会」が遺骨の受け入れ団体となった。二〇一七年八月は浦幌町、九月は紋別市で遺骨の再埋葬が行われた。

アイヌ遺骨返還に関して日本の学会は、どのように認識しているのだろうか。二〇一七年、北海道アイヌ協会、日本人類学会、日本考古学協会がまとめた『これからのアイヌ人骨・副葬品に係る調査研究の在り方に関するラウンドテーブル報告書』には、次のような文言がある。「世界各地の先住民族の遺骨やそれに伴う副葬品、埋葬儀式に用いる用具は、19世紀から20世紀初頭にかけて行われた人種主義に基づく自然人類学や考古学、民族学の研究の研究関心から、また植民地主義的な政策の影響の下で収集されてきた。（中略）1980年代からは、先住民族側から本来あるべき場所への返還が求められ、国内や国際的な返還の動きが始まっている。（中略）現在の研究倫理の観点から見て、研究者は人の死や文化的所産に関わる資料の取り扱いについて十分な配慮を払うべきである[3]」「アイヌの遺骨と副葬品の尊厳を守り、慰霊と返還の実施とともに返還請求には最大の配慮で応えることが第一義であり、研究に優先されることを十分に理解する必要がある[4]」。

人類学や考古学の学会としても、アイヌ遺骨が植民地主義の影響下で収集されたことを認め、その返還請求には、「最大の配慮で応えることが第一義であり、研究に優先される」と考えている。先住民族の遺骨返還は、国際的な潮流でもある。アイヌ民族は、自らの土地であるコタンに遺骨を返還すべく、国際法で保障された自己決定権を主体的に行使しているのである。

　一九三四〜三五年、北海道帝国大学（現北海道大学）の児玉作左衛門《こだまさくざえもん》教授らが、浦幌町の墓地からアイヌ遺骨を持ち去った。浦幌アイヌ協会は、遺骨返還請求訴訟を起こし、二〇一七年三月、訴訟の和解にともない遺骨が返還されることになった。六四体の遺骨と、人数不明の遺骨合わせて八二箱、副葬品一一箱の返還を受け、再埋葬が行われた。アイヌの返還遺骨数としては、過去最多となった。私は、遺骨の盗掘という同じ問題を抱える琉球人として、アイヌの再埋葬式に参加する機会を得た。

北大のアイヌ納骨堂から遺骨をバスに運び入れるアイヌの若者

　二〇一七年八月一九日、北大のアイヌ納骨堂内で、一つ一つ遺骨箱を開いて確認した後、浦幌の若いアイヌが木箱を両手に抱えてバスに運び入れた。ある若者は、遺骨の重さを手に感じることで、アイヌであることを改めて自覚したと語ったことを参加者から聞いた。札幌から約五時間かけて浦幌町に移動する車中で、私は「コタンの会」の清水裕二代表からアイヌ差別、遺骨返還等についてお話を伺った。清水は少年時代に、高校の日本史クラブの教員と生徒がアイヌ遺骨を盗掘した現場を見たが、

北海道浦幌町で行われたアイヌ遺骨再埋葬におけるイチャルパ，カムイノミの祭壇

それは今でも心の傷になっていると話された。

浦幌町浜厚内《はまあつない》の生活館（アイヌの人々の生活向上・啓発活動のため、北海道内の市町村設置）でカムイノミ（お祈り）をした後、浦幌墓園の一角で再埋葬式が行われた。長方形の穴の底に藁が敷き詰められ、遺骨箱が静かに安置された。箱の上を着物で覆い、その上から土をかけた。祖霊が天界に昇る際の杖となる七本のクワ（墓標）を土に差し込み、お菓子等の供物を捧げ、藁に火をつけ、その前でアイヌが跪《ひざまず》いて祈りを捧げた。

儀式の後、北大の笠原正典副学長は、「裁判の和解に基づいて遺骨と副葬品を持ってきた」と述べたが、謝罪の言葉は一言もなかった。二〇一六年の浦河町での再埋葬式でも、北大側は謝罪しなかった。

翌日、浜厚内生活館で、カムイノミとイチャルパ（先祖供養）が行われた。浦幌アイヌ協会の差間正樹会長も、山の神、海の神への感謝の言葉を述べた。イチャルパでは、最初にアイヌがイナウ（神と人を結ぶ神具、神への供物）等の供物を捧げ、次にその他の民族が続いた。私もアイヌ遺骨の再埋葬を言祝《ことほ》ぐとともに、琉球人遺骨の島への帰還を御願い申し上げた。

遺骨の再埋葬過程に立ち会って印象的だったのは、若いアイヌが自らのアイデンティティを自覚し、コタンの主体として成長していく姿であった。遺骨返還請求訴訟、再埋葬式の準備を契機にしてアイヌのルーツを感じ、浦幌アイヌ協会に加入した人もいた。儀式に使うチタラペ（花ござ）を協会の仲間と作ることで、アイヌ同士の結束が深まり、文化の継承にも繋がる。また儀式への参加を通じて、各種の所作やアイヌ語を覚えていくのだろう。(5) アイヌ文化伝承者の葛野《くずの》次雄《つぎお》も、「思い出した時に、一人でも、二人でもカムイノミをする。神が見守っている」と若者を励ました。

差間正樹は、同二〇日の記者会見で次のように述べた。「先祖が自分たちの土地に帰ってきた。やっと静かに眠ることができる。これから私たちとともに生活をすることができる。これからがスタートである。今まで待たせたことを御詫びしたい。私たちのやり方で慰霊をしたい。それぞれの地域に遺骨を返すことを北大に望みたい。一つ一つの遺骨箱の重みが先祖の存在を教えてくれた。私たちは遺骨を返還させる権利を持っている。それは「先住民族の権利に関する国連宣言」で保障されている。慰霊をする権利も保障されている。再埋葬の準備、慰霊祭の過程で地域のアイヌ社会が一体化してきた。自らの祖先を我々が慰霊するのが基本である」。また葛野次雄は次のように語った。「盗んだ骨をアイヌに返すのが当然である。白老の「民族共生象徴空間」への遺骨の集約は、アイヌ文化の否定となる」。再埋葬式には、「日本軍「慰安婦」問題の解決をめざす北海道の会」の金時江《キムシガン》共同代表も参加された。現在、北海道には約三〇〇〇人の在日コリアンが生活しているが、戦前、強制連行された朝鮮人をアイヌが助けるなどの交流があったという。また一八九四年の東学農民革命（現在は「東学党の乱」ではなく、「東学農民革命」「甲午農民戦争」と呼ばれている）の指導者の遺骨が、一九〇六年から北大に保管されていたが、韓国での返還運動によって一九九六年に母国に戻った。

浦幌では小川隆吉（父親が韓国人）から、アイヌ遺骨返還に関わる資料を頂戴した。封筒には、「やれば出来る。ただその一言だな」とも励ましの言葉が記されていた。前日、小川に北大キャンパス内にある遺跡保存庭園の竪穴式住居跡を案内してもらったが、その説明板には、生活主体である「アイヌ」という言葉がなく、日本の歴史編年名称で解説されていた。歴史修正主義が学問の府で行われていた。遺骨返還の際に、北大はアイヌに謝罪しなかったが、「学問の暴力」(6)の問題はまだ解決されていない。

アイヌと同じように、琉球人は自らの領土が奪われただけでなく、遺骨も日本人研究者によって盗掘され、未だに返還されていない。琉球人差別は今でも続いているが、人骨の盗掘と大学での保管はその最たるものである。アイヌは粘り強い闘いの結果、祖先の遺骨をあるべき場所に戻し、慰霊祭をすることができたことを、私は自分の目で確認した。人間としての誇りを取り戻しつつあるアイヌに続きたいとの思いを深くした。

第二節　日本の植民地としてのアイヌモシリ

これまで日本政府は、アイヌモシリ（人間の住む地）、琉球、アジア地域に対して、「奪う歴史」を展開してきた(7)。琉球人とアイヌは「奪う歴史」の被害者であり、被植民者である。土地が奪われただけでなく、遺骨も「奪う歴史」の一環として奪われてきた。アイヌと琉球人にとって、土地や遺骨は生者と死者とを繋ぐ絆として不可欠のものであった。

アイヌによる三大武装蜂起であるコシャマインの戦い（一四五七年）、シャクシャインの戦い（一六六九年）、クナシリ・メナシの戦い（一七八九年）は、アイヌによる日本の侵略に対する「民族自決戦」であった。和人（日本人）のだまし討ちで戦いに敗れたが、アイヌは和人にアイヌモシリを売ったり、貸したりしなかった。[8] 千島列島、樺太、北海道はアイヌが生活をしていた土地であり、アイヌモシリと呼ばれる。琉球国も日本政府に島を売却、賃貸したのではなく、琉球併合によって暴力的に奪われた。

現在、日本政府が「日本固有の領土」と主張している、「北方領土」もアイヌモシリである。日本が「北方領土」を自らの領土と主張する根拠としている、一八五八年の日露修好通商条約も、島の当事者を排除したものでしかない。日本とロシアだけで北方国境を画定し、「北方領土」の所属を決めてきた。[9] しかし千島列島の島名はアイヌ語であり、アイヌが生活をしてきたのである。[10] 島々の土地権は、アイヌが有していると言える。

琉球併合により沖縄県が日本政府によって設置された。その一〇年前の一八六九年、開拓使を設置した明治政府が蝦夷地《えぞち》（アイヌモシリ）を「北海道」と改称し、一方的に土地を国有化した。その後、北海道における植民地支配を本格的に進めたが、その際にモデルとされたのがアメリカの「西部開拓」である。「辺境侵略」の方式をアイヌモシリに持ち込んだのが、ホーレス・ケプロンであった。一八七一年、黒田清隆・開拓次官が渡米し、第一八代大統領のユリシーズ・グラントに会い、農務長官であったホーレス・ケプロンを年間約一万ドルで「御雇外国人」として採用するための交渉を行った。その後、黒田はケプロンのアドバイスに従って日本本土から失業者を集め、北海道開拓を具体化させた。ホーレス・ケプロンの北海道での政策は、多くのインディアンを銃によって「殲滅侵略し、そして収奪を重ねたインディアン統治」を基盤にしていた。抵抗するインディアンに対しては、騎兵隊を派遣して「インディアン狩り」を行った。ケプロンはテキサス州で大農場を経営するとともに、農務局長を務めた。「インディアン泣かせのホーレス」と異名をとっていた。そのケプロンが、北海道と改称されて二年目に来て、今度は「アイヌ泣かせのホーレス」になって植民地政策を実施したのである。ケプロンの来道と時期を同じくするように、アイヌの人口が激減した。(11)

第三章で論じたように、ネイティブ・アメリカンも土地や骨が奪われ、現在、遺骨の返還運動が活発に行われるようになった。ネイティブ・アメリカンの骨を研究した人類学者によって、「遅れた、野蛮な人間」という烙印が押され、支配、搾取、殺戮が正当化された。日本の先住民族・アイヌに対しても同様な政策が行われ、その植民地支配下で人類学者が研究成果を蓄積するとともに、清野謙次のように差別を拡散させた。

第二次世界大戦まで、アイヌに対して皇民化教育が行われていた。小、中学校の教科書において「ヤマトタケルノミコトは東に蝦夷を討ち」などのように、「蝦夷征伐」の物語を日本政府は子供たちに教えていた。蝦夷とはアイヌ民族のことであり、「アイヌ征伐」を学校で学ばせたのである。アイヌ民族の歴史を尊重せず、アイヌを同化して、アイヌが元来要求することのできる権利を放棄させるための教育であった。(12) 皇民化教育とは同化教育であり、それによってアイヌ・アイデンティティを奪い、民族としてのアイヌを消滅させようとしていた。戦前、琉球人もアイヌと同じく皇民化教育の対象になり、琉球人から日本人への同化が強制的に進められた。一九〇三年に「学術人類館」事件が発生した際に、自らは「帝国臣民」であるとしてアイヌを差別する琉球人もいた。

北海道に日本人が入植し、農地開拓が進むとともに、アイヌ民族の生活の糧が奪われ、生存の危機に瀕するようになった。「未開」とされた土地にはアイヌ民族の生活があったが、「開拓」はその生活を無視することから始まった。[13]「北海道開拓」の歴史とは、「大和民族」の発展の歴史にほかならない。[14]

植民者は本州以南から進入した和人であり、原住者はアイヌ民族である。植民政策を進める和人のための学問として、植民地学が形成された。[15]札幌農学校の後継となる北海道帝国大学を拠点にして研究、教育された植民地学は、アイヌを同化させ、日本人が主導する開拓、開発のための学問となった。ここから「学問の暴力」が発生するようになる。近現代の琉球においても、日本人が作成し、日本企業が進出し、利益を得るための各種の「沖縄振興」策が実施されてきた。戦前の琉球における最高学府は師範学校であり、大学は存在しなかった。その背景には、琉球人には高等教育は不要であるとする、日本政府や日本人教育者による琉球人差別があった。

一八八二年に開拓使制度が廃止された後、函館県、札幌県、根室県、そして農商務省の一部局である北海道事業管理局が設置された。同体制は一八八六年に北海道庁が置かれるまで続いた。三県一局時代に途絶えていた移民政策も、北海道庁が設置されると再び本格化した。岩村通俊《いわむらみちとし》・初代北海道庁長官により北海道への資本の導入策も推進された。[16]岩村は一八八二年から二年間、沖縄県令であったが、旧王国時代の政策を維持する「旧慣温存政策」によって、旧琉球王府幹部を日本政府の支配下に組み込もうとした。アイヌと琉球人は、岩村という日本人統治者による植民地支配を同時期に受けていたのである。

一九六八年に「北海道の開道百年記念事業」の一環で、北海道百年記念式典が開催されたが、開拓功労者として、黒田清隆、ホーレス・ケプロンとともに岩村の銅像が建立された[17]。

当初北海道には府県制や市町村制が実施されず、衆議院議員選挙法も施行されなかった。一九〇二年まで同議員選挙が行われなかった[18]。近代における政治制度の遅れも北海道と琉球は同じである。琉球で最初の衆議院議員選挙が実施されたのは一九一二年であるが、宮古・八重山諸島の人々に選挙権が認められたのは、さらに遅れて一九一九年であった。全国と同じ府県制が導入されたのが一九二〇年、市制、町村制の実施はそれぞれ一九二一年、一九二〇年であり、琉球併合から四二年後に日本全国とほぼ同じ法制度が適用された。これからも両地域が、日本の植民地であったことが分かる。

第二次世界大戦後、北海道の総合開発ないし開発政策がスタートした。その中心はエネルギー資源の開発に向かい、農業化から工業化へ、そして「未開」地域の開拓から、「後進」地域の「先進」地域化へと開発政策は移行した[19]。一九七二年に日本に「復帰」した際、沖縄県における開発を担当した官庁が沖縄開発庁である。それは北海道開発庁をモデルにして設置され、日本本土と沖縄県との「格差是正」を中心とした開発政策を実施した。

一八六九年から続く北海道における「開拓」「拓殖」「開発」の用語の変遷は、一八七二年から始まる「開拓使一〇年計画」、明治末から昭和戦前期にかけて二期にわたり展開された「北海道拓殖計画」、さらに戦後、一九五二年から始まった「北海道総合開発計画」といった具体的な施策に対応している[20]。アメリカの「西部開拓」のように、侵略した土地から先住民族を追い出し、その後、日本人植民者を担い手とする農業を中心とした拓殖が始まり、戦後は大規模工業開発が主流となった。

日本政府、日本人の大部分にとって北海道がアイヌの土地であること、日本に先住民族が存在するという認識は近年に至るまで欠如していた。それを象徴するのが、一九八六年の中曽根康弘首相によるアイヌ差別発言である。中曽根首相は自民党研修会において、「日本は単一民族国家」であると発言したが、それに対する追及を受けて次のように述べた。「日本国籍を持つ方々で差別を受けている少数民族はいない。私も眉や髭も濃いしアイヌの血が相当入っている」。これに対して北海道ウタリ協会はアイヌ民族の存在を否定し、侮辱しているとして抗議団を派遣した[21]。

一国の代表が「単一民族国家」と言って、日本人以外の他の民族の存在を認めないだけでなく、アイヌの表象とされる特徴を茶化し差別を増長したのである。二〇〇八年に国会において「アイヌ民族を先住民族とすることを求める決議」が採択されたが、一九八六年の段階では少数民族としても認知されていなかった。他方、首相による「単一民族国家」発言に対して、琉球から抗議団は派遣されなかった。琉球人の先住民族意識は、まだ確立されていなかったのである。

二〇〇一年に鈴木宗男、平沼赳夫の両衆議院議員が、再び「単一民族国家」発言を行った。特に北海道・沖縄開発庁長官を経験した鈴木は、「(日本は)一国家、一言語、一民族。アイヌ民族は今はまったく同化された」と述べた。それに対して、在京のアイヌ民族団体のレラの会や、国連で先住民族として活動を展開している琉球弧の先住民族会が共同声明を発して抗議した。一九九六年からアイヌとともに国連において先住民族の権利を主張してきたように、琉球人の中でも先住民族意識を持つ人々が増え、民族差別に対してアイヌとともに声を上げるようになった。

日本政府は二〇〇八年にアイヌを先住民族と認めたが、それはアイヌによる人権回復運動の成果であった。一九八〇年、日本政府は、国連人権規約B規約「市民的及び政治的権利に関する国際規約」

の締約国報告の中で、「本規約に規定する意味での少数民族は、わが国に存在しない」と述べた。[22] つまり海馬沢博が遺骨返還を北大に求めた頃、日本政府は少数民族、先住民族とも認めていなかったのである。

一九九一年、日本政府は国連人権規約B規約の締約国報告において、アイヌを初めて「日本の少数民族」と認めたが、先住民族とは認めなかった。[23] 一九九七年、二風谷《にぶたに》ダム訴訟に関する札幌地裁は、判決文において、二風谷ダムの建設を不当とするとともに、アイヌを先住民族と認め、アイヌの文化享有権が日本国憲法一三条(個人の尊厳と公共の福祉)によって保障されていると述べた[24](第五章参照)。

そして二〇〇七年に国連総会で採択された「先住民族の権利に関する国連宣言」に対して、当時の日本政府(第一次安倍内閣)は、「民族自決権は国家からの分離・独立を含まない」「集団の権利は、一般に認められない」との保留をつけて賛成した。[25]

自己決定権は、自治を意味する内的自己決定権と、独立を意味する外的自己決定権に分けることができる。日本政府は後者の自己決定権は含まない、集団の権利も認めないと一方的に決定したが、これが国際法違反であることは言うまでもない。国連憲章、国際人権規約で保障している自己決定権そのものが集団の権利なのであり、日本政府は自己決定権を認めないと言ったに等しい。

第三節　大学による「学問の暴力」

アイヌの遺骨を最も多く収集し、現在も保管しているのが北海道大学である。

一九三〇年代、北大医学部の児玉作左衛門教授らが、北海道、サハリン、クリル諸島でアイヌ頭骨を数多く発掘した。戦前だけでも五〇〇個以上の頭骨が収集された。戦後も研究のための人骨収集が続いた。一九五六年、児玉が所属していた医学部解剖学第二講座が中心になって、静内町(現新ひだか町)で一六六の墓地が発掘された。一九六五年に北大は江別市、一九七二年に静内町において、それぞれアイヌ墓地の発掘調査を行った(26)。琉球が日本に「復帰」した年にも、アイヌの遺骨が墓地から奪われていたのである。

戦前においても、墓地発掘は刑法上の犯罪であった。当時の刑法では、墳墓の発掘は二年以下の懲役、発掘の過程で死体や遺骨を傷つけ、または持ち出した場合は、三月以上五年以下の懲役刑が科せられた。一九三四年に行われた八雲町ユーラップ浜の発掘が新聞で報道されると、児玉作左衛門は北海道庁の刑事課から呼び出され、事情聴取を受けた。結局「学術研究」の前に道庁は譲歩した。その後、道庁は新しい人骨発掘規定を策定し、刑事課から許可を受けた上で発掘を認めることになった(27)。三宅宗悦や中山英司が琉球で遺骨を盗掘する前に、清野謙次を通じて鹿児島県や沖縄県の知事に発掘の許可や協力を依頼した。北海道庁、鹿児島県庁、沖縄県庁は、植民地政府の下請け機関でしかなく、本来違法な遺骨盗掘に対して、地方行政を介した脱法行為が許されていた。

一九三四年に北海道庁令第八三号「人骨発掘発見ニ関スル規定」が公布され、次のように決定された。「古墳及墳墓以外の場所」で人骨を発掘する者は、「目的、場所、月日、人骨の処分方法、発掘地の所有者管理者又は占有者の承諾書」の五項目を北海道庁長官(現知事)に報告し、許可を得なくてはならない。また、古墳や墳墓以外の場所で人骨を発見した場合は、「発見の経路、月日、所在地、現状」の四項目を北海道庁長官に届け、また人骨を処分する場合も同長官の許可を得なければならない(28)。

児玉自身の記述からしても、アイヌ全員の積極的な協力ではなく、一部の「先覚者」や土地所有者、地方行政機関の承諾だけで遺骨の発掘が行われた(29)。アイヌの人権ではなく、研究者の研究を優先させて、アイヌ遺骨の盗掘を推し進める政策を北海道庁が実施していた。右の北海道庁の規定は、「古墳及墳墓」を例外としている。つまり天皇陵など古代における天皇、貴族らの日本人の墓よりも劣ったものとして、アイヌの墓を位置付けていたことが分かる。また百按司墓も「古墳及墳墓」と見なされなかったから、盗掘されたと考えられる。しかし百按司墓は、第一尚氏、北山監守らの貴族の「古墳及墳墓」であった。

児玉は一九四八年にモヨロ貝塚(網走市)の研究で北海道新聞文化賞、一九六〇年に北海道先住民族の研究で紫綬褒章、一九六五年にアイヌ民族の研究で北海道文化賞、一九六六年に勲二等旭日重光章をそれぞれ受賞(受章)した(30)。アイヌの遺骨を盗掘した人が高い社会的評価を受け、叙勲の対象になったのであり、これは北海道が日本の植民地であることを象徴的に示している。

一九七六年、北海道(帝国)大学の百年祭が行われた。北大は、「日本帝国植民地経営学」の拠点であった。札幌農学校を前身とする北海道帝国大学は、「アメリカの植民地学(インディアン政策)」を見習った「北海道植民地学(アイヌ政策)」を柱とした大学であった(31)。

次に、「北海道植民地学」を構築した研究者について検討してみたい。北大教授の高倉新一郎は、アイヌに対する同化政策を肯定し、北海道旧土人保護法の制定(一九九七年廃止。アイヌ文化振興法制定)によって植民政策は終了したと考えた。同化政策の肯定と北海道旧土人保護法の位置付けは、同じく北大教授であった高岡熊雄と共通していた[32]。

高岡や高倉はアイヌの同化を促進し、民族としての消滅をはかろうと考えていたと言える[33]。皇民化教育という同化政策による「民族の抹殺政策」は、琉球でも行われていた。

アイヌは「滅びゆく民族」であり、「絶滅」の前にその文化、言語、体質を調べ、記録に残す必要があるとする認識が、多くのアイヌ研究者の間で共有されていた。例えば、言語学者の金田一京助は、アイヌが滅びたあとの「落ち穂を拾う」と語った[34]。以上のような「落ち穂拾いの人類学」は「サルベージ人類学」とも呼ばれ、かつてネイティブ・アメリカン研究においても主張され、遺骨盗掘の言い訳として使われた。遺骨、生活・民俗用具がサルベージ人類学者によって奪われることで、「民族の消滅」が推し進められた。

またアイヌの文化や「人種」の保存は、学問への貢献であり、それは学者の責務であるとされた。発掘の非人道性よりも、研究の進展こそが研究者の目的であるとされた。このような意識に基づいて研究者は自らの「権利」を主張し、その学問は権力性を有するようになった[35]。当事者の人権よりも研究を優先する過程で学問の暴力が発生し、アイヌ、琉球人に対する差別、搾取が学知によって強化された。

戦後、北大の「植民地学」を継承したのが、林善茂《はやしよししげ》・経済学部教授であった。一九七七年四月、林は自らの「北海道経済史」の授業において、アイヌ差別発言を行った。差別発言を批判した北大学生を、北大は機動隊を導入して逮捕させた。アイヌ解放同盟の結城《ゆうき》庄司《しょうじ》は林に抗議し、公開質問状を提出してアイヌ差別への謝罪を求めた。結城は北大内で雪が降るなか、テントを張って抗議の座り込みをした。その結果、林は全面的に謝罪を行った[36]。

林善茂が学部長を務めていた北大経済学部は、同大学の「農政学植民学」講座から発展した学部であった。「植民学(植民地学)」は札幌農学校以来、北大で基幹をなす学問分野だった。札幌農学校は北海道開拓のための学校であり、開拓を推し進めるために植民学(植民地学)の授業が開講された。「農政学植民学」講座の中心にいたのが高岡熊雄であるが、その学問の柱は経営規模の最適化を目指す農業政策論であり、植民地に住む異民族をどのように扱うかという民族政策研究であった。植民学(植民地学)とは、先住民族を滅ぼし、日本人の経済的繁栄をめざすための政策研究であった。植民学(植民地学)は、「植民」から「拓殖(開拓・開発)」へとその研究テーマを変えていった。民族政策を軸とした「植民」と異なり、「開拓」は自然をいかに切り開くのかが課題となった。「開拓」研究は、アイヌ民族がすでに和人に同化し、「消滅」したことを前提にしていた。林善茂は、このような学問的系譜のもとに北海道経済史の講義を行ったのである。「アイヌ民族が消滅した」という林の差別発言は、「開拓」「拓殖」「開発」を論じてきた植民学(植民地学)の研究者にとって、理論的な前提になるものであった[37]。

次に植民地主義的なアイヌ研究への抗議(談判、話し合い。チャランケ)について、検討してみたい。一九七二年に第二六回日本人類学会・日本民族学会連合大会が、札幌医科大学で開催された。同大会の中でも特に、シンポジウム「北方圏の人類学・民族学――その現状と展望」に各参加者の関心が集まっていた。登壇者全員がアイヌに関する研究発表を行った。同大会に対して北方民族研究所の新谷行《しんやぎょう》とともに、公開質問状を提出した結城庄司は次のように述べている。

「過去のアイヌ研究の歴史を見ても、学者の一方的な見解のみが尊重され過ぎたのである。少なくとも生きたアイヌの毛や皮膚、血液そして生活用具まで提供して、記録なり研究のため最善の協力者として利用されすぎたのである。過去において学者の体質は、アイヌが考えていたほど甘いものではなかった。個人的には学位を取り、社会的にはアイヌ政策を進めるための道具でしかなかった。アイヌに残されたものは、差別や偏見の原因をかもし出す言葉と文章であり、〝悪の返礼〟である」[38]。

埴原和郎の「アイヌの歯冠形質の集団遺伝学的研究」は、北海道日高地方の中学生を中心にした住民の歯の石膏印象を採取して実施された研究であった。埴原は、大人、子供から歯の石膏印象を五年間に六〇〇個集めた。尾本恵市の「多型性形質よりみた日高アイヌの遺伝的起源」の研究においても、日高地方各地のアイヌ四七〇名に対して、その色覚型、味覚能、耳垢型、血液中のタンパク質等の調査が行われた。伊藤真次の「アイヌの生理的寒冷適応能」の研究において、「寒地民族のアイヌには寒冷馴化動物にみられるのと同様な代射性適応機能が発達していることを示すものである」と指摘されている。アイヌ民族の鳩沢佐美夫《はとざわさみお》は、「アイヌ学者、研究者という連中は、どいつもこいつも、純粋な植物に寄り襲ってくる害虫の一種でしかない」と批判した[39]。

結城とともに公開質問状を連名で提出した新谷行は、日高地方においてアイヌが病院に血液を一〇〇〇円で売ったという、多くの証言を聞いた。この病院は札幌医科大学系の地方病院であったので、新谷は同大学の講師に会ってどのような方法で血液を集め、何に使ったのかを確かめた。その結果、血液は同医大系の病院などを通して収集されたことが分かった。新谷はアイヌの人々の貧困につけこむ、このような血液採取方法を強く批判した。あるアイヌは、「千円くれるというから、家にいたシャモ（悪い意味で和人）もアイヌだといって売ってきたよ」と語ったという。それが本当であるとしたら、研究者のサンプルの信頼性自体が疑われると新谷は指摘した[40]。

結城と新谷による同学会大会に対する公開質問状の要約は、次の通りである。「第一、本大会の大会委員に名をつらねている高倉新一郎、更科源蔵は、北海道アイヌ専門学界の代表的指導者である。彼等は、くり返し、アイヌ民族はすでに滅亡しており、日本民族の中に同化し切っている、と明言している。本大会のアイヌ問題についての討議は、アイヌ民族は亡びている、或は亡ぼすべきである、という原則に立って行なわれているのか。それとも、原始共産制に生きたアイヌ社会は、アメリカ大陸におけるインディオと同じく、現にいま生きており、滅びることを拒否しており、征服者たる日本国家に対している、という認識に立って行なわれるのか」。「第二、松前藩時代から明治以降、今日に至るまで、和人の側のアイヌ研究、アイヌ専門学界は、アイヌ民族を研究と解剖の客体として位置づけてきたのではなかったのか。まず和人の軍隊がアイヌを暴力で征服し、次に商人資本がアイヌを奴隷的に使役し、更に和人の農民がアイヌ民族からすべての土地と海を奪い取り、最後にアイヌ専門学者がアイヌの精神と歴史を抹殺しようと努力してきたのではないか。本大会のすべての参加者諸君。君たちは、和人支配階級の圧迫征服に対決するアイヌ解放の味方なのか。それとも君たちは、日本国家のアイヌ滅亡、抹殺作業の総仕上げの担い手なのか、君たちは、この問いに答えなければならない[41]」。

この公開質問状に対して同学会は無視し、大会委員をはじめ参加者は誰一人として答えようとしなかった[42]。

同大会の主催校の一員として参加していた百々幸雄《どどゆきお》は、二〇一五年に発刊された自らの著書において次のように語っている。「何とも恐ろしい公開質問状であった。今になって答えろと求められれば、「断じてアイヌの滅亡・抹殺の総仕上げをしているわけではない。可能な限り正確なアイヌの歴史の復元に努めているのだ。正確な基礎知識にもとづかない感情的なアイヌ復権運動は砂上の楼閣に等しい」と言うしかないであろう。（中略）筆者の研究は、頭骨の非連続形質（形態小変異）が集団間の類縁関係の推定に適用できるか否かを模索している段階のもので、現存するアイヌのためでないばかりか、アイヌを研究の客体としていたことは事実である。それがやがて、アイヌのルーツや本土日本人のルーツの探索に役にたつという保証はこの段階ではなかった[43]」。

結城らのアイヌ復権運動を、「正確な基礎知識にもとづかない感情的」な運動と決めつけ、「砂上の楼閣」と批判している。また自らの研究により将来、アイヌの歴史の復元やそのルーツの探索にも役立つと認識している。植民者による先住民族の歴史の決定という、植民地主義の問題性を理解していないと言える。また琉球人の場合と同じく、日本人のルーツの解明のために、アイヌ人を研究対象として利用していることを明らかにしている。

また百々は、「この学会を契機にして「アイヌは怖い」といってアイヌ研究から遠ざかった人、はじめからアイヌ研究に手を出さないことに決めた人も、何人もいたのではないかと思う」と述べている[44]。「アイヌは怖い」という偏見を示し、差別をさらに助長している。

第四節　アイヌ人骨研究と遺骨返還

形質人類学者の百々は、どのようにアイヌ人骨研究を認識しているのであろうか。一九八五年から八九年まで行われた「有珠《うす》モシリ遺跡」(伊達市)での調査に関して、百々は結果的には人骨が重要文化財に指定されなかったことが幸いしたと述べた。もしも人骨が重要文化財になると、骨の一部も壊すことができず、歯根部を試料に用いるDNA分析も実施できないからという[45]。信仰の対象としてのアイヌ遺骨を破壊して、その成分を分析するために、重要文化財に指定されない方がよいと認識していた。先に百々は、人骨研究は「アイヌのルーツ探索に役立つ」と述べたが、ルーツは解明されたとしても、研究材料になった骨は砕かれていつかは消えてしまうだろう。本当に「アイヌのための調査」だと言えるのだろうか。

また百々は、「最終的には外観的な特徴に頼った印象論も無視し得ないのが人類学ではないかと感じている」と述べている[46]。しかし「外形的な印象論に基づく人類学」の手法はまさに、研究者個人の主観的で感情的な要素に大きく左右されることが予想される。研究者の主観によって、アイヌ民族や琉球人に対する偏見や差別が増長されてきた近現代の歴史を考えると、非常に問題のある研究手法であることが理解される。

北海道から多くのアイヌ人骨を収集した小金井《こがねい》良精《よしきよ》・東京帝国大学教授の研究について、百々は次のように述べている。小金井は一八八八年、八九年にかけて北海道旅行を行い、アイヌ墳墓等から一六九体のアイヌ人骨を得た。この北海道調査旅行の研究成果は一八九三年、九四年に、「アイヌの自然人類学的研究」と題するドイツ語の論文として帝国大学紀要に掲載された。小金井の論文にはアイヌの骨格や生体の分析結果とともに、各個体の特徴が一例一例記載されていた。この論文は、北海道アイヌの骨格的特徴を最も体系的にまとめたものであり、アイヌの特徴を世界に発信した意義は計り知れない。明治、大正時代に実施されたアイヌ墓地発掘は、明らかに倫理的に問題がある。人権意識の乏しかった当時でも、アイヌの目を気にしながらの盗掘といってよい、アイヌ墓地の発掘であり、非人道的のそしりは免れない(47)。

しかし、百々は小金井の研究倫理上の問題性を認めつつも、その研究成果が大きな意味を有していることを強調している。つまり手段はどうであろうと、その研究成果の意義を最重視する研究者の姿勢が明確である。

アイヌ遺骨に関する形質人類学的研究の重要性について、国立科学博物館副館長の篠田謙一は、次のように述べている。アイヌの起源や成立を解き明かすことは、アイデンティティの基盤となり、先住民族としての位置付けをより明確にする。研究を止めることは、長期的に見てアイヌにとっても利益にはならない。日本列島の中でアイヌについてだけ、成立の経緯が分からない事態が予想され、先住民族の否定論さえ出かねない。ＤＮＡ解析技術の進歩により、遺骨から新たな情報を得ることが可能になりつつあり、研究上、遺骨の重要性は増している(48)。先住民族としての位置付けは、日本による植民地主義を通して明らかになるのであり、形質人類学の研究成果によって確定するわけではない。また研究成果によってアイデンティティが形成されるのではなく、それは当事者の自覚に基づいている。自らの研究が行われないと、アイヌの先住民族としての立場が否定されるとの主張は、一種の「学知による脅し」であり、自らの研究への協力や依存を強いるものである。

百々は人類学研究がアイヌに与える功罪について、次のように指摘している。アイヌ人骨に関する人類学研究が、アイヌに与えた利益と不利益を天秤にかけると、利益の方が大きかった。「日本人の大部分は、縄文時代以来連綿として続いてきた土着の人々であった」という、長谷部言人や鈴木尚の学説が後退した。それに代わり、一九六〇年代以降、北海道のアイヌこそが縄文人の「血を濃厚に受け継いでいる」人々であるという学説が主流になったのは、日本の人類学の成果である。これらの成果の大部分は、小金井良精が収集したアイヌ人骨という研究資料から得られたものである。近世アイヌが成立する際にオホーツク人との混血があったが、アイヌの源流は、北海道の縄文時代人にまで遡るという見解が今や定説となった。自分が札幌医科大学に赴任した四五年ほど前には、アイヌは何百年か前に北方から北海道に渡来した人たちであると言われていた。それが墓地の発掘や頭骨の計測によって、アイヌは遥か昔から北海道に住んでいた、在来の民であることが実証された。戦後しばらくの間、アイヌのことが「中央の学界」で話題にも上ることがなかった。この変化はアイヌの人々にとって、相当な利益であるに違いない[49]。

日本人の祖先である縄文人とアイヌとの共通性を力説することは、アイヌを独立した民族ではなく、日本人の一部として想定することにつながる同化の思想ではないか。「中央の学界」で話題になることが、なぜアイヌにとっての「功」なのであろうか。「中心—周辺」の思考の枠組みで、アイヌを位置付けているのではないかと考える。アイヌが縄文人の「血を濃厚に受け継いでいる」人々であるという仮説が主流になったのは人類学の功績であるとしているが、「血」という言葉は「人種論」的議論を彷彿させる。百々は、人類学研究がアイヌに与えた功罪について論じるとしながら、その「罪」についてはほとんど検討されていない。

さらに百々が先住民族の概念について誤解していることが、右の発言から分かる。先住民族とはある場所に先に住んでいたかどうかではなく、近代国家成立の過程で植民地支配を受け、それが現在でも続いている地域で生活している人々を指すのである。また小金井らによる骨の盗掘を、研究の名において正当化していることも問題である。

アイヌが求めている遺骨の返還と再埋葬に対しても、百々は次のように反対の意見を示した。調査研究については、アイヌ民族のアイデンティティの基盤を確保し、日本列島人の多様性を実証するために必要であるという主張がある。他方で、人権を侵害した発掘で得られたアイヌ人骨を研究材料として使うのは、倫理的に問題があるため研究を否定する意見もある。研究者としての自分は、アイヌ人骨の再埋葬だけは避けていただきたいと思う。遺霊施設に遺骨を保管しておけば、研究が必要だというアイヌや和人の共通認識が生じた時にすぐに対応できる。しかし、再埋葬するとすべて後の祭りとなる。あと一〇〇年くらいは、遺骨を「正しく保存」していただきたい。再埋葬は、それからでも遅くはない(50)。

人骨研究によってアイデンティティの基盤が確保されると述べている。しかしアイデンティティは、他者の研究によって他律的に確立されるものではなく、自分の自覚に基づく自律的な経験と思索の過程で形成されるのである。右記「遺霊施設」とは、二〇二〇年に開設される予定の国立の施設「民族共生象徴空間」である。日本政府の方針で全国の一二の大学に保管されているアイヌ遺骨は、そこに集約されることになっている。集約された後、研究のために利用したいと考えていることが右の発言から分かる。一〇〇年間の保管を求めているが、その間のアイヌ民族の信仰の権利、先住権は無視されるのである。人骨を破壊する研究のために、一〇〇年後には骨が残っていないかもしれない。

また欧米諸国における遺骨返還、再埋葬の事例を日本には応用できないと、百々は次のように主張している。先住民族の遺骨返還に関しては、北米やオーストラリアの事例が取りざたされている。しかしこれらの国では、先住民族とはまったく別系統のヨーロッパ人が突如、先住民族の世界に押し寄せたのであり、日本の場合とは大きく事情が異なる。わが国では弥生時代に稲作農耕技術が導入された後、農耕民となったのが本土日本人(和人)である。縄文時代の生業であった狩猟採集を引き継いで、狩猟採集民になったのがアイヌであった。濃淡の違いはあるが、和人にもアイヌにも縄文人の「血」が共に流れている。和人がアイヌに対して理不尽な行為の数々を行ってきたが、和人とアイヌとの間に文化的、人的交流が長い間にわたって続いてきた。アイヌなしの和人の人類学的研究や、和人抜きのアイヌ研究は成立しない(51)。

百々は、先ほど指摘したように先住民族の定義を理解せず、「人種」的に和人とアイヌとの共通性を強調して、欧米諸国における先住民族の自己決定権運動と、アイヌのそれとの関係性の切断を図ろうとしている。「和人にもアイヌにも縄文人の血が共に流れている」という主張は、「日本人種主義」につながる言説である。このような議論は琉球では日琉同祖論と称されたが、これにならえば「日アイヌ同祖論」と呼ぶことができよう。世界の先住民族も帝国主義国により領土を奪われ、歴史や文化を否定する同化政策を受け、その過程で遺骨が簒奪《さんだつ》されてきたのである。実際、北海道開拓時代に、「インディアン殲滅政策」が御雇外国人のケプロンによって導入された。

前述のように二〇一七年四月、日本人類学会、日本考古学協会は北海道アイヌ協会とともに、『これからのアイヌ人骨・副葬品に係る調査研究の在り方に関するラウンドテーブル報告書』を発表した。アイヌ民族の遺骨や副葬品等の返還について、学会として次のような認識を示し、今後の方針を決めた。

(1)世界各地の先住民族の遺骨、副葬品、埋葬儀式に用いる用具は、一九世紀から二〇世紀初頭にかけて行われた人種主義に基づく自然人類学や考古学、民族学の研究の研究関心から、また植民地主義的な政策の影響の下で収集されてきた。アイヌ遺骨を収集する調査自体が、アイヌ独自の世界観や宗教観に十分に配慮したものではなかった。従来の研究者の取り組みには、開拓史観や適者生存・優勝劣敗という古い社会進化論の発想が含まれ、植民地主義や同化政策の負の歴史につながるものが見られた。他者の文化を議論しているという意識が欠落し、アイヌの声を聞いてこなかった。またアイヌへの研究成果の還元も十分なされず、一部の研究はアイヌへの社会的偏見を助長した(52)。

(2)これまでのアイヌの遺骨と副葬品に関する調査研究や管理・保管が抱える課題について、学術界と個々の研究者は、人権の考え方や先住民族の権利に関する議論や国際的な動向に、関心を払うべきである。その趣旨を十分に理解しなかったことを反省し、批判を真摯に受けとめ、誠実に行動していくべきである。今後、研究者には、研究の目的と手法をアイヌに対して事前に適正に伝え、記録を披瀝し、自ら検証することが求められる。日本人類学会と日本考古学協会は、研究がアイヌの歴史の復元に果たす役割の重要性を認識し、研究する側とされる側の立場について、また誰のための、何のための研究なのかということを、十分に意識し、研究に取り組む[53]。

（3）アイヌの遺骨と副葬品の尊厳を守り、慰霊と返還の実施とともに、返還請求には最大の配慮で応えることが第一義である。それは研究に優先される。大学が保管し、今後の発掘調査により出土するアイヌの遺骨や副葬品のうち、以下の条件のものは研究倫理の観点から見て、研究対象とすることに問題がある。①「先住民族の権利に関する国連宣言」の趣旨に鑑みて、アイヌの同意を得られないもの、②遺族感情や、海外における法制度やガイドラインの事例を考慮して、研究が行われる時点から見て三世代以内、すなわち概ね一〇〇年以内に埋葬された遺骨や副葬品、③現在の遺族等への影響を鑑みて、収集経緯を公開できないもの、④学術資料の一般的な見地から見て、収集経緯が不明確であるもの、時代性や埋葬地に関する情報が欠如するもの、資料の正確性を担保する基本的データ（例えば、発掘調査時の実測図、写真、出土状態の記載）が欠如するもの。そのほか、調査行為自体に研究倫理の観点からみて、学術資料として活用することに問題を含むもの。①～④の条件に触れる遺骨と副葬品は、研究対象としないことを原則とするが、④の条件に触れる遺骨及び副葬品のうち、アイヌも交えた検討と判断の結果として、研究の有効性がしかるべき手続を経て保証されると見なされる場合には、限定的に研究を行う可能性も残される[54]。

形質人類学、考古学の両学会が、日本の植民地支配という状況下で研究が行われ、その過程でアイヌの遺骨と副葬品を収集してきたことを反省し、アイヌからの返還請求には誠実に応えていくことが明記されている。ただ、返還条件④のように、今後も遺骨と副葬品を研究対象にしたいとの研究者の欲望が消えていないことが分かる。実際、白老の「民族共生象徴空間」に大学所蔵のアイヌ遺骨のほとんどが集約されるのであり、研究者にとっては一カ所に集約されることにより、研究上都合がよくなるという状況が生まれる。以上の報告書の趣旨を踏まえれば、個々のコタンに遺骨を返還し、再埋葬を認めるということをも明記すべきであったと考える。

第五節　遺骨再埋葬までの道

次にアイヌ民族が、どのように遺骨の再埋葬を実現したのかについて検討してみたい。

本章冒頭の通り、一九八〇年、アイヌ民族の海馬沢博が北大に対して遺骨に関する公開質問状を送付した。一九八二年、北大がアイヌ人骨一〇〇四体を保管していると公表し、一九八四年に北大札幌キャンパス内にアイヌ納骨堂を建設した。その際、遺骨の一部が北海道ウタリ協会支部に返還された。(55)

海馬沢の質問に対して、北大は、「私費によって購入した物で、本学部の管理下にある物品ではない」と回答した。(56)「児玉コレクション」は個人のものであり、大学は関知しないという、無責任な回答であったと言える。京都大学に対し、私が「清野コレクション」関連情報の開示を求めたところ、「「清野」コレクションに係る文書は清野個人のものであり、京大法人とは無関係であるため、情報公開の対象にはならない」と回答したのと同じような植民地主義的な対応である。

海馬沢は北海道庁の中をハンドマイクを持って歩き、ウタリ政策室の前で「アイヌ政策の基本を変えろ」と訴えた。(57)

北大は、海馬沢から追及を受けていた医学部保管のアイヌ遺骨の扱いに関する交渉窓口を、北海道ウタリ協会に限定した。一九八二年、北海道ウタリ協会の野村義一《ぎいち》理事長が、北大の有江《ありえ》幹男《みきお》学長に対して次のような要求をした。①北海道大学は、これらの犠牲者の供養を誠意をもって行う。②遺族の判明する遺骨と特定地域から収集された遺骨を、遺族あるいは特定地域に返還する。(58)

北海道ウタリ協会がアイヌの遺骨返還を求めた時、北大医学部は当初、研究を理由にしてこの要求を拒んだ。(59)北大は何の権限があって遺骨の返還窓口を限定し、研究を理由に返還を拒否できるのであろうか。百按司墓遺骨返還問題に関しても、現在、京大は今帰仁村教育委員会に交渉窓口を限定して、遺族や私たちからの遺骨返還請求や、一般市民やマスコミからの問い合せには一切応じていない。

一九八一年に小川隆吉らは北大医学部を訪問し、「動物実験室」と称する部屋に通された。そこではエゾオオカミ、エゾシマフクロウの頭骨の隣に、人間の頭骨が壁一面に並べられていた。頭骨にはナンバーが振られ、「AINU」とローマ字で書かれていた。(60)その後、アイヌ遺骨が移された北大内のアイヌ納骨堂が建設される際に、骨を発掘した時の説明や謝罪は大学側からなされなかった。通常、納骨堂の看板は「標本保存庫」と書かれた部分が表に出されていた。見学者が来ると大学の事務員がきて看板を裏返して、「アイヌ納骨堂」と記載した部分を見せた。(61)大学にとってアイヌの遺骨は、あくまで研究素材としての「標本人骨」でしかなかったのである。二〇一七年八月、私は小川隆吉に案内されてアイヌ納骨堂を見学した。納骨堂の隣にはヌサ(祭壇)が置かれ、イナウが立てかけられていた。アイヌの儀礼が、大学内で挙行されていることが分かった。その際、看板は「アイヌ納骨堂」のみが記載され、「標本保存庫」の文字は消されていた。これらはアイヌによるチャランケの成果であると言っていいだろう。

一九九五年、北大古河記念講堂の研究室から数戸の頭蓋骨が発見された。遺骨には、「韓国東学党首魁《しゅかい》」と直に墨書されたり、「オタスの杜風葬オロッコ」「日本男子二〇才」等と記載された紙片が貼り付けてあった。朝鮮人の遺骨は、一九九六年に返還された。ウィルタの遺骨は、サハリンの「オタスの杜」に返還された。それぞれの帰属と個体数は次の通りである。「東学党首魁」が一体、「オタスの杜風葬オロッコ」が三体、「日本男子二〇才」が一体、「寄贈頭骨出土地不明」が一体。韓国に返還された遺骨は、一九九六年に井邑《チョンウプ》市の井邑黄土峙《ファントゼ》記念館祀堂に安置された(62)。北大はアイヌの遺骨返還には応じないが、ロシア、韓国には遺骨を迅速に返還したのである。外交問題に発展するのを恐れたのであろうか。

アイヌの小川隆吉は、二〇〇八年に情報公開法に基づいて、「北海道大学医学部、児玉作左衛門収集のアイヌ人骨の台帳とそれに関連する文書」の開示請求を行った。北大は、「アイヌ人骨台帳」という簡単なリストを開示した。同年、小川は行政不服審査法に基づく異議申し立てを行った。その結果、北大は「アイヌ民族人体骨発掘台帳(写)」という手書きの台帳を開示し、二〇一一年には、「第一解剖移管(日高部分)」を公開した(63)。

これらの文書を分析し、遺骨を返還させるために、北大開示文書研究会が結成された。開示文書の中で、浦河町の城野口ユリ、小川隆吉の先祖の遺骨が北大に持ち出されていたことが判明した。二〇一二年二月一七日、二人は事前に通告して北大総長と面会するために、雪が降るなか北大を訪問した。しかし、総長室がある総務課の建物の前にガードマンが立ちふさがり、二人を中に入れなかった。北大の姿勢は、アイヌの抗議を無視し続けた植民地主義、帝国主義、そしてレイシズム的な学問態度を、少しも改めていないことを明らかにした。北大の対応に失望した二人は返還訴訟を決意し、その秋に提訴に踏み切ったのである[64]。のちに小川、城野口と同行したアイヌの清水裕二も、私に北大でのチャランケについて顔に怒気を帯びながら語ってくれた。長時間、雪降るなか高齢のアイヌを立たせ、その後、建物の中に入り、椅子に座ることを認めたが、総長への面会を拒絶した。

九月一四日、小川隆吉、城野口ユリ、そして杵臼コタン出身のもう一人のアイヌが原告になり、札幌地裁において、浦河町杵臼墓地から持ち出された遺骨返還と、一人当たり三〇〇万円の慰謝料の支払いを北海道大学に求める訴訟を起こした。遺骨が持ち出され、先祖供養ができず、信教の自由を侵害されたことが慰謝料請求の理由であった[65]。

同訴訟において、杵臼のアイヌ墓地から持ち出されたすべての遺骨の返還を求めた。遺骨の大半は、その遺族との系譜関係が不明であった。しかし、コタン（アイヌの村）が単なる集落ではなく、構成員の葬儀、供養、祭祀を取り仕切る「自治権」ないし「対内主権」を持つ集団だったことを根拠にして、原告側はすべての遺骨の返還を求めたのである。北大は、民法の規定を根拠にして、原告請求の全面的な棄却を求めた。戦前の家督相続制度において、墓地や遺骨の所有権を継承し、祖先の供養を取り仕切る（祭祀を承継する）のは、家督を相続する戸主とされた。戦後になって家督相続制度が廃止されても、「祭祀承継者」の規定はそのまま残った。民法上、遺骨の所有権は「祭祀承継者」に帰属するとされた。北大は民法の規定を盾にして、遺骨は「祭祀承継者」にしか返還しないと主張した[66]。「祭祀承継者」とは、旧民法の相続法、遺骨返還先の法的根拠としている[67]現民法八九七条に基づいた存在である。

たとえ遺骨が誰であるかが特定されても、その返還を実現するためには請求者が「祭祀承継者」であることを証明する必要がある。それには戸籍、系図をたどり遺骨との関係を示した上で、祭祀を承継した事実、他の遺族の了承を得たことを示さなければならない。祭祀承継とは、「家」を単位にして先祖代々の墓を守り続けるという、日本人（和人）の伝統に基づいた慣習である。これに対してアイヌの伝統的な墓はコタンごとに造られ、管理されていた。アイヌの慣習において、「先祖代々の墓」というものはない。アイヌは埋葬後、墓参りを行わなかった。イチャルパ（先祖供養）は、家屋の近くに祭壇を設けて、コタンの人々と一緒に行われた[68]。

アイヌ民族は、コタンと呼ばれる数戸から数十戸の村で生活してきた。各コタンは特定の漁業、狩猟等の区域を有し、コタン構成員のみがその自然の恵みを享受することができた。コタンが保有する特定の漁業、狩猟等の区域は、江戸時代頃まで排他的な効力を持っていた[69]。コタンを代表する者はコタン・コロ・クル（村おさ）と呼ばれ、コタン内の秩序の維持（民刑事法）、共同祭祀の司宰、紛争の解決（裁判権）、天然資源の独占的濫獲の禁止等の措置をとり、対外的にはコタンの代表者として他のコタン、松前藩等との交渉を行った。つまりコタンは一定の領土を持ち、自己決定権を有した集団であった[70]。

墓地および遺骨の管理は、土地に対する利用権として先住権に含まれる。遺骨返還請求権は、この先住権によって根拠づけることができる[71]。二〇〇八年に日本政府は、「『アイヌ民族を先住民族とすることを求める決議』に関する内閣官房長官談話」（二〇〇八年六月六日）によって、アイヌが先住民族であることを認めた。そうであるなら、先住民族が有する土地権に従って、コタンに遺骨を返還するのが当然という結論となるだろう。しかし日本政府はそうしなかったのであり、実質的にアイヌを先住民族と認めていないことに等しい。

北大の「祭祀承継者」という返還条件に関して、アイヌ民族の差間正樹は次のように述べた。「(墓から遺骨を)持っていった時には、だれかれお構いなしに持っていっておいてですよ、返す時には「祭祀承継者じゃないとダメだよ」だなんて……。これはね、私たちに対する二重、三重の差別です」「私たちは、そんなふうにはっきり係累をたどってもらわないと先住民族と認めてもらえない、とでも言うのでしょうか[72]」。

また差間は次のようにも主張している。「「(和人の学者は)世界中でも稀なほどのサンプルが目の前に転がっている」って、考えているのかも知れない人たちです。でも私たちはサンプルではありません。人間です。墓の中にいた人たちは、私たちの先祖です。私たちは静かに先祖に眠ってほしいんです[73]」。研究者にとってアイヌ民族の骨は、サンプルとしての「人骨」であるが、当事者にとっては先祖の「遺骨」として認識されるのである。遺骨をサンプル視することは、生きている人間も研究資料として認識することを意味し、それは人格の否定となる。

琉球の百按司墓の場合でも、民法で規定する「祭祀承継者」を厳密に特定することは不可能である。日本の制度、風習をアイヌ民族や琉球人に適用すること自体、民族差別である。アイヌ民族の場合、自治の単位であるコタンが遺骨の返還先となるが、百按司墓琉球人の場合は、第一尚氏系の門中の人々や利害関係人が遺骨の受け取り手になることができると考える。

二〇一四年一月、紋別市にあるモベツコタンの子孫である畠山敏が、北大が保管している遺骨五体の返還を求めて訴訟を起こした。市内のコタンから発掘され、「北大に寄託された」とされる遺骨だった。同年五月、浦幌アイヌ協会が団体として初めて北大を提訴し、浦幌町愛牛《あいうし》地区で発掘した六三人分の遺骨と、同町十勝太《とかちぶと》地区で収集された頭骨一人分の返還を求めた(74)。

浦河町での訴訟において裁判所が示した和解案は、被告である北大はすべての遺骨と副葬品を原告に引き渡し、原告は慰謝料の請求を放棄するというものであった。北大は、裁判所が認める団体に遺骨を返還するとした。そこで二〇一五年一二月に、杵臼コタンのある浦河町を含む日高地方のアイヌ民族の有志が「コタンの会」を結成した。直接の遺族と、「利害関係人」としてのコタンの会に対して遺骨が引き渡されることになった(75)。

日本政府は、北大を含む全国一二の大学に所蔵されているアイヌ民族の遺骨を、どのように返還しようとしているのであろうか。二〇一〇年、アイヌ政策推進会議は、「民族共生の象徴となる空間」と「北海道外アイヌの生活実態調査」に関する作業部会を設置した。前者の部会には、形質人類学者の篠田謙一も構成員として参加していた(76)。

二〇一三年九月、第五回アイヌ政策推進会議に対して、「民族共生の象徴となる空間」(象徴空間と略)作業部会は、「アイヌ遺骨の返還・集約に係る基本的な考え方について」と題する次のような内容の報告書を提出した。遺骨を「適切な相手先」に確実に返還し、遺骨が何度も移転させられないようにする。「適切な相手先」について、コタンまたはそれに対応する地域のアイヌ関係団体に返還することが、「アイヌの精神文化を尊重する」観点から望ましい。しかし、現実的には返還の受け皿となる組織が存在しないので、「個人名が特定された遺骨を祭祀承継者個人へ返還」する。地域のアイヌ関係団体などへの返還は、「今後の検討課題」とする。[77]

また同報告書には「象徴空間」について、次のような記述がある。遺族らに返還できない遺骨は国が主導して「象徴空間」に集約し、「尊厳ある慰霊」が可能となるようにする。同施設への集約の対象となる人骨を特定し、人骨の返還や集約の進め方を検討するため、各大学等の協力を得て、アイヌ人骨の保管状況等を把握する。集約した人骨についてはアイヌの人々の理解を得つつ、アイヌの歴史を解明するための研究に寄与することを可能とする。[78]「象徴空間」に集約された遺骨は、研究のために利用するという研究者の欲望も明記されている。「尊厳ある遺霊」の対象となる遺骨を、研究資料として利用すること自体、論理矛盾である。「尊厳ある遺霊」をするには、コタンに遺骨を返還しなければならない。

日本政府も、「象徴空間」からの遺骨返還に際して「祭祀承継者」の存在を条件としている。そもそもＤＮＡを用いた人類起源の研究は、アイヌの「先住性」の解明とは無関係である。「先住性」とは近代国家による統治や支配が開始された時点で、その地域に先住していたことを意味する。民族の起源をさかのぼって、その地域に最初に定住していたということではない。遺骨の返還において血縁関係は決定的な要素ではない。「祭祀承継者」やＤＮＡ鑑定をアイヌに対して求めること自体、和人的枠組みへの同化を強いる政策である。[79]

日本政府によるアイヌ遺骨返還のガイドラインに従えば、全国の一二の大学に保管されている一六三六体と、五一五箱分の遺骨のうち、個人が特定できるのは二三人分でしかない。それ以外の二〇〇〇人分近い遺骨（全体の九九％）はコタンに戻ることなく、白老の国立施設に集約されることになる[80]。二〇一五年、北海道のアイヌ一三人や和人支援者ら八人が「発掘アイヌ遺骨の白老への再集約は人権侵害」であるとして、日弁連人権擁護委員会に人権救済を申し立てた。

二〇一八年五月、日本政府はアイヌ遺骨の返還先として、出土した地域のアイヌ団体を対象にすることを認めた。遺骨の情報を六カ月間公開し、アイヌ団体からの返還請求に応じて返還する。その団体とは、遺骨が出土された地域に住む複数のアイヌによって結成したものになる[81]。

次のように二〇一七年八月、海外からもアイヌの遺骨が北海道に戻った。アイヌ遺骨を保管していたベルリン人類学民族学先史学協会は、遺骨を持ち込んだ旅行者の発掘報告を審査し、それが盗掘であると認定した。同協会が独自に定めたガイドラインに基づいて、遺骨の移管を決定した。海外からの公式のアイヌ遺骨の移管は初めてであった。同遺骨は暫定的に北大のアイヌ納骨堂に保管される。一九世紀から二〇世紀にかけて流布した「アイヌ＝コーカサス人種説」への関心から、欧州の研究者もアイヌ遺骨を収集した。一四〇年近く前、札幌を訪問したドイツ人旅行者が、「夜の闇の中、冒瀆的行動のリスクから急がなければならなかったが、遺骨の発掘に成功した」と報告した。小田博志・北大教授は、「この遺骨の故郷である集落（コタン）の子孫と、石狩川筋のアイヌ民族の声が先ず聞かれるべきで、そのための協議の枠組みが要る。郷土の土に戻れるよう、立場を超えた協力が望ましい」と述べた[82]。

京都大学にも清野謙次を中心にして収集した、アイヌの遺骨が保管されている。二〇一一年に学内に設置された「京都大学アイヌ人骨保管状況等調査ワーキング」が遺骨返還に関する協議を行い、翌年、次のような内容の報告書を提出した。同ワーキングでは、文科省からの調査依頼に応じて、人骨・副葬品に関する全学的な調査を行い、「清野コレクション」に関して専門的な見地から調査することを確認した。調査後、京大総合博物館にアイヌ人骨・副葬品が保管されていることが判明した。(83)すでに述べた通り、二〇一七年、京大職員は私に対して「清野コレクション」は清野の個人のものであり、これに関する京大法人文書は存在しないと回答した。しかし「京大ワーキング」は、同コレクションに関して調査を行っていたのである。研究者個人が集めた人骨を京大が保管し、それに関する調査を大学として実施したのであるから、当然、大学法人として同コレクションに関する文書を作成しているのが当然である。個人のものではなく、「大学のコレクション」だからこそ、公的な調査の対象にしたのであろう。私に対して京大は虚偽の発言をしたという疑いが生じる。

京大にはこれまで人骨台帳がなかったため、収納されている箱単位で調査を進め、データベースが作成された。その結果、一体ずつ箱ごとに収められた遺骨が九四体、副葬品が五五点、墓標が一点あることが明らかになった。同ワーキングの委員名簿を見ると、理学研究科長・山極壽一、理学研究科教授・中務真人《なかつかまさと》、人文科学研究所教授・竹沢泰子らの名前を確認することができる。(84)山極は現在京大総長、中務は「清野コレクション」を保管しているとされる理学研究科自然人類学研究室の責任者、そして竹沢は植民地主義研究で著名な研究者である。

同ワーキングでは、アイヌ人骨保管のプロセス、外部への対応等について次のような方針を示した。アイヌ人骨は、一九二四年から二六年に元京都帝国大学医学部病理学教室の清野謙次教授が、サハリンや北海道で収集したものが大部分である。しかし、入手した当時から現在までの保管の経緯についての情報は不十分である。保管の経緯を関係者へのインタビューと文献調査により、可能な限り明らかにする。アイヌ人骨をめぐる学外からの働きかけへの対応や対応体制の構築、大学としての学外からの問い合せ・要請等への規範作り、人骨を保管していることに対する大学としての考え方の整理等について検討する。(85)

第二章で論じたように、百按司墓琉球人遺骨に関して、京大は大学として「個別の問い合わせに応じない」という対応を繰り返している。二〇一七年一一月、清水裕二とともに京大を訪問した際も、担当者との面会や名刺交換、そして『アイヌ人骨保管状況等調査ワーキング報告書』の手交も拒否された。このような対応の仕方は、右記のように同ワーキングにおける検討の結果、学内で決定されたものと考える。

同報告書の中には次のような記述もある。「本学は、アイヌ人骨の問題が、民族差別に関わる人権問題であり、真摯に対応すべき事案であるとの認識の上にたって、アイヌ人骨の調査への対応を検討するとともに、アイヌ以外の人骨資料も視野に入れ、大学として取るべきと考えられる適切な対応方針を提案することを目的として、アイヌ人骨保管状況等調査ワーキングを発足させた(86)」。

このようにアイヌ遺骨問題が、「民族差別に関わる人権問題であり、真摯に対応すべき事案」であると認識しているにもかかわらず、「コタンの会」の清水代表に対して大学職員は民族差別を行ったのである。また「アイヌ以外の人骨資料も視野に入れ」と記載されているように、京大が帝国大学であったころ、琉球を含む植民地等から収集した遺骨についても調査した可能性がある。第二章でも触れたが、照屋寛徳・衆議院議員が二〇一七年に、琉球人遺骨調査に関してワーキングチームの立ち上げを求めた際、京大はその提案を拒否した。つまり琉球人遺骨問題は人権問題ではないと、京大が認識していると理解できる。

第五章　自己決定権としての遺骨返還

第一節　港川人は誰のものか

琉球人を日本人として位置づける形質人類学の研究に、埴原和郎の「二重構造モデル」がある。同モデルは、琉球人とアイヌを含む「日本人集団」の形成史を説明するものである(1)。

アイヌと琉球人に関して、これまで次のような研究が存在した。エルヴィン・ベルツは生体学研究に基づき、アイヌと琉球人が共通の起源を持つことを指摘した。エドワード・モースはネイティブ・アメリカンの遺跡との比較研究に従って、日本の新石器時代人はアイヌによって置き換えられ、その後アイヌは北海道以外の地域において、アジア大陸から移住してきた現代日本人の祖先集団に置換されたと主張した。小金井良精は縄文人をアイヌの祖先とし、彼らは本州、九州、四国等の日本人の祖先集団と入れ替わったと論じた。清野謙次は縄文人を現代日本人の直接の祖先とし、近隣諸集団との「混血」によって形態に変化が生じたと指摘した。縄文人が東南アジア人と「混血」することによって、現代日本人の大部分が形成され、北アジア人との「混血」によって、アイヌが生まれたと考えた。長谷部言人は、他の集団との「混血」ではなく、縄文人が徐々に「小進化」することによって、現代日本人に移行したと認識した(2)。

第二次大戦後、鈴木尚は縄文時代から現代にいたる、時代別の人骨を大量に収集した。縄文時代から近世(一七～一九世紀)にいたる各時代において、形態が徐々に変化することを突きとめた。一九五〇年代から六〇年代にかけて金関丈夫らは、土井ヶ浜遺跡(山口県下関市)において約一〇〇体の弥生人骨を発掘した(3)。金関は朝鮮半島から来た渡来人と縄文人との「混血」を主張したが、ほとんどの渡来人が男性であり、在地の女性と結ばれることで縄文系集団に吸収されたと考えた。しかし、土井ヶ浜遺跡で発掘された女性頭骨は、朝鮮半島南部（金海《キメ》市）の礼安里《イエアンリ》遺跡から出土された女性骨との類似性が強いことが分かった。したがって渡来集団には女性も多く含まれており、「混血」の影響は日本全体に影響を与えていたことが判明した(4)。

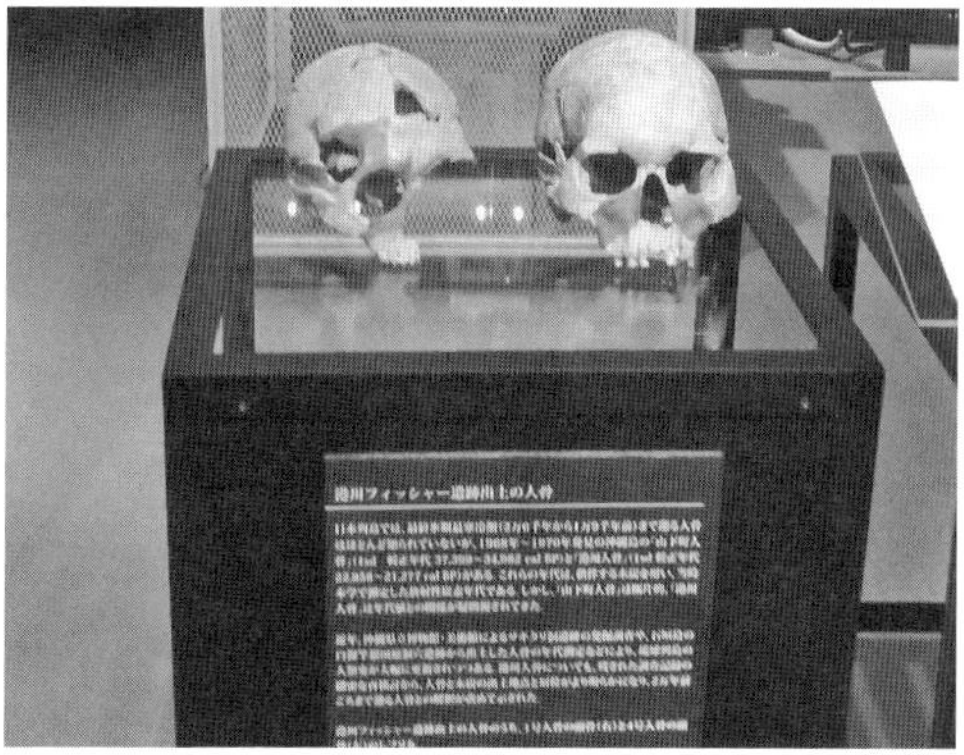

東京大学総合研究博物館に展示されている港川人の頭骨

以上のような学説を踏まえて、埴原は「二重構造モデル」の歴史的前提について次のように述べている。沖縄集団は、一七世紀初頭に島津藩が琉球王国に侵攻するまで、地理的、政治的に本土から隔離されていた。沖縄諸島は古くから縄文人の居住地であり、中世末までは朝廷の影響をほとんど、あるいはまったく受けていないが、これは北海道の状況と似ている。少なくとも身体形質に関するアイヌと琉球人の共通性は、このような状況の類似が大きな影響を与えた。琉球人はアイヌと同様に、縄文人の身体形質を濃厚に受けついでいる(5)。

しかし筆者の考えでは、一六〇九年以前においても、琉球と日本との間では交易活動が展開され、人の移動もあったのであり、琉球王国は日本から孤絶していたとは言えない。また宮古・八重山諸島には縄文文化は及ばず、沖縄諸島の縄文文化も日本本土のそれとは大きく異なっていた。琉球人が縄文人の子孫であるとは、言えないのではないか。また朝廷の影響は一六〇九年以後も全くなく、一八七九年の琉球併合後、皇民化教育を通じて直接的な影響を受けるようになった。一四世紀の終わり頃から、中国福建省出身の人々が政策的に琉球に移住するようになり、琉球王国の外交、交易活動において大きな役割を果たした。このように、政策的に日本人がまとまった形で琉球に移住したことはない。

清野の「混血説」は、アイヌと琉球人の起源や類似性を説明していない。縄文人と北アジア人との「混血」で現代アイヌが形成されたと考えた清野の見解は、極端な寒冷気候に適応した北アジア人の形質がアイヌにほとんど認められないため、採用し難いと埴原は論じた(6)。埴原は、港川人や、その後日本本土に住むようになった縄文人は南アジア人の直接の子孫であり、寒冷地適応の洗礼を受けていないと考えている(7)。

埴原は金関の説を修正する形で、「二重構造モデル」(Dual Structure Model)を次のように説明した。金関の仮説によれば、朝鮮半島からの人々の渡来は一時的であり、その数も少なく、縄文系集団に大きな影響を与えることなく、古墳時代までには縄文系集団に吸収されたという。しかし、その後の研究により渡来人の数は予想以上に多く、生物学的にも文化的にも縄文系集団に大きな影響を与え、渡来人の影響は日本の広い地域に及んだことが明らかになった。アイヌと琉球人は、古代の都から遠く離れた地域に住んでいたために、形質、文化、政治の面で渡来集団の影響をほとんど受けなかった。アイヌと琉球人との類似性は、ともに縄文人を祖先とすることから明らかである。これに対して本土集団は、渡来系弥生人によって形質や文化を徐々に変化させてきた。多くの研究は、アイヌ・琉球グループと本土集団との分離が、弥生時代から中世に及ぶ一〇〇〇年以上の間に徐々に進行したことを明示している。地理的にみると、縄文系集団は主として北海道(アイヌ)、琉球、本州東部、九州南部、四国に住み、渡来系弥生人は本州西部、九州北部に住んでいる。「エミシ、エゾ、ハヤト」など地方集団の朝廷への同化は、朝廷の成立直後から始まり、中世にいたるまで長い期間続いた。この過程は、日本人集団の二極分化、二重構造を象徴的に示している(8)。

金関は清野と同じく、朝鮮半島から渡来した人々は日本人に「融合」されたと理解したのに対し、埴原は縄文系集団と渡来集団は「融合」せず、二重構造をなすにいたったと主張したのである。

埴原は、「二重構造モデル」は日本人集団の生物学的知見だけでなく、日本文化に関わる諸現象にも適合すると指摘した。また同モデルにおける日本人の基層集団は、東南アジア系集団と北アジア系(正確には北東アジア系)集団から構成されており、「日本人のルーツ」を本モデルで明らかにしたと述べた(9)。「二重構造モデル」は、琉球人の祖先が縄文人であるとする「日琉同祖論」を、形質人類学によって論証した仮説であると言える。琉球は独自の国を形成し、運営するなど日本とは異なる歴史を歩み、文化を築いてきたのであり、琉球人の来歴は日本人のそれとは構造的に異なる。埴原は琉球人を日本の地方集団として位置付けている。二重構造モデルは民族論ではなく、形質人類学に基づいた人種論である。同化、植民地化、琉球併合より以前に、琉球人が国を形成し運営したという政治的要因は考慮されていない。琉球を日本と異なる、もう一つの構造体として認識すべきであろう。

日本史では縄文時代、弥生時代、古墳時代、奈良時代、平安時代、鎌倉時代、室町時代、戦国時代、

江戸時代等の期間を、琉球では貝塚時代、グスク時代、古琉球時代、近世琉球時代等と呼んでおり、琉球は日本とは異なる歴史を歩んできた国であったことは明らかである。埴原は、日本または日本人中心の歴史観に基づいて琉球人やアイヌを説明し、包摂しようとしている。琉球人が縄文人であることが前提になっているが、先に指摘したように、現在、港川人が縄文人の祖先ではないという学説も提示されており、次のように同モデルの前提も揺らいでいる。

港川人骨は、鈴木尚が頭骨、馬場悠男と遠藤萬里《ばんり》が駆幹四肢骨、埴原が歯を研究し、一九八二年に英文報告書が出版された。その中で、鈴木は、中国南部の柳江人から港川人を経て縄文人へ、さらに現代日本人へと続く進化系列を想定し、港川人を日本人の最古の祖先と位置付けた。しかし、四肢骨の特徴をみると、港川人は縄文人とは全く違っていた。港川人は、東南アジア人やオーストラリア先住民族と類似した特徴を有している。港川人は、アフリカから拡散してきた四万年ほど前の初期ホモ・サピエンスが琉球という島で隔離され、古い特徴を維持しながら二万年ほど前まで独自の進化を遂げた人々であり、港川人から縄文人を経て、現代日本人へと続くという図式は成立しないと馬場は考えている(10)。

現在、学会において沖縄諸島まで縄文文化が波及したと考えられている。「二重構造モデル」もそれを前提としている。しかし、琉球の貝塚時代における最古土器である爪形文《つめがたもん》土器は、九州の爪形文土器とは関係しない独自の土器であると言われている。これに伴って発見された石器も、扁平打製で刃先を磨いた大形のものであり、当時の日本本土には存在しなかった。縄文文化を特徴付ける遺物として、石鏃《せきぞく》、土偶、石棒《せきぼう》、石匙《いしさじ》があるが、琉球から土偶はまだ発見されず、石匙もほとんど出土せず、石鏃は極端に少ない。蝶形骨《ちょうけいこつ》製品は琉球にしかなく、日本本土にはない(11)。

アイヌに関して埴原は、次のような考察をしている。これまでバスク、ビクモア、デイヴィスらの研究者は、アイヌが「白人」起源であると主張し、児玉作左衛門もこの見解を支持した。ＡＢＯ式血液型の研究をした古畑種基《ふるはたたねもと》も、「アイヌ白人説」をとった。しかし、アイヌのさまざまな遺伝子頻度は、本土日本人や他のアジア人集団に似ており、アイヌの「白人説」やオーストラロイド説は、形態学的、遺伝学的にも否定された。尾本恵市は、フィリピンのネグリトの遺伝学的研究を行い、彼らとアイヌとの類似性を明らかにした(12)。

ターナー（アリゾナ州立大学教授）と埴原は、アイヌの歯が太平洋のポリネシア人やミクロネシア人に近いことを発見し、「アイヌ白人説」を否定した(13)。また埴原は、アイヌと琉球人の歯が、縄文人の歯によく似ていると指摘した(14)。

他方、形態小変異という研究手法を用いて、琉球とアイヌ、本土日本人の関係を調べた百々幸雄、毛利俊雄は、琉球人はアイヌよりも本土日本人に近いと指摘した。アイヌと琉球人は、顔の高さが低いという点で共通しているが、アイヌは彫りが深い顔立ちであったのに対して、琉球人は平坦な顔立ちであったという(15)。私は一般的に琉球人の顔はアイヌのそれに似ており、彫りが深いように実感しているが、研究者による「科学的方法」に基づいた計測では、異なる結果が出たことになる。たとえ琉球人の顔が平坦であっても、それがそのまま琉球人が日本人であるとの結論にはならないことは言うまでもない。

埴原は港川人の調査を行い、右のような「二重構造モデル」を提唱した。港川人に関する形質人類学的な学知が、「琉球人＝縄文人」の仮説の根拠になったのである。日本人の由来を探る上で重要な「標本」となった港川人は、どのように発掘されたのであろうか。

港川人を発見したのは、第二章で述べたように琉球国史上の英雄・護佐丸系統の門中出身の琉球人、大山盛保《おおやませいほ》である。大山が港川人遺骨の一部を発見した後、東京大学に対して調査を依頼した。一九六八年一二月から六九年の一月まで、東京大学を中心とした「沖縄洪積世人類遺跡調査団」による発掘調査が実施された。しかしこの調査では遺骨は発見されなかった。一九七〇年八月に大山は、港川人の頭蓋骨を発見し、再び東京大学に調査を依頼した。もしも「沖縄洪積世人類遺跡調査団」の調査が一回目で終了していたら、港川人はわずかな遺骨の発見となり、採石場の開発が進み、「港川人1～4号」を発見することはできなかっただろう。しかし、大山は地主に港川遺跡保存の重要性を訴え、採石工事を延期させ、自らの発掘調査を続けた。大山は常々、自分が護佐丸の子孫であることを誇りにしていた。「港川人発見に関われたのも護佐丸と血が繋がっているからだ」と述べていた(16)。

大山は、一九六七年から八一年までの一四年間に一五一回、港川フィッシャー遺跡において発掘調査を行った。特に一九六八年に六二回、六九年に一九回、七〇年に三六回調査を実施した。発掘作業は自らが経営する会社の仕事が終わり、採石場での発破工事が終了した夜間、ライターや自動車のヘッドライトの明かりをたよりにして行われた。仕事も早々に切り上げ、社員、家族とともに、ほぼ毎日、採石場で発掘を進めたのである(17)。港川人は琉球の地において、大山盛保の努力によって発見されたのであるが、現在、全身骨格がほぼそろった1号、そして2号は東京大学が保管している。また大山が護佐丸門中であることを誇りに思う琉球人として、発掘作業をしていたことも重要である。「港川人を琉球人の祖先」と想定しながら、発掘を続けていた可能性がある。

大山のフィールドノートには、「一九七一年一月一〇日、東大鈴木教授人骨化石持帰る、東京大学へ(六体分)」と記載されている。[18] ここには大山が港川人遺骨を東大に、「譲渡、賃借」したとの文言はなく、「持帰る」と記されている。

一九八一年一一月二〇日付『琉球新報』は、「港川人の頭骨レプリカが東大で作成され、大山盛保氏のもとへ届けられた」と報じている。[19] 遺骨を持ち帰って一〇年後に、そのレプリカが大山の元に届けられた。大山が遺骨そのものの返還を求めていたのに対し、レプリカで済まそうとしたのであろう。

港川人の墓地と考えられている港川フィッシャー遺跡

大山が経営するＯＫ運輸合資会社の倉庫には、「大山盛保コレクション」が保管されていたが、その目録には人間以外の動物の化石、石器、土器等が掲載されている。港川人に関しては、「港川石膏模型」しかリスト上にはなかった。[20] 港川人の発見者であり、琉球人意識を有していた大山の元に遺骨が存在しないという問題である。人骨のない「大山コレクション」と、約一四〇〇体の人骨によって構成される「清野コレクション」は対照的である。これも、琉球が日本の植民地であることを示す一つの事例である。

鈴木は、報告書以外の自らの著作において「港川人骨を日本人の祖先」として紹介したが、大山の功績にはほとんど触れなかった。第二章で触れた通り、一九八八年の夏、国立科学博物館で「日本人の起源展」という特別展が開催されたが、港川人骨を展示の目玉として、初めて「国民にお披露目」された。[21] 港川人は約一七年間、東大の倉庫に保管されていたが、公開された時には「日本人の祖先」として認識されたのである。

港川人の遺骨の一部は、次のような経過で琉球に移管（返還ではなく）されることになった。港川人骨は東大総合研究博物館で保管されていたが、その暫定的な所属先は東大理学部人類学教室であった。港川人骨の発見者である大山やその関係者は、それを琉球に返してほしいと希望し、沖縄県議会でも議論になった。しかし「東大という存在の敷居が高く」、直接には言い出せなかったという。そのうちに大山が死亡し、長男の大山盛弘やその関係者も返還希望の声を発した。最初、鈴木尚は返還に反対していたが、徐々に「沖縄の特別の状況」を理解するようになり、四体のうちの一体だけの返還を了承した。その条件として、沖縄側でしっかりした管理体制を作ること（保管研究施設と常勤専門家の確保）が絶対に必要とされた。また返還ではなく、今まで正式の所属が不明であったので、「分担管理体制」をとるということになった。そして、二〇〇五年、山内彰・沖縄県教育長と、東京大学側研究グループの代表者として諏訪元《げん》・東大総合研究博物館教授そして馬場悠男・国立科学博物館人類研究部長との間で、「港川人骨の分担管理に関する覚書」が交わされた。覚書において、1号人骨と2号人骨は東大総合研究博物館、3号人骨と4号人骨は沖縄県立博物館・美術館で管理することになった。諏訪教授の強い意向で、沖縄県立博物館・美術館に研究者二人のポストを確保させた。[22]

清野と同じく、鈴木尚は「骨博士」と称せられるほど、熱心に古人骨を収集したが、それでも静岡県や愛知県等で数例の旧石器時代人骨を発見できただけであった。現在でも日本本土の旧石器時代における人骨数は極めて少なく、その大部分は小さな破片である。破片であるために、人骨かどうか疑わしいものもある。(23) そのような状況の中で、港川人は日本の形質人類学者にとって非常に貴重な研究資料と認識されたがゆえに、琉球人から奪ったのであろう。遺骨を盗んだ者が、返還するにあたり条件をつけるという傲慢さが伺える。返還ではなく移管であり、再風葬ではなく、東大と沖縄県立博物館・美術館との双方で研究対象として利用することになった。研究者はなぜ絶対的な所有権を主張できるのか。その特権は法律で認められたものなのだろうか。

二〇〇〇年一二月に開催された第四回沖縄県議会定例会において、翁長良盛・沖縄県教育長は、糸洲朝則《とものり》議員の質問に対して次のように答えた。港川人骨を含む人骨の調査、保存、研究について、沖縄県立埋蔵文化財センターを中心にその推進を図っている。沖縄県立博物館・美術館においても、今後、特別展「港川人展」（仮称）および港川人に関係するシンポジウムや、港川フィッシャー遺跡の見学会などを予定している。この展覧会の検討会議において、港川人の返還、その保存・研究について意見交換を行っていると述べるにとどまった。(24)

先の「分担管理体制」の覚書に基づいて、二〇〇七年一一月、港川人骨の3、4号が沖縄県立博物館・美術館に移管された。しかし、琉球人の先祖としての港川人は、引き続き研究対象として扱われている。

第二節　日琉同祖論と遺骨返還

琉球人遺骨の返還において最大の障害になるのが、日琉同祖論である。琉球併合後、同化された琉球の「文化人」が、日本人研究者による琉球調査、遺骨盗掘の案内人をつとめた。現在も琉球人遺骨を「人骨」、つまり研究の対象として認識する琉球人が少なからず存在する。戦前、戦後において同化された琉球人は、日本の教育体制下で「日本国民、日本人」として教育を受けてきた。その結果、琉球人遺骨と自らとの歴史的、文化的関係を見失い、国際法で保障された遺骨返還の権利を放棄するようになったと考える。

本節では最初に、「沖縄学の父」と言われる伊波普猷が、琉球人を「人種」としてどのように認識していたのかについて考えてみたい。伊波は琉球の言葉について、次のように述べている。記紀、万葉原語のような日本古代の文学を読んだはずのない小さい島々の「愚民」が、日本の古語の影響が認められる琉球語の言葉を日常的に使っていると聞いたら誰しも驚くだろう。これらの言葉は、琉球人の祖先が大和民族と分かれて南方に移住した頃に有していた言葉の遺物である。今日の琉球語には、鎌倉時代の言語や薩州（鹿児島県等）の方言なども多く混じっている。琉球語の単語は、十中八九まで日本語と同語根である。音韻や語尾の変化によってちょっと聞くと外国語のようであるが、よく聞いてみると日本語の姉妹語であることがわかる。(25) 伊波は言語学者として、言葉の上での日琉同祖論を主張している。

また伊波は、「久しく文明の光」に浴しなかった宮古・八重山諸島には、今なお「日本固有の数詞」を彷彿させる言葉が残っていると述べている。[26]「日本＝文明」「宮古・八重山諸島＝野蛮」という「文明－野蛮」の世界観が、日琉同祖論の背景にあったことが分かる。

また伊波は次のように、古代において日本人が琉球に南下したと考えた。日本上古において琉球群島の住民の言語に大きな変化を与えるほど、大和民族の大勢力が来島した。それが今日の琉球人の祖先であった。琉球人が上古の特徴ともいうべき曲玉を使用していることは、注意すべきことである。[27]つまり琉球の祖先は大和民族であったと、伊波は考えていた。これは清野の「日本人種論」と符合する仮説であり、文明によって野蛮が変わるためにも同化が必要であるとする日琉同祖論につながる。

伊波は琉球併合について、次のように述べている。明治初年の国民的統一の結果、琉球王国は滅亡した。しかし「琉球種族」は蘇生して、二〇〇〇年の昔、手を分かった「同胞」と出会い、同一の政治の下に「幸福なる生活」を送るようになった。[28]琉球併合を琉球の植民地化としてではなく、琉球人の祖先との再会であり、「幸福なる生活」の始まりと認識している。琉球に文明をもたらすと考えた日本人研究者を琉球に案内し、彼らが希望すれば先祖の骨も提供することが、「幸福なる生活」を実現するための一方法であると考えたのかもしれない。

金関を百按司墓に案内したのは、島袋源一郎《しまぶくろげんいちろう》であった。島袋は一八八五年、今帰仁村兼次《かねし》で生まれ、沖縄県師範学校を卒業した。教育主事、島尻《しまじり》郡視学、沖縄県視学を経て、一九二七年に名護尋常高等小学校校長になった。また一九二八年には、多年の社会教育の功績により文部大臣から表彰された。また沖縄県教育会を結成し、教育会館や郷土博物館の開館に貢献した。日本本土から来島した学者、芸術家、政治家の案内役を務めた[29]。

島袋は沖縄県において学校長の道を歩んだ、伊波と同じ琉球人エリートであった。一九二〇年代の「ソテツ地獄」と呼ばれた経済的窮状に対して、島袋は復興の手段として次のように教育の役割を力説した。県勢振興の根本は、日本政府からの助成施設よりも、六〇万県民が奮起してこの経済状態に目覚め、経済を振興しようと決心し、最後まで奮闘しようとする覚悟が第一となる。そのための条件は、「感激性に富んだ県下幾万の男女青年」の決起を促し、彼らの教養を深め、その活動を促し、助成施設を活用して産業を発展させることにある[30]。

次に島袋の著作『沖縄善行美談』に従って、その日琉同祖論を検討してみたい。同書は第一章「優《ゆう》渥《あく》な聖恩の数数」、第二章「沖縄と本土との交渉」、第三章「忠君愛国の事蹟」から始まり、琉球における「孝行美談」が第四章から第二〇章まで続くという構成になっている。つまり天皇がいかに琉球を助けたのか、琉球と日本がどのように一体化してきたのか、琉球人がどのように「忠君愛国」の精神を発揮したのかを強調する内容の本である。

島袋は日琉同祖論について次のように述べている。「県民の祖先が大和民族の一支隊であることは、すでに多くの学者が、言語、風俗、習慣、人種などの各方面から調査発表され、疑をはさまないのである[31]」。また琉球併合に関して、「帝国二千年の歴史中、光かがやく明治の聖代にいたって父母をたずね、兄弟相会し県民の歓喜と光栄とは、到底、われわれの祖先が夢想だにしなかったところであろう[32]」と述べている。

同書の第二章「沖縄と本土との交渉」において、島袋は「日琉同祖論の主唱者」として向象賢《しょうしょうけん》（羽《はね》地朝秀《じちょうしゅう》）を紹介し(33)、「廃藩置県の功労者」として宜湾朝保《ぎわんちょうほ》について述べている(34)。羽地朝秀は、一七世紀前半の琉球王府の摂政《せっせい》であり、自らの著作『中山世鑑』で琉球人として初めて日琉同祖論を唱えた。宜湾朝保は、一八七二年に琉球王府使節団として日本に渡り、日本政府から「琉球藩」設置の命令を受けた。

また島袋は次のように論じている。古来、沖縄人は実に勇敢な「大和民族」であった。尚真王の時代には、「日支両国」の文化を吸収咀嚼して「琉球文明」を発揮し、沖縄語で金石文を書くほど、その国家的観念が強固になり、その潑剌《はつらつ》たる意気が発して海外貿易となった(35)。論拠を示すことなく、古来より琉球人は「大和民族」であったと主張している。

一六〇九年の島津藩の琉球侵略後、琉球国は沈滞していたが、明治の新政に際して「一視同仁」のもとで自由の天地に解放され、彼らの勇敢な気象と発展的な性質が甦ってきたと島袋は述べた(36)。伊波と同じく、琉球併合を発展の契機として受けとめている。

当時、琉球にいた日本人教育者や役人らの中には、琉球人に琉球国の歴史を教えることは、「反国家思想」を鼓吹する原因になると考えて、学校で郷土史を教えることは危険視されていた。その中で島袋は、伊波普猷を沖縄と日本本土との民族的関係を解明し、沖縄人に確固とした国家的観念を育てた功績の第一人者であるとして紹介している(37)。同書の第二〇章において、近世琉球国の政治家である向象賢と蔡温《さいおん》による「迷信打破」の政策や認識が評価されている。島袋も琉球人の信仰を「迷信」と考え、その禁止や整理が必要だと認識していたため、日本人研究者による遺骨盗掘を手助けしたのではないかと考えられる。

次のように日本人の考古学者、山崎五十麿《やまさきいそまろ》も琉球人は大和民族であると主張していた。遺物、遺跡等からみた「我が琉球民族」は、「内地民族」と祖先を異にしておらず、同一民族であることは疑いない。現在の「琉球民族」の祖先は「大和民族」である。また今帰仁村運天港付近にある「沖縄原始的墳墓」は、推古天皇朝前後の横穴式墳墓に酷似していると述べている。(38) 日琉同祖論に基づいた琉球人理解が当時の日本社会では一般的であり、百按司墓も日本の古代墳墓の延長線上に位置付けられていた。

次に長年琉球において琉球人遺骨の発掘調査をしてきた形質人類学者、土肥直美の研究について検討してみたい。土肥の恩師は九州大学教授の永井昌文であるが、永井は戦後、九大教授になった金関の弟子であった。つまり土肥は金関の「孫弟子」にあたる。(39) 九州大学には金関や永井が収集した、一〇〇〇体以上の遺骨が保管されている。(40)

清野謙次は、現代日本人は縄文人と周辺地域の人たちとの「混血」によって形成されたと考えたが、金関は清野の説を継承・発展させて「渡来混血説」を主張した。(41)

土肥にとって「人骨の整理はワクワクするほど刺激的で楽しい作業(42)」であり、「人骨の研究はロマンに満ちて楽しい分野だとよく言われます」と述べている。(43)「沖縄の人骨は日本人の成り立ちを考える上でなくてはならない貴重な資料である」と考えていた。(44) 土肥は、港川人は「沖縄人研究」というより、「日本人研究」の出発点であると指摘している。(45) 琉球人遺骨を、日本人形成過程を明らかにするための手段として認識していた。

土肥は他のインタビューでも、人骨調査は「毎日ワクワクするくらい楽しい!」と答え、自らと遺骨との関係について次のように述べている。人類学者として自分は「運が悪い」と言われてきた。沖縄では港川人以後、約四〇年もそれに続く人骨の発掘がなかった。それがここ数年、白保竿根田原洞穴遺跡とサキタリ洞遺跡にみられる「宝のような遺跡」との出会いがあった。「研究者冥利」に尽きる日々を過ごしている(46)。土肥の発言からは、琉球人遺骨に対する敬意を伺うことができない。

土肥は琉球の風葬について次のように述べている。「(宮古島島尻の長墓には)現在でも一〇〇体以上の保存の良い風葬人骨が眠っている。ただ自然の風化は確実に進行しているので、いずれは朽ち果ててしまう可能性もある。風葬墓は沖縄の近世~現代史を語る貴重な文化遺産である。これほど大規模で保存の良い風葬墓が風化していくのは何とももったいない(47)」。調査研究の対象にならないものは、「もったいない」と考えている。琉球人の葬制、信仰、習慣に対する配慮、敬意等は、研究者にとって副次的なものでしかないのであろう。なお、ＤＮＡ調査は人骨を破壊し、人為的に、より迅速に「朽ち果て」させることを確認しておきたい。

土肥は琉球人遺骨について次のように述べている。西表島《いりおもて》における自らのフィールドノートには、「顔はどちらかというと平坦で眼窩のかたちも楕円形で垂れている」と記されている(48)。風葬墓や古墓で見た近世、現代の沖縄人の特徴は、骨で見る限りアイヌや縄文人に比べて、平坦な顔つきであることが分かった(49)。

「平坦な顔」とは日琉同祖論につながる主観的な印象論でしかなく、科学的に論証された仮説ではない。また土肥が調査した人骨は、全て「沖縄人」であったとも限らない。なおアイデンティティとしての「沖縄人、琉球人」は当事者の自覚によるが、日本人という他者としての土肥は何をもって

「沖縄人」と規定したのであろうか。調査対象となった人骨には、「日本人、中国人、朝鮮人」等の他の民族の骨は存在しなかったのであろうか。またどのように各民族の骨を区別するのだろうか。沖縄諸島で発見された人骨全てを、「沖縄人」と認識することができないのは言うまでもない。

「沖縄人、琉球人」は「民族名称」であり、「人種名称」ではない。たとえ琉球人全ての顔が平坦であるとしても、「琉球人が日本人である」という結論を導くことはできないだろう。顔が平坦であっても、「沖縄人、琉球人」と自覚することはあり得る。顔の形、皮膚の色等の表層的な特徴ではなく、植民地主義の歴史と現在、当事者の思想と自覚が、琉球人のアイデンティティ形成に大きな影響を与えるのである。

そして、科学研究費による共同研究において、顔面平坦度の分析を担当した近藤修が「沖縄は顔が平坦ですよ！」と伝えたことに対して、土肥は次のように反応している。自分が各地の風葬墓で見た人骨の印象が、具体的な分析結果として出てきた。「少なくとも骨で見る限り、沖縄の人たちの顔が平坦であることは事実なのである(50)」。科学的検証を踏まえた一つの仮説でしかないものを、「事実」であると断定している。「全ての琉球人の顔が平坦である」という主張は、実際に平坦でない顔の琉球人がいる現実によって裏切られるだろう。

史蹟により、その存在が確認されている琉球最初の国王、英祖《えいそ》王と、一六〇九年の島津藩侵略時の国王、尚寧《しょうねい》王が葬られている「浦添ようどれ」の人骨調査にも土肥は参加した。人骨調査の結果、「頭を上からみた形は長く(長頭)、顔つきは平坦、何よりも驚いたのは極端な突顎《とつがく》(出っ歯、反っ歯)だった」、「日本の中世人に共通する独特の特徴が沖縄の同時代人(英祖王の時代はグスク時代・中世に相当する）、しかも王族の中に確認されたことになる」[51]と述べた。

ここでも自らの印象論に基づく仮説を再確認している。琉球人にとって歴史的、文化的、そして精神的に重要な墳墓の遺骨も例外なく調査の対象とされ、その帰属性が判断されたのである。日本の仁徳天皇陵等の天皇陵に、琉球において相当するのが「浦添ようどれ」である。天皇陵の調査は事実上不可能であるが、日本の植民地である琉球の国王陵は調査が可能であった。

土肥は、尚寧王陵四号石厨子の中の個体識別できた手首の骨と手のひらの骨を、DNA分析用のサンプルとして、当時、佐賀医科大学に所属していた篠田謙一に送付した[52]。同遺骨を、篠田は次のように調査した。UV照射下においてサンプルの表面をDNA除去剤で洗浄し、骨幹中央をミニドリルで切断し、その内部表面から骨粉を削り取り、骨粉からDNAを集出した[53]。DNA調査によって王家の遺骨が破壊されたことを意味する。王家の子孫は現在でも存在するが、このような調査に対して反論しなかったのだろうか。調査に参加した琉球人研究者は、島津藩の琉球侵略を受け、屈辱的な扱いを日本で受けた尚寧王が、どのような気持ちで死んだのかを想像することができるだろう。彼らは遺骨の破壊行為を伴う調査に対して、琉球人として反発の気持ちは沸き起こらなかったのだろうか。

土肥は金関、そして国立台湾大学に保管されていた百按司墓琉球人遺骨について、次のように述べている。「金関先生から薫陶を受けた研究者は多い。それは国内に限らず台湾でも同様である。筆者は金関先生の孫弟子というだけで沖縄でも台湾でも有形無形の多くの恩恵を受けた。本書でも触れた台湾大学医学院の蔡錫圭《さいしゃくけい》博士は金関門下の一人である。戦後、大学が台北帝大から国立台湾大学へと再編され、また不安定な社会情勢下でも、金関先生の残された人骨資料を半世紀以上にわたって守り通されたのだ。戦後の大混乱の中、生き残った資料は本当に奇跡だと思う。古いもの、歴史的な遺産を大事にするお国柄とはいえ、大変なご苦労だったと聞いている。筆者が心から尊敬する蔡先生が、さらに尊敬してやまない金関先生は、いったいどれだけ凄い人物だったのだろうと思う」[54]。土肥の金関に対する態度は、「孫弟子」として恩師からの恩恵に感謝するというものであり、金関の著書を読んで客観的にそのしてきたことを検討するという、対等な関係性に立っているとは言えない。「金関先生の残された人骨資料」と記されているが、その人骨資料は琉球人から奪ったものである。窃盗物を保管し続けたことを、「守った」と理解している。

一九九八年、台湾大学医学院解剖学科における「人骨資料再生」のためのプロジェクトに土肥も参加し、二〇〇〇年に同大学に「体質人類学研究室」が開設された。人骨は頭骨だけでも一五八〇体が確認された。その中にはタイヤル、ブヌン、ヤミ、パイワンなどの原住民族の遺骨二〇七体、閩南《びんなん》の漢民族が一〇四七体、平埔《へいほ》が一二〇体、客家《ハッカ》人が九六体、琉球人が六三体、孝族(海南島の少数民族)が一一体それぞれ含まれている[55]。

土肥は琉球における人骨研究について、次のように述べている。「南西諸島の人骨研究は、明治時代に足立文太郎によって行われた頭骨研究に始まるといわれている。しかし、南西諸島の人骨と最も深く関わり、民俗学や考古学に対しても多大な影響を与えた金関丈夫の功績は、その後の門下生による精力的な研究とともに忘れるわけにはいかない[56]」。

土肥は、「沖縄の人類史研究における金関先生の功績は計り知れない」とも言っている[57]。金関の「孫弟子」として、その権威の恩恵に浴することができたため、絶賛ともいうべき評価を下している。

宮良當壮との論争、「混血説」、「腋臭研究」、百按司墓琉球人遺骨盗掘問題等を含め、金関の研究内容、研究手法、研究倫理を客観的、総合的に検討すべきではなかろうか。

百按司墓琉球人遺骨について、土肥は次のように述べている。「問題になっている琉球人骨は沖縄の歴史で大きな画期とされるグスク時代の謎を解く鍵となる可能性がある。沖縄の人類史を語る貴重な証人であり、その歴史を子孫へと語り継ぐための貴重な資料である」(58)。琉球人の人権や信仰、そして植民地主義への反感よりも、研究資料としての価値を優先している。「沖縄の人類史を子孫へと語り継ぐための貴重な資料」としている。しかし、他の形質人類学が主張する仮説に従うなら、琉球を経過していつ、どのように日本人が日本列島に移動したのかという、「日本人の歴史を日本人の子孫に語り継ぐ」ために、百按司墓琉球人の遺骨が重要なのであり、「琉球人の歴史を琉球人の子孫に語り継ぐ」ための調査ではないと考える。琉球人は植民地主義の下で生きており、それを象徴するのが百按司墓琉球人遺骨であることを、土肥は直視しようとしない。

百々幸雄は土肥の人骨研究について、次のように述べている。土肥は、沖縄先史時代（貝塚時代）人とグスク時代人との間には、体形の上でも大きな違いがあることを繰り返し主張している。土肥が日本人類学会で発表した抄録（二〇〇四年の同学会の機関誌に記載）によると、グスク時代人の頭骨には明らかな歯槽《しそう》性突顎（反っ歯）がみられ、頭を上からみたときの輪郭は細長いが、それらの特徴は先史時代人にはまったく認められず、本土の中世人に類似する。これらの特徴は、グスク時代の沖縄に中世本土日本人の移住があったために生じたものであろう。しかし、土肥の主張は、学会発表や一般向けの本や雑誌に書かれたものばかりであり、査読のある専門誌に掲載されたものではない。観察と経験にもとづいた発言であり、データを伴った科学論文が公表されていないのが悔やまれる[59]。グスク時代の琉球人が日本人と類似しているというのは、土肥の観察による印象論であり、科学論文において論証された結論ではないことが分かる。百々は土肥の共同研究者の一人である。

百按司墓琉球人遺骨は明らかに金関丈夫によって奪われ、それが現在も京都大学や国立台湾大学に保管されている。それを返還させるのが、琉球の脱植民地化に繋がるのである。しかし、百按司墓を管理している今帰仁村教育委員会は、次のような見解を示した。「これまで京大で保管してもらっていたから残っている。今後、特に返還を求める予定はない[60]」。

また今帰仁村教育委員会専門員で、現在沖縄国際大学の教員をしている宮城弘樹は、次のように述べている。「百按司墓の人骨は、地元の人も関わって収集されている。文化財保護という観点からは、現地で朽ちていくのを救済されたと見ることができる。現地に戻して埋葬すれば、琉球人の過去の姿を知ることができる一級の資料が、その価値を失う恐れがある。（中略）資料が適切に保管されている京都大学にあることは、資料保存の観点からは決して悪い環境にあるとは思えず、実地で見た私見だが良い環境にあると感じた。人骨をどうすべきかは、関係者の総意によって決めるべきだろう[61]」。

土肥と同じように、研究対象物として遺骨を見なしており、京大からの返還を必要ないと考えている。「地元の人が関わって収集」されれば、遺骨窃盗は許されるのだろうか。「地元の人」の代表的な人が、金関を百按司墓に案内した島袋源一郎であった。先に論じたように島袋は、皇民化教育によって「同化された琉球人」であり、琉球人の歴史、記憶、信仰を副次的なものと考えていた。植民地体制、皇民化教育によって、「地元の人」が窃盗の共犯を余儀なくされたのである。

遺骨は文化財なのであろうか。百々幸雄も指摘しているように、人骨は文化財ではないのである。遺骨を囲む百按司墓は、今帰仁村指定の文化財（建造物）であるが、遺骨はそうでない。宮城は、「現地で朽ちていくのを救済された」と金関の遺骨盗掘を正当化している。琉球の全ての墓にある遺骨は「朽ちている」のであり、研究者による「救済」を待っているのだろうか。研究者が遺骨を研究対象にすることを「救済」として理解する視点は、琉球人の人権、信仰、そして植民地主義への反発よりも、研究者の欲望を優先する姿勢を示すものであると言える。

また「関係者の総意」という場合の「関係者」とは、今帰仁村民、第一尚氏門中、先住民族としての琉球人の誰を意味するのだろうか。これらの全ての人々を指すのかどうかが明確でない。それぞれ見解が違う者の総意を形成するのは困難であろう。「関係者」を「今帰仁村教育委員会と京都大学」とした場合、「研究対象としての骨」として同遺骨が利用され続け、琉球人による供養を受けないことを意味する。

第三節　琉球における新たな日琉同祖論

二〇一五年一二月二二日に豊見城《とみぐすく》市議会において可決され、内閣総理大臣、外務省、沖縄県知事に送付され、同市議会ホームページ等で公開されている、「国連各委員会の「沖縄県民は日本の先住民族」という認識を改め、勧告の撤回を求める意見書」[62]は、以下の諸点において大きな問題を含んでおり、同意見書の文言を引用しながら批判したい。

（1）「2008年には既に、市民外交センターのアドバイスを受けた琉球民族独立総合研究学会松島康勝氏の訴えで、国連から日本政府に対し、沖縄県民は先住民族で日本人ではないという勧告文が出されている」

本意見書の中で引用されている日本政府に対する国連の勧告は、「市民外交センターのアドバイスを受けた琉球民族独立総合研究学会松島康勝氏の訴え」に基づいて実施されたものではなく、一九九六年以来、琉球人が実施してきた国連における脱植民地化運動の結果である。本意見書には、このような琉球人の運動に対する認識が欠如している。

また「琉球民族独立総合研究学会松島康勝氏」は、一九九六年の国連人権委員会先住民作業部会、二〇一一年の国連脱植民地化特別委員会において琉球の脱植民地化、脱軍事化のための国連スピーチを行ったが、二〇〇八年の国連勧告に直接影響を及ぼしたとは言えない。さらに「松島康勝」は「松島泰勝」の間違いである。琉球民族独立総合研究学会の共同代表であった私は、市民外交センターのアドバイスを受けていない。

本意見書は、地方自治法九九条（意見書を受理した日本政府は何らかの対応が求められる）に基づいた法的影響力の大きい公文書であるが、その中に重要な事実誤認が含まれている。本意見書において誤字を含む個人名を敢えて公表し、虚偽の事実に基づいてその名誉を毀損しており、人権問題を生み出している。

（2）「私たち沖縄県民は米軍統治下の時代でも常に日本人としての自覚を維持しており、祖国復帰を強く願い続け、一九七二（昭和四七）年五月一五日祖国復帰を果たした。そしてその後も他府県の国民と全く同じく日本人としての平和と幸福を享受し続けている」

「私たち沖縄県民は米軍統治下の時代でも常に日本人としての自覚を維持して」いたと断定しているが、米軍統治下においても琉球独立を求める幾つかの政党や市民団体が存在し、「反復帰論」という主張も展開されており、「常に日本人としての自覚を」していたのではない。「復帰」後の現在も、日本の国土面積の〇・六％しかない琉球に、七〇％の米軍専用基地が押し付けられ、米軍による事件事故によって琉球人は日常的に被害を受けている。県知事をはじめ、多くの「沖縄県民」が反対しているにもかかわらず、辺野古新米軍基地建設を日本政府は強行しており、「他府県の国民と全く同じく日本人としての平和と幸福を享受し続けている」とは言えない。

（３）「先住民の権利を主張すると、全国から沖縄県民は日本人ではないマイノリティーとみなされることになり、逆に差別を呼びこむことになる」

琉球人が先住民族としての権利を主張することにより、国連憲章や国際人権規約等の国際法で琉球人の集団的権利が保障され、国際的な支援を得て、現在の植民地体制から脱却し、辺野古新基地建設計画を止めることも可能になるのである。日本には在日コリアン、被差別部落の人々、アイヌ民族、在日外国人、性的少数者、障碍《しょうがい》者等、多くのマイノリティが存在している。二〇一六年一月一五日に大阪市議会は、「ヘイトスピーチ（差別的煽動行為）規制条例案」を一部修正のうえ可決し、二〇一三年一〇月一七日に京都地方裁判所において下された「街頭宣伝差し止め等請求事件」の判決では、京都朝鮮学校に対するヘイトスピーチを行った団体の行為を「人種差別」と認め、今後の差別的煽動行為を禁止し、賠償金の支払いを求めた。日本「本土」においては、自らのアイデンティティや人間としての誇りを保持しながら生きる社会作りが目指されている。本意見書では、「マイノリティーになると差別を呼びこむ」と主張しており、現在、日本で生活しているマイノリティに対する、差別意識を助長することにつながるだろう。

（4）「私たちは沖縄戦において祖国日本・郷土沖縄を命がけで日本人として守り抜いた先人の思いを決して忘れてはならない」

日本軍による琉球人虐殺や強制的集団死、住民の壕からの追い出し等、日本軍によって住民が殺害された事例が多く存在し、「祖国日本・郷土沖縄を命がけで日本人として守り抜いた」とは言えないのが沖縄戦の実態である。そのように表現することは、犠牲になった琉球人に対する侮辱である。豊見城市議会が法的な意見書という形で、以上のような戦争観を世界に発信することは、大きな誤解を招き、琉球人として看過できない。

（5）「沖縄県民は日本人であり、決して先住民族ではない」

豊見城市議会が法的な意見書において「沖縄県民は日本人であり、決して先住民族ではない」と断言することは、日本国憲法一九条で保障された思想・良心の自由の侵害となる。国際法であるＩＬＯ一六九号条約第一条（終章参照）では、先住民族とは社会的、文化的、経済的に独自な状態におかれた人々であるとともに、征服、植民、国境画定時に植民地になった人々の子孫であり、先住民族であるという自覚を持つ者であるとされている。国連が琉球人を「先住民族」であると認めたことを、豊見城市議会は撤回するように求めているが、そのこと自体が国際法違反の行為である。自らの民族的な所属性を決定できるのは、その当人だけであり、豊見城市議会のような公的組織が決めるべきことではない。

また本意見書では、国連が「沖縄県民を先住民族」であると認めていると指摘されている。しかし約一四〇万人の沖縄県民の中には、琉球人以外の民族が含まれており、また、国連は沖縄県に住む「琉球人が先住民族である」と理解しているのであり、「沖縄県民が先住民族である」と規定したことはない。

琉球民族独立総合研究学会と私は連名で「「国連各委員会の〝沖縄県民は日本の先住民族〟という認識を改め、勧告の撤回を求める意見書」(意見書案第一〇号)への抗議・要求」を豊見城市議会に送付し、琉球民族独立総合研究学会に対する謝罪、本意見書の取り下げ、私に対する名誉の回復、同市議会ホームページでの本意見書取り下げの公表を求めた。しかし、豊見城市議会は、私の名前を訂正しただけであり(二〇一八年九月現在、訂正確認済)、二〇一八年六月現在、本意見書の取り下げを行っていない。

二〇一六年五月二二日に沖縄国際大学において、「国連勧告撤回要請をどう見るか――先住民族論を考える」というシンポジウムが琉球民族独立総合研究学会の主催で開催された。私は、同意見書を提出した豊見城市議会議員に対して、シンポジウムのパネラーとしての参加を何度も要請したが、一切無視された。よって同意見書に反対する琉球人のみで議論することになった。公的立場にある豊見城市議会議員は、意見書の内容に関して誠実に説明する責任を放棄したのである。同意見書が、多くの歴史的な歪曲と誤った現状認識に基づいていることを示す結果になった。

二〇一六年六月二〇日、石垣市議会は、「「国連の沖縄県民は先住民族」とする勧告の撤回を求める意見書」を採択した。米軍や自衛隊基地の強化・固定化策を推進する日本政府と呼応する形で、豊見城市議会や石垣市議会において「国連勧告の撤回を求める意見書」が採決されたのである。

同年三月に「国連先住民勧告の撤回を実現させる県民の会」、五月に「国連先住民勧告の撤回を実現させる国民の会」が結成され、同様な意見書を日本全国の市町村で採択させようとした。これらの国連勧告撤廃運動の背景には、日本政府が目指している辺野古米軍基地建設、宮古・八重山諸島における自衛隊基地建設を推進させようとする動きがある。琉球人が有する自己決定権を否定することで、基地反対運動を支える国際法上の権利を奪い取ろうとしているのである。

安倍政権は、二〇一五年に安保関連法案を成立させ、近い将来、日本国憲法を改悪して、日本を戦争ができる国にしようとしている。その際、日本の中で戦場になる恐れが最も大きい場所の一つが琉球である。琉球において日本が戦争をするためには、国の方針に住民が従順に従う「皇民化」が必要になる。先の沖縄戦に至る歴史過程において歴史修正主義、皇民化教育が実施され、住民は大きな犠牲を払ったのである。

国連勧告撤回運動、つまり琉球人の自己決定権を否定する、日本国全体にわたる運動は、琉球の「再皇民化運動」と称することができる。

国連勧告撤回に動く日本の国会議員や政府

二〇一六年四月二七日、沖縄県選出の宮崎政久・衆議院議員(当時)は、衆議院内閣委員会において次のような質問を行った。国連から沖縄県民は先住民族であり、様々な措置をすべきであるとの勧告をわが国は受けている。二〇〇八年一〇月以降、四回にわたって国連勧告がなされている。ほとんどの沖縄県民は先住民族と思っていない。一億三〇〇〇万人の日本国民も、沖縄県民が先住民族であると思っていない。誠に失礼な話である。日本人全体が知らない、沖縄県民もほとんど知らない状況で勝手に先住民族として扱われている。勝手なことを言わせないで、責任をもって事実と異なることを言わないでくれと、日本政府は国連に抗議すべきである。「民族分断工作」と言ってもいいようなことを放置しないでほしい。国連の勧告は国益に関わる大きなリスクである。尖閣諸島を含む沖縄の土地や天然資源がどこに、誰に帰属するのかが問題にされかねない話である。沖縄は尖閣諸島を含めて日本の国土である。沖縄はまぎれもなく日本である。日本語を使う日本人が古来から沖縄に住んでいるのである。自分たち沖縄県民はまぎれもなく日本人であり、先住民族ではない。日本政府は、承服できない国連の勧告を撤回させてほしい。

以上のような宮崎議員の質問に対して、日本政府を代表して木原誠二外務副大臣は次のように回答した。宮崎議員の発言や、豊見城市議会が採択した国連勧告撤回の意見書を、熱い思いで受けとめた。政府の立場と異なり、わが国の実情を正確に反映していない国連の意見や勧告に対しては、撤回、修正をするよう働き掛けていきたい。また外務省の飯島俊郎参事官は、政府として先住民族として認識しているのは、アイヌの人々以外には存在しない。これら国連の諸委員会における最終見解や勧告などによって、日本の立場が変更されたということはない。国連の勧告には法的拘束力はない(63)。

宮崎議員は、国連勧告は二〇〇八年以降四回出されたと述べたが、実際はこれまで琉球の人権問題に関する次のような勧告を五回(二〇一八年の勧告を含めると六回)、国連は日本政府に対して行ってきた。

(1)二〇〇一年九月二四日、国連社会権規約委員会「部落の人々、沖縄の人々、先住性のあるアイヌの人々を含む日本社会におけるすべての少数者集団に対する、法律上および事実上の差別、特に雇用、住宅および教育の分野における差別をなくすために、引き続き必要な措置をとること」

(2)二〇〇八年一〇月三〇日、国連自由権規約委員会「国内法によりアイヌの人々および琉球・沖縄の人々を先住民族として明確に認め、彼らの文化遺産および伝統的生活様式を保護し、保存し、促進し、彼らの土地の権利を認めるべきだ。通常の教育課程にアイヌの人々および琉球・沖縄の人々の文化や歴史を含めるべきだ」

(3)二〇一〇年四月六日、国連人種差別撤廃委員会「委員会は、沖縄における軍事基地の不均衡な集中は、住民の経済的、社会的および文化的権利の享受に否定的な影響があるという現代的形式の差別に関する特別報告者の分析をあらためて表明する」

(4)二〇一四年八月二〇日、国連自由権規約委員会「締約国(日本)は法制を改正し、アイヌ、琉球および沖縄のコミュニティの伝統的な土地および天然資源に対する権利を十分保障するためのさらなる措置をとるべきである」

(5)二〇一四年九月二六日、国連人種差別撤廃委員会「締約国(日本)が、琉球の権利の促進および保護に関連する問題について、琉球の代表との協議を強化することを勧告する」

(6) 二〇一八年八月三〇日、国連人種差別撤廃委員会「琉球（の人々）を先住民族と認め、その権利を守るための措置を強化する立場を再確認することを勧告する。米軍基地に起因する米軍機事故や女性に対する暴力は、「沖縄の人々が直面している課題」であるとして懸念を示す。その上で「女性を含む沖縄の人々の安全を守る対策を取り、加害者が適切に告発、訴追されることを保証する」ことを求める[64]」

日本政府に対する国連勧告が出された背景には、琉球に対する歴史的不正義、現代的差別政策がある。琉球人は一九九六年以降現在まで毎年のように、国連の人権委員会先住民作業部会、先住民族問題常設フォーラム、先住民族の権利に関する専門家機構、人種差別撤廃委員会、脱植民地化特別委員会等において脱植民地化運動を展開してきた。二〇一五年九月には、国連人権理事会に翁長雄志・沖縄県知事が参加し、基地問題は人権問題であり、琉球の人々の「自己決定権」が蔑ろにされていると世界に訴えた。知事が国連に行って訴えた理由は、日本政府が琉球人の声や人権を無視してきたからであった。その際も日本政府は、「基地問題は人権問題ではない」との誤った見解を明らかにした。

琉球内外において国連活動の報告会やシンポジウムが開催され、これに関する新聞やテレビ等のマスコミによる報道や研究活動もあり、「知らないうちに勝手に」国連勧告が行われたのではない。

次のように宮崎議員の国会質問には、調査不足と当人による思い込みに基づく事実誤認や、帝国主義的な歴史認識そして差別発言が含まれている。

(1)「国連から沖縄県民は先住民族であり、様々な措置をすべきであるとの勧告」を受けている。

国連は「沖縄県民」ではなく、「沖縄人、琉球人」を先住民族であると認めたのである。それは琉球が日本の植民地であり、独自な歴史や文化を有した琉球人が、脱植民地化を求めた運動を展開している状況に対して、国連の諸委員会が琉球人を先住民族であると理解したことを意味する。確認しておきたいのは、国連が琉球人を先住民族と認めたから琉球人がそれになるのではなく、植民地支配下の琉球人の自覚によって先住民族になるのである。

(2)「誠に失礼な話である」

これは国際法で保障された集団的権利を有し、それを行使してきた世界の先住民族に対する差別発言である。世界の先住民族だけでなく、先住民族としての琉球人自身をも、沖縄県選出の国会議員が差別しているのである。

(3)「民族分断工作と言ってもいいようなことを放置しないでほしい」

琉球人が「民族としての日本人」であることを強制する、琉球人の存在や国際法で保障された政治的地位を認めない、戦前の「皇民化」を彷彿させる発言である。琉球併合によって琉球国を滅ぼし、琉球人を皇民化教育を通じて日本人化し、琉球の土地を戦場にし、広大な米軍基地を押し付けているのが日本政府である。琉球国は日本とは異なる国であったのであり、琉球人が日本人と同じ民族であるとは言えない。「先住民族としての琉球人」と「日本人に同化した琉球人」のような「民族分断工作」を行ったのは、むしろ日本政府の方である。

(4)「国連の勧告は国益に関わる大きなリスクである。尖閣諸島を含む沖縄の土地や天然資源がどこに、誰に帰属するのかが問題にされかねない話である。沖縄は尖閣諸島を含めて日本の国土である。沖縄はまぎれもなく日本である」

日本政府の尖閣諸島（魚釣島）領有の根拠は、琉球併合によって琉球国を滅ぼしたことにある。この併合は国際法違反であり、「尖閣諸島を含む沖縄の土地や天然資源」を日本が保持しているという歴史的、法的根拠は虚構でしかない。現在の日本が有する植民地主義、帝国主義的な側面が、宮崎議員の発言を通じて明らかになった。琉球人が先住民族であることを拒否することで、尖閣諸島を初めとする琉球の領有化を正当化しようとしている。

（5）「日本語を使う日本人が古来から沖縄に住んでいるのである。自分たち沖縄県民はまぎれもなく日本人であり、先住民族ではない」

国連機関のユネスコは、琉球諸語が日本語とは異なる独立した言語であると位置付けている。現在の言語学者も琉球諸語を、「方言」ではなく「言語」として研究し、その復興運動を琉球人は活発に行うようになった。宮崎議員の発言は科学的な根拠を欠く仮説でしかない。

国連の勧告にもかかわらず、日本政府は琉球人を先住民族と認めず、基地の押し付けを差別であると認識していない。前述のように国土面積の〇・六％しかない琉球に、七〇％の米軍専用基地を「日本復帰」後四六年間も押し付け、新たな米軍基地を建設することに対して、多くの琉球人は「沖縄差別」と叫ぶようになった。つまり琉球人は自らを被差別者、抵抗の主体と意識するようになったのである。

琉球人が日本人とは異なる言語を持ち、琉球が日本の植民地にされ、現在も米軍基地が押し付けられた植民地であるという事実を否定することは、歴史修正主義であると言える。宮崎議員は長野県出身であり、弁護士として働くために琉球に移住した日本人である。日本人という他者が「琉球人は日本人である」と決定しているのであり、そのような植民地主義体制の中で琉球人は生きているのである。

国連勧告を撤回させようとする日本政府は、国連の意志や方向性、国際法に背こうとしているのである。一九三三年に日本は国際連盟を脱退したが、今の日本も国際社会から孤立しようとしている。

第四節　自己決定権としての遺骨返還

「民族」と「人種」とは、何が違うのであろうか。「民族」は自分が決めるものであり、変更可能なものである。他方、「人種」は他人が決めつけるものであり、レッテルであるから常に危うさが伴う[65]。「民族」は自己決定、「人種」は他者決定であり、性質を全く異にする集団概念である。

「人種」は、「背格好、顔立ち、皮膚の色（メラニン色素の多寡）、毛髪の性状」等の身体的特徴を共有する人々の集合である。身体的特徴にくわえて、血液型の割合、寒さ暑さに対する耐性の強さ等が含まれる場合もある。「人種」とは、言語、生活風習、宗教などの文化的特徴で区分する「民族」とは対照的な集団概念であり、一人ひとりの個人に対して使う言葉ではない[66]。これまで身体的特徴に基づいて人間集団としての「人種」を分類し、分析してきたのが形質人類学者である。他者がある人々の属性を他律的に決定する過程で、植民地主義が生まれてきた。それに対して「民族」は、個人の自覚によって自律的に決定される人々の属性である。植民地主義下で生きることを余儀なくされた、独自な歴史や文化を有する人々が民族意識を自覚し、脱植民地化運動に参加する場合、それらの人々は先住民族になる。

ホモ・サピエンスつまり私たち人間は、通常、形質において一人ひとりの差異の方が、集団の平均値の違いよりも大きい。隣り合う「人種」同士の間を線引きすること自体、難しいと言われている(67)。人種概念が科学的、合理的ではなく、曖昧であり、恣意的であり、しかも他者が決定するという意味でも、植民地支配に利用可能な概念であると言える。

人種概念を最初に考案したのは、スウェーデンの博物学者、C・リンネである。一八世紀半ば、リンネはホモ・サピエンスのなかに、アメリカ人、ヨーロッパ人、アジア人、アフリカ人等の下位の分類群をおいた。ブルーメンバッハはリンネの分類法を修正し、「人種」という言葉を提示し、第三章で述べたように「コーカサス、モンゴル、エチオピア、アメリカ、マレー」の五つを「人種」として分類した。人種分類の基準にされたのは、身体の上面を見る身体特徴だけであり、その客観性は非常に疑わしいものであった。リンネは皮膚の色の違いを強調したが、ブルーメンバッハは頭形（頭長幅示数）が重要であると考えた。その後も顔のプロフィール（顔面形）、毛髪の性状、歯の形等を重視するなど、学者の主観による分類方法が提案された。一九世紀から二〇世紀の前半にかけて、頭蓋骨の前後径と幅径（左右径）との比率で現す頭長幅示数や、ＡＢＯ式血液型の遺伝子頻度に基づく人種分類等が体系化された(68)。

「日本人」とは、人類学的な意味での「人種」ではない。「人種」は類型学の傾向があり、小さな共通項で人々を囲い込み、根拠もなく、「区別し差別する」ことになりうる概念である(69)。主観をもった他者による分類であることから、学知によって正当化された人種概念が差別感情に根拠を与え、被差別者を苦しめる悲劇を生んだ。

現在、人種概念について、多方面から疑問の声が上がっている。「人種」の違いによる特徴の多くは、個人的差異の範囲を超えないことが明らかになっている。研究者も、「人種」に対応する生物学的な実質が存在しないと考える傾向にある。「人種」の概念が、形質的特徴や文化的活動の単位ではないことも明らかである。[70] グスク時代の琉球人の顔が平坦となり、出っ歯の人骨が存在するという土肥の仮説は、個人的差異でしかなく、琉球人という「人種」全体の特徴ではないと理解されよう。

形質人類学の片山一道《かたやまかずみち》は、次のように人種概念ではなく、個人の自覚に基づく帰属意識を重視すべきであると指摘している。現在の人類学で集団を区別する際、より重視すべき基準は、はたから眺めて判別する身体的特徴の違いや文化的特徴の違いではない。むしろ人々の内なる集団意識、帰属意識、仲間意識なのである。どこに属するのか、どの集団の仲間として自分を意識するのかが問題である。[71]

類似の鼻形、頭形、皮膚色、体毛であり、同じ血液型や遺伝子型を持っていても、仲間意識が生まれるとは限らない。[72] 土肥が主張するように琉球人の顔が日本人と似ていたとしても、自分を「琉球人、沖縄人、ウチナーンチュ」と意識する人々が現在でも多く存在する。「内なる仲間意識」が、集団特定の上で重要であると考える。

近年、人骨のDNA分析によって人類の拡散を分析する研究が、学界の最先端を走っていると言われている。[73] しかし、人類の移動を調べるために先祖の遺骨を提供するかどうかは、当事者の意思に依るべきであろう。

形質人類学者の篠田謙一は、次のように述べている。人骨を研究対象にして、さらに詳細な分析が可能な核ゲノムの解析が進展すれば、将来、新大陸のアフリカ系住民のアイデンティティ確立に役立つ情報を得られることが期待される(74)。しかし、遺伝子情報が民族のアイデンティティ確立に、本当に役立つのであろうか。植民地支配の歴史と現状を背景にした、人の自覚によってアイデンティティは確立するのである。例えばＤＮＡ上の情報において集団として日本人に近いとされても、それによって日本人アイデンティティが形成されるわけではない。犯罪、法律の上では遺伝子情報が現代社会において大きな役割を果たすようになったが、遺伝子情報によって人の属性を他律的に決めることはできない。それが可能だと考えるのは、「遺伝子至上主義」であり、人々の精神的独立性を否定する植民地主義になりかねない。

篠田は、先住民族の遺骨返還に対して次のように反論している。現在、アメリカ合衆国において過去に先住民族の意思を無視して墳墓から発掘され、大学や博物館に収蔵されたことに対する反省から、政府が介入するかたちで人骨を先住民族コミュニティに返還し、埋め戻す作業が進められている。これは人道上の配慮から行われている政策であるが、文字をもたない社会の起源や生活の状況を知るための重要な情報源である人骨を埋め戻してしまうことは、「歴史の抹殺」にもつながる行為である。南北アメリカ大陸のなかで合衆国を除く地域では、古代から現代にいたる様々な集団のＤＮＡが調査され、先住民族コミュニティのアイデンティティの確立につながるデータが発表されつつある(75)。

遺骨の再埋葬を「歴史の抹殺」であると批判しているが、篠田が想定する歴史とは誰が主体となる歴史なのであろうか。先住民族は遺骨の返還によって、自らの記憶や過去を取り戻すのであり、「歴史の抹殺」ではなく、「歴史の回復」となる。むしろ、遺骨の略奪者が「歴史の抹殺者」と呼ばれるべきである。人骨のDNA解析によって、先住民族コミュニティのアイデンティティ確立に役立った具体的な事例は、存在するのだろうか。かえってDNA解析に伴う遺骨の破壊行為により、先住民族コミュニティのアイデンティティ確立の根拠の一つが失われるのである。

また篠田は、「ケネウィックマン（一九九六年アメリカのワシントン州ケネウィックで発見された人骨）問題」について次のように考察している。二〇一五年に、その帰属を巡って先住民族と研究者が裁判で争った人骨、ケネウィックマンのゲノム解析の結果が公表された。それによると、ケネウィックマンは、南北アメリカ大陸に広く分布する先住民族と類縁性をもっており、同人骨が発見された地元に住む先住民族集団だけがケネウィックマンの帰属に関して決定権があるとは言えない。人類集団の成り立ちを考えれば、数千年以上前の集団の子孫を、現在の限定された地域集団に特定するのは、無理なことである(76)。

篠田は人間の移動と拡散を実証することで、国際法でも保障された、先住民族の遺骨返還権にも異議を唱えている。遺骨の返還を求めているアイヌ、琉球人も他の地域から、アイヌモシリや琉球諸島に移動してきた人々であり、遺骨返還を求める権利はないと主張しているようである。先住民族が遺骨の帰属を主張できないということになれば、結果的に研究者が遺骨を独占的に管理し、研究に使用することになるだろう。

人骨に関するDNA分析と日本人形成過程との関係について、篠田は次のように説明している。日本において古代人骨のDNA分析が進めば、詳細な日本人形成のプロセスが明らかになるだろう。日本列島は世界でも例を見ないほど、各時代の人骨試料がそろっている地域である。今後は先人たちが収集した人骨のＤＮＡ分析を通して、過去にこの列島に暮らした人たちの成り立ちを調べる作業が続けられる。「私たちが何者で、どこから来たのか」を明らかにすることで、「日本人とは何か」という、自分たちにとって重要な問題を考える情報を提供することができるだろう[77]。「私たちが何者で、どこから来たのか」と言う場合の「私たち」という主体が、琉球人やアイヌ民族である場合、「日本人とは何か」というテーマは重要ではない。「日本人」の由来を明らかにするための参考資料でしかないからである。

人骨が再埋葬されないための方法について、篠田は次のような提案をしている。日本の文化財保護法において、出土した人骨を明確に文化財と規定していない。墓地を発掘して出土した副葬品などの遺物は、保存、調査、公開までを視野に入れて、公共のために役立たせることが義務付けられている。しかし人骨の場合、再埋葬されて、研究されないまま失われてしまうこともある。人骨に残るＤＮＡはその人物のもつ究極の個人情報であり、現在それを詳細に解析することが可能になり、人骨のもつ資料的な重要性はさらに大きくなった。歴史資料や考古資料と同じか、それ以上の情報を引き出すことができる。人骨にも資料的な価値を認めて、文化財として位置づけるべきである[78]。遺骨を研究者が永久に研究できるように、文化財に指定して返還要求の声を排除しようとしている。研究者が研究上必要であると認識した遺骨は、文化財に指定され、遺族、関係者、先住民族から合法的に奪うことも可能になるだろう。第四章で論じたように、百々幸雄は人骨が重要文化財に指定されなかったことで、ＤＮＡ分析を実施することができると認識していた。どちらにせよ、研究者が遺骨を優先的に利用することが前提とされていた。

琉球人は、先住民族の権利として遺骨を返還することができる。国民の構成員である特定の民の集合的生命を、侵害するような支配と抑圧が存在する国において、支配・抑圧を受ける民は「先住民族」と自己認定して、自らの権利を行使することができる(79)。

同じく第四章で論じたように、アイヌも先住民族が有する先住権を用いて遺骨を返還させた。一九八七年八月、先住民族問題に関する初めての専門機関であった国連先住民作業部会に、野村義一理事長を代表とするアイヌ代表団が参加し始めた。それから一〇年後の一九九七年三月、「二風谷ダム訴訟」において札幌地裁は、アイヌを先住民族と認め、ダムの建設を、その権利に照らして違法とする画期的な判決を下した。これは、国際法で認められた先住民族の権利を積極的に検討した判決であった(80)。

私は一九九六年にアイヌ民族とともに、国連先住民作業部会に琉球の先住民族として参加し、国際法に基づいて琉球における植民地主義や米軍基地の問題を訴えた。その後、琉球において「琉球弧の先住民族会」が設立され、毎年のように、国連の各機関に代表団が派遣され、先住民族としての問題を国際社会に訴えてきた。また私は二〇一一年にグアム政府の代表団の一員として、グアムと琉球における脱植民地化と脱軍事基地化を訴えた。このような一連の琉球人による活動の結果、先に検討したように、国連は次々と日本政府に勧告を行った。国連は琉球人を先住民族であると認め、固有の歴史と文化を有し、先住権を行使できる法的主体であることを確認したのである。

以下のように琉球人の中からも、遺骨返還を主張する人々が声を上げるようになった。第一五代王府おもろ伝承者の安仁屋眞昭《あにやしんしょう》は、次のように述べている。百按司御墓、今帰仁城の城主をはじめ、多くの按司の墓において「五年廻り、七年廻《マーイ》り」をして、五〇〇年、六〇〇〇年を経てきた。遺骨を調べるのはお墓内でするのが常識であり、持ち出して大学の研究室に保管することは死者を冒瀆する行為である。異様である。何百年経ても参拝する子孫がおり、神聖なお墓を「この学者金関氏」は何と思ったのか。自分の研究のためなら、物言わぬ遺骨を単なる「物」として扱ったのだろうか。自身の祖先の墓が、そのような扱いをされたら許すだろうか。何も知らず九〇年近くも、「もぬけの殻の墓」を拝んだのかと思うとやりきれない。京都大学に即刻、全遺骨を元の「百按司御墓」に返還するよう訴える。先祖は無念の思いで、「大学の研究室」で子孫の迎えを待っていると思う(81)。

長年、琉球内で沖縄戦の遺骨収集活動をされてきた具志堅隆松《ぐしけんたかまつ》は、百按司墓琉球人遺骨問題について次のように私に語った。先住民族として、遺骨を研究対象にすること自体を受け入れることができない。港川人もその時代の葬送儀礼で葬られた可能性も否定できない。本当に調査対象物にしていいのか。百按司墓の琉球人遺骨も本当に研究対象であり、教育委員会マターでいいのか。被葬者であり、地域の人々が供養するべきものである。教育委員会が管理・保管すべきものではない。遺骨は文化財ではなく、供養すべきものである。百按司墓遺骨以外の盗掘された遺骨が返還された場合、各市町村にある無縁仏用の集団墓地に納骨すべきである(82)。今帰仁出身の作家、目取真俊は遺骨の再風葬を主張しており、地域の声として認識することができる。

また具志堅は雑誌インタビューで次のように主張している。百按司墓だけでなく、沖縄から持ち出した骨はすべて沖縄の地に還すべきである。彼らの研究は、日本の民族的優秀性を証明するためのものだったのであり、「骨の人類館事件」と言える。今帰仁村教育委員会が、「京都大学だったから残っている。戻すのは受け入れ施設ができてからがいいのではないか」という旨のコメントをしている。具志堅は「沖縄に戻ってきても、研究対象にするの？」と驚いている。お墓に葬られた遺骨は、お墓の中で先祖と一緒に土に還る方が、みんなが安心する。(83) 約三五年間、沖縄戦の遺骨を掘り返し、遺族の元に返還する活動を続けてきた具志堅も、琉球人遺骨の返還と再風葬を強く求めている。

二〇一七年八月、台湾政府教育省は、国立台湾大学所蔵の六三体分の琉球人遺骨を返還するとの意向を沖縄県に伝えた。琉球民族遺骨返還研究会と連携しながら、台湾で活動している中華琉球研究学会が、立法院の高金素梅委員を通じて、台湾原住民族と琉球人の遺骨返還を同大学に求めたところ、移管に合意した。現在、沖縄県教育委員会、今帰仁村教育委員会による同遺骨の移管作業が進んでいる。移管された場合、沖縄県立埋蔵文化財センターに一時保管された後、今帰仁村教育委員会の管理下に移される予定である。遺骨の「返還」ではなく「移管」と記したのは、同遺骨が元々あった場所つまり百按司墓ではなく、今帰仁村歴史文化センターの保管庫に移され、研究対象として引き続き利用される予定だからである。先住民族としての琉球人が訴える「遺骨返還」ではなく、琉球において供養されることも予定されていない。

一九三六年に金関丈夫が台北帝国大学教授に就任して後、遺骨の大発掘が行われた。国立台湾大学医学院解剖学科体質人類学研究室に保管されている標本の大部分は、金関教授が収集したものである。同研究室保管の人骨に関して、以下のような形質人類学者による研究活動が行われた。一九九七年、琉球大学解剖学教室の石田肇、土肥直美が標本の保存状況を観察した。一九九八年と九九年、石田と土肥が古人骨復元専門家とともに復元作業を実施した。二〇〇三年、土肥が中心になって専門家との討論が始まり、二〇〇四年には共同研究が開催された。二〇〇八年に土肥、百々幸雄、篠田謙一らが、研究会を開いた(84)。

台湾からの百按司墓遺骨の移管に関して、同地に赴いた玉城靖・今帰仁村教育委員会学芸員に対して、台湾大学の蔡錫圭は「遺骨をちゃんと守った。返すからちゃんと守るように」と述べたという。遺骨移管の条件は、再風葬をせず、研究のために保管し、利用することであった(85)。蔡は「遺骨を守った」と言うが、それは元々、百按司墓で風葬された遺骨であり、金関によって奪われたものであることは言うまでもない。

一九六八年、六九年に発掘調査が行われた山下町第一洞穴人(三万七〇〇〇年前)の遺骨(六〜七歳くらいの子供の脛骨と大腿骨)、港川人の1、2号は東大総合研究博物館、宮古島で発見された、三万年前のピンザアブ洞穴遺跡の遺骨は国立科学博物館に、それぞれ保管されている。白保竿根田原遺跡遺骨1〜4号は、沖縄県立埋蔵文化センターが保管している。研究者が研究用として価値があると認識したものは大学、研究機関に保存され、供養の対象から排除された。港川人3、4号は二〇〇七年に東大から沖縄県立博物館・美術館に移されたが、分担管理という形であり、研究者による利活用を前提としたものであった。京都大学には、百按司墓琉球人遺骨以外にも、「清野コレクション」にリスト化された琉球人遺骨が保管されている。研究を目的にして遺骨が風葬墓から持ち出されることで、琉球人の死者と生者との関係が切断され、先祖供養も否定されたままの状態が続いている。これは死者のみならず生者への冒瀆行為である。

先住民族として琉球人が骨に対面する時、それは「人骨」ではなく「遺骨」となり、供養という信仰の対象となる。またそれは琉球人のアイデンティティ形成にも大きな影響を与え、脱植民地化過程において政治的象徴としての意味と役割を有するようになった。

終章　生死を超えた植民地支配

第一節　琉球人にとって骨とは何か

そもそも琉球人にとって遺骨とは、どのような意味があるのだろうか。琉球王国時代から現在まで、琉球人が崇拝の対象としている御嶽《ウタキ》は、村の守護神を祀る神聖な社であるとともに、祖先の墓所（風葬所）でもある。元々、グスクは日本の「城《しろ》」ではなく、神聖な「ウタキ」であり、祖先の葬所を石垣で囲ったものである。グスクから貝殻や陶器の破片が出土されるが、それは神への供物または、死者がニライカナイ（東方の海のかなたの楽土。琉球のあの世）で使う物であった（1）。

グスクやウタキの域内（崖を含む）または、その近くに遺骨が納められた。このような骨は「骨神《ふにしん》」と言われ、神が憑依していると信じられた。今帰仁城内にも墓があり、崖下には按司墓と称する洞穴内において、今帰仁ノロ門中による祭祀が行われていた。その後、その遺骨は運天港崖中の百按司墓とアカ墓に移葬された（2）。

日本における城は武士の住居、戦いの拠点である。他方、琉球のグスクでも王や按司らが住んだが、同時に墓所や祭祀場として利用された。現在も琉球に数多く存在する聖なる場所であるウタキも、墓所であった。骨は単なる物ではなく、「骨神」という先祖神になった。百按司墓の琉球人遺骨も、骨神として崇拝の対象になったと考えられる。琉球民族の信仰世界にとって遺骨や墓所は、神聖で特別な存在であり、場所であった。その琉球から遺骨が奪われたのである。

なぜ骨が神になったのかについて、地理学者・仲松弥秀《なかまつやしゅう》は次のように述べている。人が死ぬと、しばらくは遺体に肉が残っている。肉が付いているあいだ魂はまだ肉にしばられ、完全な神に成り切っていない。肉が消え去った後に、初めて完全な神になると琉球人は考えた。死後に残る人の霊魂、つまりマブイ（霊魂）を拝するには、何か魂を象徴する目に見えるものが必要であった。神となった祖先の魂を拝する場合、祖先の魂の拠り所であった骨を通して手を合わすことが自然な成り行きとなった。目に見えるものとしては骨しか残らないことが、「人骨崇拝」や「墓所崇拝」が発生した理由である。(3)かつて琉球には、遺体を一定期間葬った後、親族が骨を洗って、新たに容器に納める洗骨の儀礼があった。これも骨を神として崇める、琉球人の信仰に基づく風習であったと考えられる。形質人類学者にとって標本資料でしかない琉球人の遺骨は、「骨神」として目に見える崇拝や供養の対象となった。琉球人による遺骨返還運動の背景には、このような琉球独自の先祖崇拝の信仰がある。

現在、琉球人が毎年行っている先祖供養祭祀として、清明祭《シーミー》と十六日祭《じゅうるくにちさい》がある。前者は一八世紀半ば清朝から伝来した祭祀である。一七六八年に初めて玉陵《たまうどぅん》（琉球国王の陵）で清明祭が行われた。清明の初日は玉陵で行い、次の日に「浦添ようどれ」でそれぞれ清明祭を挙行した。一八世紀後半以降、首里・那覇の氏族層も清明祭を行うようになった。一二六一年に「浦添ようどれ」が、一五〇一年に玉陵がそれぞれ造営された。(4)

元来、琉球での墓前祭は、毎年旧暦の一月一六日に行われる「グソー（あの世）」の正月である「十六日祭」と、旧暦七月七日の七夕に行う墓参り（墓掃除）があった。これに清明祭が加わった。琉球の墓地は、最初、丘陵の崖下や海辺を利用していたが、次に掘り込み式の墓となり、次に横穴の上に屋根を葺き、周囲を囲む形になった。その後、中国から破風墓や亀甲墓が伝わった。墓の中に納められる厨子甕《ずしがめ》は、「死者の家」と言われ、遺骨のほかに柄鏡《えかがみ》、簪《かんざし》、キセル、銭貨《せんか》等の副葬品も入れられた。それは、あの世でもこの世と変わらぬ生活が送られるようにと、琉球人遺族が願っていたからであるとされている。(5) 遺骨が媒介になってグソーとこの世が繋がり、その関係が絶えることなく続くと琉球人遺族は考えた。墓や厨子甕を通じて生者と死者との関係が続くのであり、死によって両者は永遠に別れるのではなかった。その意味で死者は完全な意味での死者ではなく、生と死とを行き来する存在になると認識された。墓や厨子甕があり、子孫が祭祀を行う限り、死者はこの世や生者と「共生」することができる。清明祭や十六日祭において墓前で生者と死者が共食するという、現在までも続く風習に、琉球の独自な信仰世界が現れている。死後も続く生者との関係は、遺骨が墓の中に存在することが前提となる。その意味で京都大学の保管庫にある琉球人遺骨は、生者との関係が絶たれたままであり、京都大学の行為は琉球人の信仰世界に対する暴虐であると言える。

二〇一八年五月、私は北京市通州区の「琉球国墓地遺祉《いし》」において、他の琉球人とともに慰霊祭を挙行した。泡盛、琉球線香、うちかび(琉球人があの世で使う紙幣)を捧げて供養し、琉球空手、三線の演奏、林世功《りんせいこう》(琉球救国運動のリーダー。琉球併合時、宮古・八重山諸島を日本は清国に割譲するという、外交上の取引として提案された琉球分島案に抗議して北京において自死した琉球人)の漢詩朗読を奉納した。明・清朝の時代、琉球国は留学生として「官生《かんしょう》」を北京の国子監(大学)に派遣していたが、同地において留学途中で死亡した人々や、琉球併合後、「琉球救国運動」に身を投じて清国に亡命した人々が葬られている。しかし解放後、文化大革命等により墓地が破壊され、現在は畑として利用されている。二〇一四年に私は、他の琉球人とともに初めて同地を訪問し、最初の墓参を行った。二〇一六年に再訪して先祖供養を同地で行った際、通州博物館に行き、「琉球救国運動」のメンバーであった王大業《おうたいぎょう》の墓石拓本を見ることができた。この時期から琉球と中国の研究者は墓地再建のために協力して、沖縄県と北京市にその再建を働きかける活動を始めた。二〇一八年に私たちが同地を訪問した際、「琉球国墓地遺祉」の看板が建立され、墓地再建予定地の周辺が鉄柵で囲われていた。将来、周辺一帯では都市再開発が行われる予定であるが、墓地再建と記念館建設のための土地は確保された。なぜ現在、琉球人は北京において、「琉球国墓地」の再建を強く求めているのだろうか。それは、琉球国の維持と発展を担い、命をかけて留学し、また琉球国を独立（復国）させるために亡命した琉球人のマブイの供養を強く希望しているからである。特に無念の気持ちで異国で命を絶った琉球の先人に対する、強い愛慕の念があった。自らの直接の親族ではなくても、琉球人アイデンティティで結ばれた「同胞、先人」と考えて、手を合わせたいという琉球人の心性が墓地での祭祀挙行、墓地再建のための活動の源泉になっていると理解できる。それは遺骨返還運動とも共通する、琉球人の精神的独立性を反映している。

先祖の骨を弔いたいと願う琉球人の信仰心は、沖縄戦直後行われた遺骨収集と弔いの際にも明らかになった。米軍によって真和志《まわし》村民（旧真和志村は現在那覇市）は、食糧確保を目的とした農作業のために沖縄島南部に集められた。同地は沖縄戦の激戦地であり遺骨がそのままの状態で置かれていた。住民は、米軍に遺骨収集の必要性を訴え、一九四六年二月二三日にそれが許可され、集めた遺骨を納骨堂に納め「魂魄の塔」と名付けた。民間人、軍人、国籍に関係なく、約三万五〇〇〇人の遺骨が納められた。琉球には日本の各都道府県の慰霊塔が建立されているが、「沖縄県の塔」はない。しかし

魂魄の塔

「慰霊の日」の六月二三日には、多くの琉球人が「魂魄の塔」において手を合わせており、「沖縄県の慰霊塔」としての役割を果たしている。(6) 遺骨収集と墓の設置を戦後すぐ行った琉球人の遺骨に対する強い思いと信仰を、「魂魄の塔」からも伺うことができる。

琉球の詩人、高良勉は次のように述べている。人はせいぜい生きても一〇〇年であるが、墓に入ったら二〇〇年、三〇〇年またはそれ以上、その中で住むことになるので、琉球では「墓の祝い」をする。清明祭、十六日祭等で墓の前で家族と共食する。琉球民族の精神文化には「霊魂の不滅」という考え方がある。「この世」でも「あの世」でもない、「その世」とも呼ぶことのできる世界である。そこは死んだ人とともに過ごす世界であり、魂が永遠に循環している。仲松弥秀が指摘しているように、琉球には「骨神」がおり、琉球人にとって骨は研究対象ではなく、「神様」なのである。(7)

ここで私事であるが、私の一族の墓は元々、石垣島にあったが、生活の拠点を沖縄島の那覇市に移したこともあり、一族の遺骨が納められた厨子甕を石垣島から那覇の新しい墓に移動させた。その際、新しい破風墓の中に父親、私、そして八重山民謡歌手・大浜安伴《あんぱん》が入り、儀礼を行い、島唄を唄い、カチャーシー（琉球の踊り）を舞うという「墓の祝い」を行った。毎年の十六日祭でも、墓前でご先祖の遺骨に向かって手を合わせるとともに、重箱の琉球料理を共食している。旧盆の時期になると、「ウンケー、ナカビ、ウークイ（ご先祖のお迎え日、中日、見送り日という意味の琉球諸語）」と呼ばれる三日間、ニライカナイという「あの世」から琉球人のご先祖が島に戻ってきて、生者と一緒に生活をする。

琉球人の自己決定権は、このような民族的信仰に基づいている。琉球人の骨は貝殻と同じではない。直接の親族でなくても、琉球の土地において生を受け、他の琉球人と生活して死んだ人々であるという意味で「同胞、先人」であると考えることができる。人体の一部としての遺骨と貝殻では全く異なる。貝殻のように遺骨を取り扱ってきた、日本人研究者への大きな怒りが生まれる源には、このような琉球人の信仰にある。遺骨に対する尊敬、愛慕からネーションとしての琉球人が生まれる。

第二節　先住民族としての琉球人

先住民族の定義は、次のようなＩＬＯ一六九号条約第一条に基づくことが、国際的な慣例になっている。

第一条

1　この条約は、次の者について適用する。

（a）独立国における種族民で、その社会的、文化的及び経済的状態によりその国の共同社会の他の部類の者と区別され、かつ、その地位が、自己の慣習若しくは伝統により又は特別の法令によって全部又は一部規制されているもの
(b)独立国における人民で、征服、植民又は現在の国境の確立の時に当該国又は当該国が地理的に属する地域に居住していた住民の子孫であるため原住民とみなされ、かつ、法律上の地位のいかんを問わず、自己の社会的、経済的、文化的及び政治的制度の一部又は全部を保持しているもの

2 原住又は種族であるという自己認識は、この条約を適用する集団を決定する基本的な基準とみなされる。

3 この条約における「人民」という語の使用は、国際法の下においてその語に付随する場合のある権利についていずれかの意味を有すると解釈してはならない[8]。

つまり、植民地支配下におかれた人々が、自らを先住民族であると自覚することで、「先住民族になる」とされている。国連を含む他者が、ある人々を先住民族と勝手に決定するのではない。一九九六年と二〇一六年、日本の最高裁判所は、沖縄県知事が訴えた琉球の人々の人権を認めなかった。しかし琉球人は、一九九六年から現在まで国連の諸会議に参加し、国際法上、先住民族が有する権利を訴えてきた。このような活動を通じて、国連は様々な勧告を日本政府に出してきた。世界の被抑圧民族は、国連の場で国際法に従って人権問題を訴え、その人権を回復してきた。琉球人がこのような手段を活用することは、人類の一員として当然の権利である。

人権は、個人が有する人権と、特定の集団が有する人権に分けることができるが、先住民族の人権

は後者に属する。国際法で保障された民族（人民）の自己決定権も、集団的権利である。先住民族として自覚した琉球人は、国際法が保障する集団的権利を主張し、それを日米両政府に認めさせ、差別を克服する道が開かれている。国連の場では、それが可能であり、国際的な人権団体の支援も得ることができる。

私は「復帰」の年に小学三年であったが、その時、担任の教員により「方言札」の罰を受けさせられた。それ以来、大学進学のために東京に出るまで、自分を日本人であると考えていた。しかし、東京での「異民族視」という体験、アイヌ民族からの学び、グアム、パラオ、ヤマトでの生活等を通して自らを琉球人と考えるようになった。アイデンティティとは、他者から与えられるものではなく、自らで獲得する自己意識である。日本国民であっても、琉球人という民族的属性を持つことは不自然ではない。特に現在のように日本政府、日本人によって植民地支配を受け、差別されるという逆境の中で、ウチナーンチュ意識が強まるのは当然である。

二〇一六年、高江へリパッド新米軍基地建設の現場で大阪府警機動隊員によって「土人、シナ人」という差別発言が未だに琉球人に投げつけられた。しかし差別発言ではないとする閣議決定によって政府として差別を隠蔽しようとしているのが、人権後進国・日本の実態である。日本政府が琉球人を先住民族であると認め、その権利を国内法で保障していたら、このような民族差別事件は発生しなかっただろう。日本政府が先住民族の土地権を琉球人に認めていたら、強制的に米軍基地を押し付け、新基地を建設することもできなかったはずである。先住民族の土地を軍事的に利用することは、国際法で禁じられている。

私が国連や太平洋諸島で出会った先住民族は、「遅れた、野蛮な、保護対象となる」人々ではなく、国際法を駆使し、国連を初めとする国際会議に参加して、世界の人々や組織と協力しながら諸問題を解決してきた方々である。先住民族を偏見の目で見てはいけない。一九〇三年の「学術人類館」事件のように、差別されている琉球人が他者を差別したのでは、「同化＝被差別の無間《むげん》地獄」から抜け出すことができない。

現在、琉球人は日本国民であり、その人権は日本国憲法によって保障されるべきである。復帰運動に多くの琉球人が参加したのは、平和憲法を有する国の一員になることで、米軍基地の撤廃や整理・縮小、基地関連の事故や犯罪問題の抜本的解決を希求したからである。しかし、現実には憲法よりも日米安保条約や日米地位協定の効力が上回り、「復帰」して四六年になっても基地問題は一向に解決しない。

琉球の民意を無視し、日米同盟を堅持しようとする日本政府の方針に、日本の司法も従属している。現在、国会では改憲派議員が三分の二を上回り、安倍政権は改憲を一気に進めようとしている。著名作家による琉球の地元紙に対するヘイト発言、テレビでの「沖縄ヘイト」番組の放送、オスプレイ墜落を「不時着」として報道する大手マスコミ等、近年、琉球人を取り巻く人権状況は確実に悪化している。

琉球人が日本国民である限り、日本政府、他の日本国民の琉球に対する差別意識を変え、基地撤廃運動を続ける権利がある。同時に、琉球人自らが運動の主体となって国連や国際法を活用し、差別を克服する運動として、遺骨返還、反基地、母語復興、独立等の諸運動を展開する権利も国際法で認められている。このような運動の結果、国連も琉球人を先住民族として認め、基地の強制を差別とし、その改善を日本政府に勧告するようになった。

琉球とも関係が深いグアムでは、地元政府内に脱植民地化委員会が設置され、完全独立、自由連合、州という三つの選択肢から一つを選ぶ住民投票が準備されている。同時に国連の先住民族関連の委員会にも積極的に参加し、先住民族としての権利回復を世界に訴えている。グアムのチャモロ人は、民族(人民)であれ、先住民族であれ、国際法上の権利が付与される法的主体になることで、厳しい人権抑圧体制から脱去しようとしている。

琉球併合後、琉球は沖縄県とされ、日本の一部として近代化政策が推し進められてきた。日本の近代化は、富国強兵を掲げた帝国主義の過程でもあり、アジア太平洋の国や地域への軍事侵略、植民地建設によって領土が拡大された。琉球併合後の日本政府による近代化政策は、日本帝国の発展、拡大のために必要とされたものでしかなく、琉球の平和、発展は悪化の一途を辿った。

一九四五年四月九日に日本軍司令部から発出された「球軍会報」第五項に、「軍人軍属ヲ問ハズ標準語以外ノ使用ヲ禁ズ沖縄語ヲ以テ談話シアル者ハ間諜(スパイ)トミナシ処分ス」と記載されている。琉球諸語を話しただけで、琉球人が日本軍によって殺された。琉球人が自発的に日本語を使用したとか、その使用をもって琉球人が日本人である証になるとは言えない。また、オーストリアとドイツの人々のように、同一言語を使用しながら、異なる国を形成した例が世界に多くあり、日本語を話す琉球人がウチナーンチュ意識を持ちながら独立運動をしても奇異なことではない。

私は近代化を完全に否定する立場ではない。人権を守り、世界の平和や発展を促すために国連、国際法が欧米諸国を中心に形成され、その後、非欧米諸国、NGO等の市民もそれらの確立に貢献するようになったことも近代化の成果であるからだ。人権における近代化＝欧米化の結晶とも言える国際人権規約を批准している日本政府は、本来ならば、人権を否定する米軍基地を撤去しなければならない。先住民族の土地権、天然資源に対する権利を認め、琉球の歴史や文化を教育課程で教えるべきだとする国連勧告を日本政府は真摯に受けとめて、諸問題を進んで解決する義務がある。

同化主義の何が問題なのだろうか。近代化には様々な形態がありうる。独自の歴史、文化、風土を踏まえ、琉球人が主体的に参加する「琉球型の近代化」の道もある。しかし中央集権的で、画一的な政策や法制度を実施してきた日本政府は、琉球の独自性を認めず、誇り、人権、民意を無視してきた。このような状況のなかで、同化を強調することは、日本への隷属化を推し進めるだけであろう。

日本は帰るべき祖国ではなかった。「本当の祖国」は、過大な基地を押し付け、日米両軍の新基地建設に反対する民意を無視し、市民の基地反対運動を抑圧しないだろう。同化主義は琉球人の事大主義でもある。これは豊見城市議会、石垣市議会による、国連勧告を否定する意見書にも共通している。同化＝日本政府に従い、他の琉球人を犠牲にして自らの利益を得ようとする欲望が、その背後にある。同化＝皇民化の行き着く先は、日本全体のために生命、生活を捧げる「犠牲の構造」、つまり「沖縄戦」の再現でしかない。

琉球人が日本人と遺伝学、言語学の上で同一民族であるという学術上の言説は、一つの仮説でしかない。遺伝学による琉球人の特定研究には諸説あり、確定的な結果はまだ得られていない。そもそも「血」によって、特定の集団を決めるという方法自体に問題がある。それは、ナチスがユダヤ人を虐殺したときに利用した優生学に行き着く危険性を帯びている。琉球の人々の強い意志に基づく独立運動は、民族(人民)の自己決定権という国際法を法的根拠とし、脱植民地化の過程を平和裡に進めているのであり、民族の遺伝的属性に従って行われているのではない。

ある一人の琉球人の中には、多様なアイデンティティの共存がありうる。例えば、石垣人、ウチナーンチュ、日本人、先住民族等である。自らを日本人と考えることも、琉球人の一つのアイデンティティのあり方である。日本政府による抑圧が強まると、ウチナーンチュ意識が大きく前面に出てくるという傾向がある。

なぜ琉球人は先住民族と名乗るのであろうか。先住民族は、ある民族の総称であるとともに、特定の集団的権利が認められる法的主体でもある。差別から解放される手段として、琉球人はこの法的地位を活用することができる。先住民族と主張するから、「土人」と言われて差別されるのではない。日本政府、日本人の琉球人蔑視の姿勢や、先住民族に対する偏見が問題なのである。

琉球新報社の調査によると、琉球の政治的地位に関して、二〇一六年時において現状維持を求める人は四六・一%でしかなく(二〇一一年時は六八・一%)、自治州、外交権・防衛権のある州、独立等が三四・五%を占めた(9)。新たな政治的地位を獲得する時に国際法上の根拠になるのが、民族(人民)の自己決定権であり、土地や天然資源に対する先住民族の権利である。同化主義は、国際法で保障された権利を自ら捨て去ることにつながる。琉球の地で人間らしく誇りをもって生きるために、人類の叡智を活用することは琉球人の当然の権利でもある。

誰が、どのように先住民族を定義するのかということは、被植民者による脱植民地化にとって大きな意味を持つ。植民者による「ハワイ人（カナカマオリ）の定義」として、一九二一年にＨＨＣＡ（ハワイアン・ホームズ委員会法）が定めた、「血の割合」（一七七八年以前にハワイ諸島に住んでいた人の血を少なくとも半分有する）に基づくものがある。植民者にとって都合のよい「血に基づく定義」の導入により、その社会が分断され、カナカマオリへの土地返還に大きな支障を来した。他方、グアムで土地返還を実施するＣＬＴＡ（チャモロ土地信託法）において、返還地の借地人になる人々は「ネイティヴ・チャモロ」とされた。一九八〇年代初頭のグアム議会において、「ネイティヴ・チャモロ」は、一九五〇年のグアム基本法によって米市民となった人々とその子孫とされた。同基本法によってチャモロ人に米市民権が与えられたのであり、それは植民地・グアムの歴史において大きな意味を持つ[10]。

先住民族としてのチャモロ人は、血やＤＮＡで規定されるのではなく、植民地支配下のグアムで生きる人々であり、自らを先住民族として自覚する人々である。国際法で認められた先住民族の集団的権利を否定しようとする人々が、「血」「純血性」「ＤＮＡ」等を持ち出してきた。

アメリカ、カナダ、ニュージーランド、オーストラリア等に住む先住民族は、自らの土地権を認めさせ、その金銭的補償、所有権回復等を実現させた。世界の先住民族は、国際法や国連を駆使し、宗主国と巧みに粘り強く交渉して土地権を奪回してきた人々なのであり、決して「未開の、遅れた」人々ではない。

日本やアメリカの植民地支配下において琉球が受けてきた歴史的な不正義を正す具体的な方法が、先住民族が有する土地権の回復、新たな政治的地位を決める住民投票である。その土地権の中に、祖先の遺骨を返還させることができる権利が含まれている。琉球人は国連憲章、国際人権規約等で保障された「民族の自己決定権」を行使して、奪われた遺骨を返還させることができる。

第三節　学知の植民地主義批判

これまで日本人研究者は、日本の植民地という、高度に政治的な現場である琉球において調査活動を行ってきた。琉球は「日本固有の領土」ではなく、独自の国であった。琉球国は欧米諸国もその存在を認めていた。「はじめに」に述べたように、一八五〇年代、琉球国はアメリカ、フランス、オランダと修好条約を締結した。しかし、それらの条約原本は日本政府が奪い、現在、外務省が管理する外交史料館が保管している。

琉球国、明国、清国の朝貢冊封国であった李氏朝鮮(現在の韓国、北朝鮮)や安南国(現在のベトナム)、シャム国(現在のタイ国)等と同様な政治的地位であった。一八七九年の琉球併合において、日本政府は軍隊、警察によって琉球国を滅亡させ、沖縄県を設置した。日清戦争後まで、清国に亡命した旧王府家臣は既に述べたように琉球救国運動を展開してきた。また戦後の米軍統治時代から今日まで独立運動が琉球において行われてきた。

「サンフランシスコ講和条約」第三条には、将来における琉球の信託統治領化が明記されていたが、それは不履行となり、一九七二年に「沖縄県」として再び日本の統治下におかれた。他方、戦前、日本の委任統治領となり、戦後、米国の戦略的信託統治領になったミクロネシア諸島は、国連信託統治理事会の監視下で住民投票を行い、自由連合国または米国領(コモンウェルス)を選択することができた。

「沖縄県」成立の国際法上の根拠となった沖縄返還協定は、琉球政府を排除した、日米両政府の密約に基づくものでしかない。一九七一年に屋良朝苗《やらちょうびょう》・琉球政府行政主席が日本政府に提出した「復帰措置に関する建議書」も無視された。琉球は、国連監視下における住民投票による新たな政治的地位の獲得という、脱植民地化が認められなかった。琉球国を滅亡させた琉球併合、「捨て石作戦」の沖縄戦、在日米軍基地の日本から琉球への移設・固定化、米軍統治、基地による犠牲等に対して、日本政府は謝罪、賠償を行わず、現在、新基地建設という新たな植民地政策を実施している。

日本政府は、アイヌモシリ(北海道、千島列島、樺太)、琉球、台湾、朝鮮半島、「満州国」、南洋群島、グアム等を自らの植民地にすることで帝国主義を拡大させた。日本の帝国主義は、アジア太平洋戦争で日本が敗北した後、消え去ったと言われている。しかし琉球に関して、日本の帝国主義、植民地主義は未清算であり、現在も続いている。

百按司墓琉球人の遺骨は、琉球が日本の植民地支配下におかれた状況で奪われた。それは現在も京大にあり、琉球人からの問い合せ、返還要求に応じないという大学の姿勢も、琉球が日本の植民地であることを示している。京大による植民地主義の問題性は、次のように整理することができる。

(1)京大は「熟達度」「研究実績」などの「専門性」を、遺骨「実見」の条件とした。しかしその場合の「専門性」は恣意的な決定が可能であり、「専門的な知識や能力」に関する明確な規定や定義は明確でなく、京大が遺骨「実見」を拒否する「言い訳」となっている。また、なぜ専門家でないと「実見」が許されないのか、という問題もある。

(2)遺骨返還請求に関する京大の姿勢から、琉球人遺骨に対する「絶対的な所有意識」が明らかである。しかし本来、当該遺骨は京大の所有物ではなく、琉球人のものである。真理を究明して、これを社会に還元するのが大学の責務である。遺骨の盗骨は犯罪であるが、その事実に向き合わず、窃盗物を隠匿し続けることは共犯になる。

(3)研究対象や自らの研究成果に対する欲望、指導教授への忠誠心が、大学による遺骨保管の動機として指摘しうる。このような研究者側の姿勢は、遺骨、琉球人の信仰や慣習等に対する敬意の欠如を示すものであり、琉球人の自尊心への攻撃ともなっている。

(4)京大は遺骨に関する「問い合せ」への回答を拒否してきた。それは琉球人を、対話可能な対等な人間として扱わないことを意味しており、琉球人差別であると言える。多くの琉球人が辺野古や高江の新米軍基地建設に反対する民意を何度も日本政府に伝えたが、それを無視し、基地建設を強行してきた。このような、琉球の基地問題と共通する、琉球人に対する差別である。

近代以降、日本人のアイデンティティを確立するために、アイヌ民族、琉球民族の遺骨が研究者によって注目されてきた。日本の「領土」に編入された琉球で発見された港川人が、現在、国立科学博物館、東京大学等において日本人の祖先として研究、教育が行われている。

遺骨返還問題が琉球人のアイデンティティとも深く関わっているため、琉球独立論者も遺骨返還を主張している。つまり、琉球国の礎を築いた先祖の遺骨が琉球人のやり方で埋葬、供養されていないという不正義が、いまだに解決されていないのである。

遺骨も人体の一部であるという認識が琉球人側にある。遺骨の再風葬によって遺骨が「モノ」から

「人」になり、生者との関係性が回復され、遺骨は「死者から祖先」に移行する。二〇一七年初旬以来の琉球人遺骨返還運動により、百按司墓遺骨は琉球の脱植民地化の政治的象徴になった。遺骨問題は琉球人の過去を現在に浮上させ、脱植民地化という琉球人の未来とも直結している。

人類全体に貢献するとされる学知は、当事者の人権を犠牲にして優先されるべきであろうか。学知を人権よりも優先した場合、植民地主義が発生する。琉球人の過去、歴史は研究者のものではない。研究者、専門家が琉球人の過去と現在を結ぶ決定権を有するとする姿勢が、琉球人遺骨問題において明確であり、これを「学問の暴力」と批判することができる。

形質人類学の専門知識からみたら、琉球人遺骨は「標本」「人骨資料」でしかない。琉球人の人権を無視し、近代的学知、所有権を優先、絶対視する大学、研究者と、自らの生活、信仰、権利を守ろうとする琉球人とが対立している。それは植民者と被植民者の「支配―従属」関係である、植民地主義的対立でもある。

第四節　自己決定権行使としての遺骨返還運動

大学や博物館に保管されている先住民族の遺骨は、植民地主義の「戦利品」としての意味を帯びている。それらが先住民族社会から奪われたのは、植民地主義体制という不平等な関係性の下においてであった。またその返還を拒否することは、今後も植民地支配を続けることの意思表示となる。被植民者側が、植民者側による遺骨保管を認めることは、植民地支配の共犯者になることを意味する。

日本の植民地支配下において奪われた遺骨を取り戻すことは、国際法で認められた自己決定権を行使することで可能になる。問題の解決において自己決定権が重要な要因になる点で、基地問題というもう一つの植民地主義問題と、遺骨問題は共通している。序章で述べたが、清野謙次は寺社から経典等を盗んで逮捕され、大学からの退職を余儀なくされた。しかし、刑法上違法であったが、清野、小金井良精、児玉作左衛門、金関丈夫らは、アイヌ民族や琉球人の遺骨を盗んでも逮捕されなかった。それは北海道や琉球が、日本の植民地であるからにほかならない。

先住民族にとって遺骨も身体の一部であり、人間が死んでからも遺骨を通じて生者と死者は関係性を持ち続ける。形質人類学者による「遺骨の物象化」は、人間存在の否定につながる。遺骨の再風葬、再埋葬によって、モノから人に再生し、生者との関係が回復する。

遺骨の略奪は、先住民族の文化、信仰、アイデンティティの破壊、つまり同化を推し進めることになる。なぜなら遺骨を「骨神」と呼んだ琉球人の文化、信仰、アイデンティティにとって、遺骨が非常に重要な役割を果たすからである。皇民化教育によって同化された琉球人が、日本人研究者による遺骨盗掘を手助けしたことからも明らかなように、琉球人遺骨問題は、日琉同祖論とも深く関係している。

遺骨を奪った科学者は、最先端の科学的方法によって琉球人と日本人との関係、琉球人の移動、先史・歴史時代における琉球人の生活に関して、様々な仮説を提示してきた。これは、他者が琉球の歴史を語る上での主導権を握ることを意味する。戦前、戦中において人類学者の研究は、国策と強く結びついていたのであり、時代状況に応じて科学研究が政治的中立性を維持しえなかったことは歴史的事実である。過去、歴史、記憶はだれのものかという問題提起が、当事者の先住民族からなされている。琉球人遺骨問題は、琉球人の過去、歴史、記憶を巡る琉球人と京大との「文化戦争」と呼ぶこともできる。

琉球人は「骨神」を中心に置く先祖供養を通じて、過去、現在、将来を繋ごうとしてきた。しかし、学知の植民地主義には、科学者が琉球人の過去と現在を結ぶことができるとする、根拠のない、特権意識がある。研究成果によって先住民族は、そのアイデンティティを獲得することが可能になると主張する科学者もいる。琉球人は、自らの過去、現在、将来を結ぶメディアとしての遺骨を科学者に奪われることで、研究の客体という従属的地位に置かれる。しかし研究者によって提示される研究成果は仮説でしかなく、絶対的な真理ではない。様々な仮説、研究者の業績、学位や地位等のために、琉球人の過去、歴史、記憶を体現する、遺骨を初めとする物品が奪われてきた。

遺骨を研究対象とする研究者は、遺骨返還に対して「学問の自由」を主張するだろう。それは思考、探究の自由であり、制限が設けられてはならない。しかし、研究の方法、技法、手段において、研究対象とされる人々の人権に配慮することが前提となる。遺骨を含む人間を対象とする研究において、倫理的な制限が設けられるのは当然である。自由に遺骨を取り出し、保管し、削り取ることは、人権侵害となる。人類全体に貢献するとされる普遍的な学知は、当事者の人権を犠牲にして優先されるべきではない。もし学知を優先させる場合、植民地主義が発生することになる。七三一部隊の最も大きな犯罪性の一つは、調査対象者の人権を全く考慮しなかったことにある。

琉球人遺骨返還運動は、琉球人の過去、歴史、記憶を取り戻す運動でもある。遺骨返還運動は、誰が歴史的なナラティブを語る主導権を持つかを巡る闘いである。現在、将来の方向性を決定するアイデンティティを、誰が決定するのかが問われている。「港川人が日本人の祖先」「琉球人は縄文人の子孫」「琉球人顔面形態は日本人のそれに類似している」等の学知による仮説で、新たな日琉同祖論が提示され、同化を促し、琉球人のアイデンティティ形成過程に混乱をもたらそうとしている。

遺骨の取り扱いを尊重することは、遺骨に関係する生者にも敬意を払うことを意味する。研究の対象という客体ではなく、自分と対等な主体として琉球人との関係を作り上げることになる。大学による祖先の遺骨保管をこのまま許すなら、琉球人の過去、歴史が学知によって奪われ、琉球人は「歴史のない民」となり、日本の帝国主義、植民地主義は今後さらに強化されるだろう。大学が保管する遺骨は、琉球人にとって「植民地化された身体」を意味し、遺骨返還は「身体の脱植民地化」として理解することができる。

二〇一八年五月、琉球民族独立総合研究学会主催のオープンシンポジウム「自己決定権行使としての琉球人遺骨返還運動」において、照屋寛徳・衆議院議員は次のように述べた。百按司墓遺骨は京大のものではない、琉球人のものである。皆でその返還を求めよう。京大は憲法の知る権利を無視して、遺骨に関する問い合せに答えようとしなかった。自分が国政調査権を発動した質問により、京大は「プラスチック製の直方体の箱」に百按司墓琉球人の遺骨を納めていることを、初めて認めた。我々の祖先の遺骨を、「プラスチック製の直方体の箱」に入れるのか。大変な侮辱である。自分は第二尚氏系の門中ではあるが、裁判の原告になりたい。自分が属しているのは尚真王の末裔の門中であり、現在も「今帰仁御廻り《ウマーイ》」を行っている。琉球国の礎を築いた先人の遺骨が盗まれ、標本とされている状態を見過ごすわけにはいかない。京大の態度に「わじわじー」（「怒っている」という意味の琉球諸語）している。琉球人を憲法上の国民として扱っていない。裁判闘争になったら力になって欲しい。皆で、うやふぁーふじ（ご先祖）の遺骨を島に戻しましょう。[11]

現在、私は京大総長を被告とした「琉球遺骨返還請求訴訟」の準備を進めている。裁判において重要になる「原告の適格性」を、念頭におきながら原告を集めている。同遺骨の子孫とは誰だろうか。百按司墓の遺骨は、一四六九年に終了した第一監守（第一尚氏王統時代の北山監守）の時代における、貴族である可能性が高いとされている。[12] 同墓以外に、運天には大北墓《うーにしばか》と呼ばれる古墓があり、それは第二尚氏の二世、四〜七世の北山監守（今帰仁按司）やその一族が葬られているとされている。[13] つまり、百按司墓には、第一尚氏王統時代の北山監守を含む、貴族が埋葬された可能性が高いと考えられる。同墓に貴族が埋葬されたことは、琉球国の歴史書である『中山世譜』にも記載されている。第一尚氏系の門中は、「監守を含む貴族」に直接的、間接的に繋がっていると想定している。原告希望者には、家譜（琉球の家系図）等の文書資料の準備をお願いしている。原告を確定する過程を通じて、今の琉球人が琉球国の形成や運営に携わった人間の子孫であることを、第一尚氏門中だけでなく、その他の琉球人も意識するようになるだろう。裁判を通じて、琉球人アイデンティティを確立し、先住民族が有する自己決定権を行使しようとする人も増えてくることが期待される。

第一尚氏系の門中とともに、原告には利害関係人（先住民族としての琉球人）の参加も検討している。遺骨返還を巡るアイヌと北海道大学との訴訟の和解後、アイヌの有志で構成される「コタンの会」が遺骨を受け取り、再埋葬を挙行した。同会は利害関係人（コタンに住むアイヌ）として原告に名を連ねていた。それにならって本裁判では遺骨返還による琉球人の権利回復を第一の目的とするが、それとともに琉球に対する日本の植民地支配の歴史を問うことを、もう一つの目的に据えている。

遺骨返還によって琉球人は、自らの過去を自らの言葉で語ることができるようになる。同化されるのか主体的に生きるのかという、アイデンティティ政治とも関連した問題である。琉球人は、研究の客体から日本人と対等な主体になろうとしている。

琉球人遺骨の盗掘とその保管は、研究における倫理上の問題、国内法や国際法違反であるとともに、琉球人の信仰、生活、習慣に対する破壊行為、人権侵害問題である。遺骨の取り扱いに敬意を払うことは、生者の存在や人権を尊重することになる。

京大は琉球人遺骨を、「コレクション、標本」等の研究対象物として取り扱っているが、琉球人にとって遺骨は、伝統的な信仰、生活、習慣にとって不可欠のものである。先祖の骨が本来あるべき場所から離れ、供養が受けられないことは、祖先と子孫との紐帯を断ち切り、琉球人の精神的生活を危機的事態に陥れることになる。

遺骨は先祖のマブイを体現するものとして、不可欠な存在である。研究者が自由に琉球人の遺骨を持ち出し、博物館や大学に保管することが許されるなら、琉球人の信仰、生活、習慣は存立できない。

琉球人は生きている間、米軍基地問題に象徴されるように、植民地支配の犠牲者である。同時に、死してニライカナイに行ってからも、日本による植民地支配を受けている。遺骨返還、先祖供養を、京大つまり日本政府が拒否できる体制下で琉球人は生きることを強いられている。琉球人を生死にかかわらず支配し、利用しようとする日本の植民地主義から脱却しない限り、琉球人は永遠に、徹底的に、生死を超えて日本から支配され、搾取されるだろう。

琉球人の自己決定権、遺骨返還と再風葬という先住民族の権利、信教の自由という人権、アイデンティティの確立、そして琉球独立にとって琉球人遺骨は大きな意味を有するようになった。琉球人が有する自己決定権に基づく遺骨返還運動を、世界の先住民族や東アジアの人民と連帯しながら進めることによって、京大、日本政府の植民地主義という鉄の鎖を断ち切る時がきた。

遺骨だけでなく、一八五〇年代に琉球国が欧米諸国と締結した修好条約原本等、日本政府が奪った、琉球人のアイデンティティ、独立に関わる物全てを、琉球人は自己決定権によって返還させることができる。まずは琉球国の誕生と形成に貢献した、百按司墓琉球人の遺骨を取り戻したい。それにより琉球人は自己決定権を確立し、生死を超えた植民地支配から脱することが可能になる。

あとがき

経済学を専門とする私が、なぜ「琉球人の遺骨問題」を研究し、その返還を求めて行動するようになったのだろうか。これまで私は主に琉球、太平洋諸島を研究対象とした島嶼経済論、島嶼独立論を研究テーマとしてきた。海に囲まれた小面積の陸地という地理的特徴から、島の経済は政治、軍事、自然環境等と深く関連し、歴史や文化との結びつきも強いという特徴を持っている。島嶼は外部からの支配や暴力を受けやすいが、同時に、その独自な歴史、文化、自然を踏まえて、島嶼民が主体となった内発的発展が可能な場所でもある。琉球の内発的発展において、生活主体としての島嶼民の意識やアイデンティティ、集団的権利、自己決定権行使が大きな役割を果たしてきた。

私は大学進学のために琉球から東京に来たときから、「自分は何者なのか」を考え、葛藤し、琉球人というアイデンティティを様々な人々との交流と議論を通じて獲得することができた。私自身も研究の対象になったため、社会活動に実際に自分が関わりながら、研究仮説を実証していくという研究スタイルを取るようになった。アイヌ民族やチャモロ人とともに、国連の人権委員会先住民作業部会や脱植民地化特別委員会に参加し、先住民族として琉球の脱植民地化、脱軍事基地化を主張し、その意味と社会的影響等について研究してきた。実践を踏まえた研究によって、植民地としての琉球の変革や解放が可能になると考えた。

他方、本書で論じたように、学知(研究)によって琉球人、アイヌ民族、ネイティブ・アメリカン等の先住民族に対する差別や偏見が正当化、助長され、集団的権利が奪われてきた。日本の帝国主義、植民地主義は未だに清算されておらず、現在も大学や博物館等において、それらは再生産され続けている。学知による植民地主義は「学問の暴力」とも呼ばれている。

私は、学知の帝国主義や植民地主義の歴史や実態を明らかにし、琉球人の尊厳や権利を回復したいとの思いを胸に本書を執筆してきた。「学問の暴力」に「抵抗の学問」を対峙させることで、琉球の脱植民地化を進めたいと考えた。「抵抗の学問」の内実は、「研究のための研究」に終始するのではなく、例えば、大学との交渉や提訴等、社会的な実践を通じて深めることができる。研究は実践と手を携えながら進めることで、社会変革のツールになり、被植民者の期待にも応え、「抵抗の学問」として支持されるだろう。実践における試行錯誤の過程をも研究の対象にして、実践と研究が相互に往復運動を繰り返すことで「抵抗の学問」が形成される。

京都大学が「日本政府の統治代行機関」ではなく、「学問の府」であるなら、私の批判や遺骨返還要求を無視し、逃避するのではなく、真摯に応えることを期待したい。また本書で実名を挙げて批判した、他の研究機関の研究者、形質人類学者らからの意見や反論も待ちたい。本書を通じて対話が始まるのか、また植民者との深い断絶がさらに深まるのかを見極めたい。現在、閉ざされた扉を開ける鍵としての役割を、本書が担ってくれることを希望する。

本書の完成にあたって多くの方々や諸団体からのご助力を得た。また遺骨返還運動や訴訟に対してもご理解、ご支援をいただいた。あわせて心から御礼を申し上げたい。龍谷大学図書館、東京大学総合図書館、東京大学東洋文化研究所、東京大学総合研究博物館、京都大学総合博物館、国立科学博物館、沖縄県立図書館、沖縄県公文書館、那覇市立図書館、沖縄県立埋蔵文化財センター、今帰仁村歴史文化センター、沖縄県立博物館・美術館、八重瀬町立具志頭歴史民俗資料館等の学芸員の方から説明を受け、資料を収集し、展示内容を観察する機会をえた。

小川隆吉氏からアイヌ遺骨返還関連の資料を頂戴し、琉球人の遺骨返還運動を励ましていただいた。清水裕二氏からは遺骨返還を求めるアイヌ民族の歴史的背景を伺い、氏はともに京大に行き、京大とチャランケをして下さった。出原昌志氏より、京大への情報公開に関してアドバイスや各種の関連資料閲覧の機会を頂戴した。手島武雅氏からはネイティブ・ハワイアンやアイヌ民族による遺骨返還運動に関するご教示をいただいた。

照屋寛徳・衆議院議員は、国政調査権を発動して百按司墓琉球人に関する情報を京大から引き出し、質問主意書により本件に関する日本政府の姿勢を糾し、京大総長宛に二回の公開質問状を送付して下さった。命どぅ宝！　琉球の自己決定権の会事務局、琉球民族独立総合研究学会事務局、沖縄・一坪反戦地主会関東ブロックの皆様、横浜・沖縄講座事務局、東京琉球館の島袋マカト陽子氏、『月刊琉球』編集部の本村紀夫氏や照屋みどり氏、そして、亀谷正子氏、玉城毅氏、松永裕子氏、崎山嗣幸氏、当真嗣清氏、高良勉氏、鳥尾理沙氏、川瀬俊治氏、具志堅隆松氏、まよなかしんや氏、与那嶺義雄氏、崎浜盛喜氏、山内小夜子氏から、シンポ開催、訴訟支援活動に関して様々な支援を受けた。

京都帝国大学の研究者によって奪われた遺骨の返還運動を奄美諸島において展開されている、大津幸夫氏や原井一郎氏とは、同じ問題意識を共有しながら情報交換をし、互いに励まし合ってきた。

東アジア共同体・沖縄（琉球）研究会は二〇一八年、本問題に関する公開シンポを開催し、「琉球人・アイヌ遺骨返還問題にみる植民地主義に抗議する声明文」を決議し、関係機関に送付した。琉球民族独立総合研究学会事務局や琉球弧の先住民族会は、国連の諸機関やアジアの先住民族団体に対して琉球人遺骨返還を正式に求めるなどして、遺骨返還のための国際的な支援ネットワークを築いてくれた。

同志社大学奄美―沖縄―琉球研究センターの冨山一郎センター長は二〇一七年、本問題に関するシンポを同大学で開催し、京都大学大学院教授の駒込武氏は、京大総合博物館や京大大学院理学研究科自然人類学研究室に対する骨格実見の申請書において私の保証人となっていただいた。台湾の研究者で構成される中華琉球研究学会の石佳音《せきかおん》(シィア・イン・シー)理事長は、台湾立法院の高金素梅委員を通じて国立台湾大学所蔵の琉球人遺骨の返還を働きかけ、石氏が編集長を務める雑誌『遠望』でも、本問題を台湾の人々に大きく紹介して下さった。

私の学生時代の恩師である西川潤先生、川勝平太先生、佐藤幸男先生からは、私の体調を心より気遣って下さるとともに、本問題の社会的、思想的重要性を踏まえた研究や社会活動について励ましの言葉をいただいた。それによって「京大という権威」に怯むことなく、対等な人間として問題提起をすることができた。

琉球新報社の宮城隆尋氏、沖縄タイムス社の与儀武秀氏、東京新聞社の白鳥龍也氏、京都新聞社の岡本晃明氏は、本件に関する私の社会活動、学術報告等を継続的に報じて下さり、また関連情報を頂戴した。沖縄タイムス社の与那嶺功氏は、私とともに今帰仁村でのフィールドワークを行うとともに、弁護団の定岡由紀子弁護士による現地調査を支援して下さった。京大学生によって編集、発行されている『京都大学新聞』において、本件関連の記事が大きく二回掲載された。自らが所属する大学の植民地主義を知り、報道するためにシンポを取材し、私にインタビューをした京大生にも感謝したい。このような問題意識を持つ学生、教職員は学内に多くおられるのではないか。本書出版を契機にして、京大内でも遺骨返還に関するシンポが開催され、学知の植民地主義に関する議論が深まることを期待したい。

「琉球遺骨返還請求訴訟」に関して、丹羽雅雄氏、定岡由紀子氏、普門大輔氏の各弁護士は、訴状の作成、現地調査、原告の確定等を行い、現在、提訴に向けた準備を進めていただいている。私は「琉球遺骨返還請求訴訟支援全国連絡会」を立ち上げたが、一般市民のご理解とご支援に基づく訴訟を行っていきたい。本訴訟は、日本による琉球の植民地支配を問うことを一つの目的としており、問題の当事者は琉球人だけでなく、日本人でもある。

訴訟支援活動の呼びかけ文は、『月刊琉球』とともに、『一坪反戦通信』『ウレシパ・チャランケ』に掲載されたが、それぞれ外間三枝子氏、大木真理子氏が掲載を快く了解し、支援をして下さった。

岩波書店の山本賢氏は本書出版の意義を認め、書名、構成等を検討し、校正者の方とともに本書の細部にまで丁寧に目を配って下さったおかげで、出版することができた。心より御礼申し上げたい。

最後に私の両親と妻にも感謝させていただきたい。父・寛、母・トヨ子は、石垣島、南大東島、与那国島、沖縄島の那覇で私を育ててくれ、東京、グアム、パラオ、静岡、京都で学び、働いてからも、琉球の地から温かい目で見守り、心から応援してくれた。妻・尋子は、手術後の私の食生活に配慮し、励ましてくれたことにより、現在、「食べる喜び、生きる喜び」を取り戻すことができた。

本年九月五日、台風二一号で停電し、強風で家が揺れ、屋根や窓枠から雨漏りが続くなか、懐中電灯で文字を追いながらゲラ修正作業を行った。不安な状況下ではあったが、できるだけ多くの方に、琉球人が直面している「生死を超えた植民地支配」を知ってもらいたい、当事者としてこの問題を考えてもらいたいという強い思いによって、この仕事を終えることができた。

本書が「抵抗の学問」として位置付けられ、琉球の脱植民地化に貢献しうるかどうかは、その内容とともに、今後の私自身の研究と実践のあり方とも結びついている。そのような自覚と緊張感をもって、本書を世に送り出したい。

二〇一八年九月六日

松島泰勝

松島泰勝

1963年，石垣島生まれ．龍谷大学経済

教授．専門は地域経済論，経済史，経済

済学，早稲田大学）．南大東島，与那国島，沖

育つ．那覇高校卒業後，早稲田大学政治経済学部経

科卒業．早稲田大学大学院経済学研究科博士課程履修単位取得．在ハガッニャ（グアム）日本国総領事館，在パラオ日本国大使館の専門調査員等を経て現職．著書に『沖縄島嶼経済史』『琉球の「自治」』（以上，藤原書店），『ミクロネシア』（早稲田大学出版部），『琉球独立への経済学』（法律文化社），『琉球独立論』（バジリコ）他．編著に『島嶼沖縄の内発的発展』（藤原書店）等．

琉球 奪われた骨——遺骨に刻まれた植民地主義

2018年10月10日　第1刷発行

著　者　松島泰勝

発行者　岡本　厚

発行所　株式会社　岩波書店
〒101-8002　東京都千代田区一ツ橋2-5-5
電話案内 03-5210-4000
http://www.iwanami.co.jp/

印刷・法令印刷　カバー・半七印刷　製本・牧製本

ISBN 978-4-00-025579-0　Printed in Japan

注

序章

(1) 京都大学編『京都大学病理学教室百年史：病院病理部の新しい動きを含む：明治33年(1900)〜平成20年(2008)』京都大学医学部病理学教室百年史刊行会，2008年，37〜38頁.
(2) 清野謙次先生記念論文集刊行会編・刊『第3輯(随筆・遺稿)』1956年，18〜19頁.
(3) 清野謙次『古代人骨の研究に基づく日本人種論』岩波書店，1949年，115頁.
(4) 同上書，116〜123頁.
(5) 同上書，116頁，120〜121頁.
(6) 同上書，120頁.
(7) 同上書，123頁.
(8) 清野謙次『増補版 日本原人の研究』第一書房，1985年a，211〜212頁.
(9) 清野謙次先生記念論文集刊行会編(1956)前掲書，662頁.
(10) 京都大学編(2008)前掲書，55〜56頁.
(11) 同上書，46頁.
(12) 同上書，47〜48頁.
(13) 清野謙次先生記念論文集刊行会編(1956)前掲書，151〜153頁.
(14) 清野(1985a)前掲書，373頁.
(15) 同上書，401頁.
(16) 清野謙次先生記念論文集刊行会編(1956)前掲書，137頁.
(17) 同上書，154頁.
(18) 同上書，156頁.
(19) 清野謙次『日本人種論変遷史』第一書房，1985年b，115頁.
(20) 工藤雅樹『研究史日本人種論』吉川弘文館，1979年，297頁.
(21) 清野謙次先生記念論文集刊行会編(1956)前掲書，157頁.
(22) 同上書，161頁.
(23) 同上書，165頁.
(24) 同上書，166〜167頁.
(25) 清野(1949)前掲書，202頁.
(26) 清野(1985b)前掲書，153頁.
(27) 篠田謙一監修『ホモ・サピエンスの誕生と拡散』洋泉社，2017年，140頁.
(28) 清野(1985a)前掲書，215〜217頁.
(29) 同上書，218頁.
(30) 清野謙次『日本民族生成論』日本評論社，1946年，422頁.
(31) 清野(1985a)前掲書，223頁.
(32) 同上書，227頁.
(33) 同上書，233頁.
(34) 同上書，234頁.
(35) 同上書，238頁.
(36) 同上書，228頁.
(37) 同上書，242頁.
(38) 同上書，231頁.
(39) 同上書，251頁.
(40) 同上書，260頁.
(41) 清野(1946)前掲書，45頁.
(42) 同上書，175頁.
(43) 同上書，221頁.
(44) 同上書，416頁.

(45) 同上書，420 頁.
(46) 植木哲也「アイヌ民族の遺骨を欲しがる研究者」北大開示文書研究会編著『アイヌの遺骨はコタンの土へ――北大に対する遺骨返還請求と先住権』緑風出版，2016 年，104 頁.
(47) 清野(1985b)前掲書，92～93 頁.
(48) 清野謙次先生記念論文集刊行会編(1956)前掲書，168 頁.
(49) 同上書，291 頁.
(50) 清野(1985a)前掲書，212～213 頁.
(51) 同上書，368 頁.
(52) 清野(1985b)前掲書，1 頁.
(53) 同上書，71～72 頁.
(54) 同上書，92 頁.
(55) 川村湊『「大東亜民俗学」の虚実』講談社，1996 年，174 頁.
(56) 清野(1985b)前掲書，120 頁.
(57) 同上書，126～136 頁.
(58) 平野義太郎，清野謙次『太平洋の民族＝政治学』日本評論社，1942 年，1～2 頁.
(59) 清野謙次『太平洋民族学』岩波書店，1943 年，217 頁.
(60) 同上書，227 頁.
(61) 同上書，228 頁.
(62) 同上書，240 頁.
(63) 同上書，344 頁.
(64) 清野(1946)前掲書，1 頁.
(65) 同上書，4 頁.
(66) 同上書，31 頁.
(67) 同上書，95～96 頁.
(68) 同上書，220 頁.
(69) 同上書，182 頁.
(70) 常石敬一『七三一部隊――生物兵器犯罪の真実』講談社，1995 年，9～10 頁.
(71) 同上書，11 頁.
(72) 京都大学編(2008)前掲書，40，51 頁.
(73) 常石(1995)前掲書，80 頁.
(74) 同上書，81 頁.
(75) 同上書，88 頁.
(76) 同上書，188～189 頁.
(77) 常石敬一『医学者たちの組織犯罪――関東軍第七三一部隊』朝日新聞社，1999 年，205 頁.
(78) 青木冨貴子『731――石井四郎と細菌戦部隊の闇を暴く』新潮社，2008 年，149 頁.
(79) 同上書，336 頁.
(80) 清野謙次先生記念論文集刊行会編(1956)前掲書，658 頁.
(81) 常石(1999)前掲書，24 頁.
(82) 同上書，118 頁.
(83) 同上書，241 頁.
(84) 西山勝夫「731 部隊関係者等の京都大学における医学博士の学位の授与過程」*Journal of 15-years War and Japanese Medical Science and Service*，Vol. 13，No. 2，2013，46 頁.
(85) 京都大学編(2008)前掲書，58 頁．常石(1999)前掲書，217～219 頁.
(86) 西山勝夫「731 部隊関係者等の京都大学医学部における博士論文の検証」『社会医学研究』第 30 巻 1 号，80～82 頁.
(87)『京都新聞』2018 年 4 月 24 日.
(88)『京都新聞』2018 年 4 月 2 日.
(89) 松村瞭「大阪の人類館」『東京人類学会雑誌』第 205 号，1903 年，290 頁.

(90) 金城勇「学術人類館事件と沖縄——差別と同化の歴史」演劇「人類館」上演を実現させたい会編著『人類館——封印された扉』アットワークス，2005年，43～44頁.

(91) 同上論文，44頁.

(92) 同上論文，45～46頁.

(93) 冨山一郎『暴力の予感——伊波普猷における危機の問題』岩波書店，2002年，85～86頁.

(94) 長谷川由希「アイヌ民族と植民地展示——1903年～1913年の博覧会から」演劇「人類館」上演を実現させたい会編著(2005)前掲書，83～85頁.

(95) 同上論文，86～88頁.

(96) 同上論文，89頁.

(97) 松田京子「人類館事件が投げかける現在的問題」演劇「人類館」上演を実現させたい会編著(2005)前掲書，168頁.

(98) 中薗英助『鳥居龍蔵伝——アジアを走破した人類学者』岩波書店，1995年，147頁. 伊波普猷は「琉球人の祖先に就いて」の中で次のように述べている.「日本人の生るゝや，多くは其臀部に青色の斑点があるが，これは歳月の経つに従って消失するものである. これは他の人種には絶えて見ることが出来ないものである. 琉球の赤子も生れる時には皆この著しい特質をもっていて，二,三歳の頃に消失するということがある. この面白い例だけでも二者が同一の人種であることの証明が出来ると思う.(金関丈夫博士の『琉球人の人類学的研究』〔『人類学雑誌』四五巻五号附録〕中，「琉球人手足皮膚の理紋に就て」，「琉球人の血液型に就いて」〔『同誌』四七巻八号〕及び「沖縄県那覇市外城嶽貝塚より発見せる人類大腿骨に就て」〔『同誌』四四巻六号〕参照.)」(伊波普猷「琉球人の祖先に就いて」『古琉球』『伊波普猷全集 第1巻』平凡社，1974年，29頁).

(99) 伊波普猷『琉球人種論 復刻版』榕樹書林，1997年，本扉.

(100) 田畑久夫『鳥居龍蔵のみた日本——日本民族・文化の源流を求めて』古今書院，2007年，151頁.

(101) 鳥居龍蔵「沖縄本島に居住せし先住民に就いて」『鳥居龍蔵全集 第1巻』朝日新聞社，1975年，246頁.

(102) 同上論文，242頁.

(103) 冨山(2002)前掲書，103～104頁.

(104) 同上書，105頁.

(105) 鳥居龍蔵「琉球ニ於ケル石器時代ノ遺跡」『鳥居龍蔵全集 第4巻』朝日新聞社，1976年，612頁.

(106) 同上論文，614頁.

(107) 鳥居龍蔵「沖縄人の皮膚の色に就て」『鳥居龍蔵全集 第4巻』朝日新聞社，1976年，616～625頁.

(108) 鳥居龍蔵「穢多に就ての人類学的調査」『東京人類学会雑誌』第13巻140号，1897年，48頁.

(109) 関口寛「20世紀初頭におけるアカデミズムと部落問題認識——鳥居龍蔵の日本人種論と被差別部落民調査の検討から」『社会科学』第41巻1号，2011年，136頁

(110) 同上論文，137～139頁.

(111) 同上論文，142頁.

(112) 工藤(1979)前掲書, 220～221頁.
(113) Akitoshi Shimizu "Colonialism and the Development of Modern Anthropology in Japan" in Jan van Bremen and Akitoshi Shimizu (eds.) *Anthrolopogy and Colonialism in Asia and Oceania*, Routledge, 1999, p. 132.
(114) 岡茂雄『本屋風情』平凡社, 1974年, 183頁.
(115) 同上書, 186～188頁.
(116) 足立文太郎「日本人と西洋人」『日本人体質之研究』岡書院, 1928年, 56頁.
(117) 足立文太郎「腋臭について」同上書所収, 895頁.
(118) 同上論文, 893頁.
(119) 同上論文, 895頁.
(120) 足立(1928)「日本人と西洋人」前掲論文, 67頁.
(121) 同上論文, 86～88頁.
(122) 足立文太郎「琉球与那国島岩洞中ノ一頭蓋」『東京人類学会雑誌』第10巻114号, 1895年, 466頁.
(123) 同上論文, 472頁.
(124) 高金素梅・祖霊之邦・台湾原住民族部落工作隊編『合祀を取り消し, 名前を削除せよ！ 我々は日本人ではない』高金素梅, 2006年, 5～11頁.
(125) 同上書, 17～21頁.
(126) 同上書, 28～35頁.
(127) 同上書, 37～41頁.
(128) 魏淑貞総編輯『噍吧哖・一九一五』台南市政府文化局・玉山社出版事業股份有限公司, 2015年, 68～69頁.

第1章

(1) 今帰仁村教育委員会社会教育課文化財係編『今帰仁村文化財調査報告書第18集 百按司墓木棺修理報告書』今帰仁村教育委員会, 2004年, 2頁.
(2) 同上書, 4頁. 今帰仁村教育委員会編・刊『運天の古墓群――百按司墓・大北墓』2012年, 1頁.
(3) 今帰仁村教育委員会編(2012)同上書, 9頁.
(4) 今帰仁村教育委員会社会教育課文化財係編(2004)前掲書, 5頁. 今帰仁村教育委員会編(2012)同上書, 10頁.
(5) 今帰仁村教育委員会社会教育課文化財係編(2004)同上書, 7頁. 今帰仁村教育委員会編(2012)前掲書, 4頁. 金関丈夫博士古稀記念委員会編『日本民族と南方文化』平凡社, 1968年, 960～965頁.
(6) 今帰仁村教育委員会編(2012)同上書, 8頁.
(7) 今帰仁村教育委員会社会教育課文化財係編(2004)前掲書, 46頁.
(8) 同上書, 47頁.
(9) 今帰仁村教育委員会編(2012)前掲書, 5頁.
(10) 同上書, 3頁.
(11) 同上書, 10頁.
(12) 笹森儀助『南嶋探験2――琉球漫遊記』平凡社, 1983年, 26頁.
(13) 同上書, 39～41頁.
(14) 同上書, 153頁.
(15) 金関丈夫博士古稀記念委員会編

(1968)前掲書，960 頁.
(16) 金関丈夫『琉球民俗誌』法政大学出版局，1978 年，184 頁.
(17) 金関丈夫博士古稀記念委員会編(1968)前掲書，961 頁.
(18) 金関(1978)前掲書，229 頁.
(19) 同上書，231 頁.
(20) 同上書，235〜236 頁.
(21) 同上書，239 頁.
(22) 同上書，241〜242 頁.
(23) 同上書，251 頁，253〜254 頁.
(24) 同上書，251〜252 頁.
(25) 同上書，255 頁.
(26) 同上書，256〜257 頁.
(27) 同上書，258〜260 頁.
(28) 同上書，262〜264 頁.
(29) 同上書，265〜266 頁.
(30) 金関丈夫『日本民族の起源』法政大学出版局，1976 年，234 頁.
(31)『琉球新報』1929 年 1 月 26 日.
(32) 金関丈夫博士古稀記念委員会編(1968)前掲書，961 頁.
(33) 同上書，962 頁.
(34)『日本台湾学会ニュースレター』第 26 号，日本台湾学会，2014 年，3〜4 頁.
(35) 金関丈夫博士古稀記念委員会編(1968)前掲書，963 頁.
(36) 同上書，964 頁.
(37) 金関丈夫『南方文化誌』法政大学出版局，1977 年，2〜4 頁.
(38) 金関丈夫「皇民化と人種の問題」『台湾時報』1941 年 1 月号，24〜25 頁.
(39) 同上論文，29 頁.
(40) 小熊英二「金関丈夫と『民俗台湾』──民俗調査と優生政策」篠原徹編『近代日本の他者像と自画像』柏書房，2001 年，32 頁.
(41) 同上論文，41 頁.
(42) 同上論文，34 頁.
(43) ねずまさし「皇民化政策と『民俗台湾』」国分直一博士古稀記念論集編纂委員会編『日本民族文化とその周辺──歴史・民族篇』新日本教育図書，1980 年，498 頁.
(44) 同上論文，500〜501 頁.
(45) 同上論文，511 頁.
(46) 全京秀「植民地台湾における金関丈夫の再評価──帝国の検閲とゆえなき誹謗を越えて」ヨーゼフ・クライナー編『日本とはなにか──日本民族学の二〇世紀』東京堂出版，2014 年，313 頁.
(47) 金関丈夫『胡人の匂い』東都書籍，1943 年，17 頁.
(48) 同上書，18 頁.
(49) 同上書，19〜22 頁.
(50) 同上書，23 頁.
(51) 同上書，23〜24 頁.
(52) 同上書，30 頁.
(53) 同上書，31〜32 頁.
(54) 同上書，33 頁.
(55) 同上書，35 頁.
(56) 同上書，34 頁.
(57) 同上書，39 頁.
(58) 同上書，46 頁.
(59) 金関丈夫「琉球人の人類学的研究」『人類学雑誌』第 45 巻第 5 付録，1930 年，513 頁.
(60) 同上論文，514 頁.
(61) 金関丈夫「琉球人の人類学的研究(第二報告)」『人類学雑誌』第 47 巻 8 号，1932 年，287 頁.

(62) 金関丈夫『形質人類誌』法政大学出版局，1978年，68頁.
(63) 同上書，236頁.
(64) 清野謙次・金関丈夫「日本石器時代人種論の変遷」東京人類学会編『日本民族』岩波書店，1935年，79頁.
(65)『琉球新報』1954年3月16日.
(66) 永井昌文「琉球波照間島々民の生体学的研究」『人類学研究』第1巻3・4号，1954年，33〜37頁.
(67)『沖縄タイムス』1957年12月18日.
(68) 金関丈夫「八重山群島の古代文化——宮良当壮博士の批判に答う」『民族学研究』第19巻2号，1955年，322頁.
(69) 同上論文，323頁.
(70) 同上論文，346〜347頁.
(71) 同上論文，359〜360頁.
(72) 同上論文，361頁.
(73) 同上論文，376頁.
(74) 同上論文，362頁.
(75) 同上論文，370頁.
(76) 同上論文，377頁.
(77) 同上論文，380〜381頁.
(78) 同上論文，383頁.
(79) 小熊(2001)前掲論文，48頁.
(80) 同上論文，52〜53頁.
(81) 須田昭義「人類学からみた琉球人」『民族学研究』第15巻2号，1950年，113頁.
(82) 三宅宗悦「南島のプロフイル」『芝蘭会雑誌』第8号，1934年a，36〜37頁.
(83) 三宅宗悦「南島の旅」『ドルメン26』第3巻5号，1934年b，391頁.
(84) 同上論文，393頁.
(85) 安里進，土肥直美『沖縄人はどこから来たか——琉球＝沖縄人の起源と成立 改訂版』ボーダーインク，2011年，31頁.
(86) 三宅(1934b)前掲論文，394頁.
(87) 三宅宗悦「南島の旅2」『ドルメン27』第3巻6号，1934年c，425頁.
(88) 三宅宗悦「南島の旅3」『ドルメン29』第3巻8号，1934年d，613〜614頁，616頁.
(89) 三宅宗悦「南島の旅4」『ドルメン30』第3巻9号，1934年e，694頁.
(90) 三宅宗悦「南島の旅(完)」『ドルメン36』第4巻3号，1935年a，220頁.
(91) 三宅宗悦「南島の石器時代に就て」『ドルメン39』第4巻6号，1935年b，563〜567頁.
(92) 百々幸雄『アイヌと縄文人の骨学的研究——骨と語り合った40年』東北大学出版会，2015年，148〜149頁.
(93) 同上書，148頁.
(94) 同上書，139〜142頁.
(95) 同上書，145〜147頁.

第2章

(1) 金高勘次「琉球国頭郡運天に於て得たる現代沖縄人人骨の人類学的研究」『人類学雑誌』第44巻8号，1929年，400頁.
(2) 同上論文，419頁.
(3) 同上論文，421頁.
(4) 京都大学大学院理学研究科自然人

類学研究室ホームページ(http://anthro. zool. kyoto-u. ac. jp/research/index. html) 2018年9月8日確認.

(5) Akira Tagaya, Jiro Ikeda, “A Multivariate Analysis of the Cranial Measurements of the Ryukyu Islands (males)” in *Anthropological Science*, 84(3), p. 205.

(6) 馬場悠男「大山盛保生誕100年記念展に寄せて」沖縄県立博物館・美術館編『大山盛保生誕100年記念　発見への情熱』沖縄県立博物館・美術館, 2012年, 7頁.

(7) 沖縄県立埋蔵文化財センター編『沖縄県立埋蔵文化財センター2002年総合案内』沖縄県立埋蔵文化財センター, 2002年, 3頁.

(8) 沖縄県立博物館・美術館編『沖縄県立博物館・美術館復帰30周年記念特別展　港川人展――元祖ウチナーンチュ』沖縄県立博物館・美術館, 2002年, 9頁.

(9) 新城俊昭『これだけは知っておきたい琉球・沖縄のことNewバージョンII』沖縄時事出版, 2003年, 5頁.

(10) 馬場悠男「日本列島の旧石器人」国立科学博物館編『日本列島の自然史』東海大学出版部, 2006年, 264頁.

(11) 同上論文, 266頁.

(12) 海部陽介『日本人はどこから来たのか?』文藝春秋, 2016年, 158頁.

(13) 海部陽介「港川人研究の最前線」沖縄県立博物館・美術館編(2012)前掲書, 46頁.

(14) 馬場悠男「港川人とはどのような人々か」沖縄県立博物館・美術館編(2002)前掲書, 10頁.

(15) 海部陽介「港川人の来た道」印東道子編『人類の移動誌』臨川書店, 2013年, 132頁.

(16) 沖縄県立博物館・美術館編(2012)前掲書, 26～27頁.

(17) 同上書, 42頁.

(18) 馬場悠男「港川人は琉球人の祖先か」沖縄県文化振興会公文書管理部史料編集室編『沖縄県史 各論編2 考古』沖縄県教育委員会, 2000年, 552頁.

(19) 海部(2012)前掲論文, 47頁.

(20) 同上論文, 49頁.

(21) 同上論文, 51頁.

(22) 同上論文, 51頁.

(23)『沖縄タイムス』2018年4月21日.

(24) 馬場(2003)前掲論文, 563～565頁.

(25) 同上論文, 567頁.

(26) 馬場悠男「港川人」『月刊しにか』Vol. 10, No. 9, 1999年, 19頁.

(27) 百々(2015)前掲書, 34～35頁.

(28) 海部(2016)前掲書, 146頁.

(29) 篠田監修(2017)前掲書, 144頁.

(30) 海部(2016)前掲書, 162頁.

(31) 同上書, 206～207頁.

(32) 篠田監修(2017)前掲書, 32頁.

(33) 同上書, 146頁.

(34) 同上書, 160頁.

(35)『琉球新報』2017年5月20日.

(36)『沖縄タイムス』2017年5月22日.

(37)『琉球新報』2016年7月1日.

(38)『沖縄タイムス』2016年7月3日.
(39)『毎日新聞』2017年5月20日.
(40) 山崎真治『島に生きた旧石器人——沖縄の洞穴遺跡と人骨化石』新泉社, 2015年, 55頁.
(41) 同上書, 32頁.
(42) 同上書, 50〜51頁.
(43) 河野礼子, 土肥直美, 徳嶺里江, 片桐千亜紀「白保竿根田原洞穴遺跡出土の大量の更新世人骨から沖縄先史人像に迫る」『科学』Vol. 87, No. 6, 2017年, 551頁.
(44) 片桐千亜紀, 徳嶺里江, 河野礼子, 土肥直美「更新世の墓域は語る」『科学』Vol. 87, No. 6, 2017年, 560〜564頁.
(45) 米田穣, 片桐千亜紀, 土肥直美「沖縄先史人の暮らし——白保竿根田原洞穴遺跡出土人骨の炭素・窒素同位体比分析」『科学』Vol. 87, No. 6, 2017年, 543頁, 548頁.
(46) 沖縄県立博物館・美術館編『沖縄の旧石器人と南島文化』沖縄県立博物館・美術館, 2017年, 36頁.
(47) 同上書, 51頁.
(48) 同上書, 68頁.
(49) 同上書, 69頁.
(50) 宮城弘樹「沖縄先史文化の特徴」沖縄県立博物館・美術館編(2017)前掲書, 102〜103頁.
(51) 沖縄県立博物館・美術館編(2017)前掲書, 78頁.
(52) 宮城(2017)前掲論文, 104頁.

第3章

(1) 香原志勢『人類生物学入門』中央公論社, 1975年, 46〜47頁.
(2) 同上書, 94〜95頁.
(3) Cressida Fforde, *Collecting the Dead-Archaeology and the Reburial Issue*, Duckworth, 2004, p. 21.
(4) Ibid., p. 21.
(5) Amy Lonetree, *Decolonizing Museums − Representing Native America in National and Tribal Museums*, The University of North Carolina Press, 2012, p. 13.
(6) Jack F. Trope and Walter R. Echo-Hawk, "The Native American Graves Protection and Repatriation Act Background and Legislative History" in Devon A. Mihesuah (ed.) *Repatriation Reader − Who Owns American Indian Remains?*, University of Nebraska Press, 2000, p. 126.
(7) Kathleen S. Fine-Dare, *Grave Injustice − The American Indian Repatriation Movement and NAGPRA*, University of Nebraska Press, 2002, p. 41.
(8) Amy Lonetree (2012) op. cit., p. 13.
(9) Cressida Fforde (2004) op. cit., pp. 31–32.
(10) Ibid., p. 43.
(11) Ibid., p. 55.
(12) Ibid., p. 57.
(13) Ibid., p. 79.
(14) Tiffany Jenkins, *Contesting Human Remains in Museum Collections − The Crisis of Cultural Auhority*, Routledge, 2011, p. 37.

(15) Ibid., p. 40.
(16) Ibid., p. 44.
(17) Ibid., p. 57.
(18) Ibid., p. 107.
(19) Ibid., p. 112.
(20) Devon A. Mihesuah "Introduction", in Devon A. Mihesuah (ed.) (2000) op. cit., p. 2.
(21) Ibid., p. 5.
(22) Robert E. Bieder "The Representations of Indian Bodies in Nineteenth-Century American Anthropology" in Devon A. Mihesuah (ed.) (2000) op. cit., p. 29.
(23) Devon A. Mihesuah "American Indians, Anthropologists, Pothunters, and Repatriation Ethical, Religious, and Political Differences" in Devon A. Mihesuah (ed.) (2000) op. cit., pp. 98–99.
(24) Ibid., p. 99.
(25) James Riding In "Repatriation—A Pawnee's Perspective" in Devon A. Mihesuah (ed.) (2000) op. cit., p. 109.
(26) Ibid., p. 113.
(27) Ibid., pp. 114–115.
(28) Jack F. Trope and Walter R. Echo-Hawk (2000) op. cit., p. 127.
(29) Kathleen S. Fine-Dare (2002) op. cit., p. 62.
(30) Jack F. Trope and Walter R. Echo-Hawk (2000) op. cit., p. 130.
(31) Kathleen S. Fine-Dare (2002) op. cit., pp. 15–16.
(32) Ibid., p. 32.
(33) Ibid., p. 33.
(34) Ibid., p. 48.
(35) Ibid., pp. 50–51.
(36) Ibid., p. 58.
(37) Ibid., p. 62.
(38) Joe Watkins, *Indigenous Archaeology—American Indian Values and Scientific Practice*, AtlaMira Press, 2000, p. 24.
(39) 清水昭俊「先住民の権利と国家および国民の条件」『文化人類学』第73巻3号，2008年，372頁.
(40) フイマラマ・イ・ナ・クプナ・オ・ハワイ・ネイの設立の経緯，活動等については同組織のホームページ「Hui Mālama I Nā Kūpuna 'O Hawai'i Nei」(http://huimalama.tripod.com/，2018年9月8日確認)を参照した.
(41) Jack F. Trope and Walter R. Echo-Hawk (2000) op. cit., p. 135.
(42) Daniel Akaka "Statement of Hon. Daniel Akaka, A U.S. Senator from the State of Hawaii" in United States. Congress. House. Committee on Interior and Insular Affairs, *Protection of Native American Graves and the Repatriation of Human Remains and Sacred Objects—Hearing before the Committee on Interior and Insular Affairs, House of Representatives, One Hundred First Congress, Second session on H.R. 1381... H.R. 1646... H.R. 5237... Hearing Held in Washington, DC, July 17, 1990,* Reprints from the Collection of the University of Michigan Li-

brary, p. 132.

(43) Jack F. Trope and Walter R. Echo-Hawk (2000) op. cit., p. 132.

(44) Laurent B. Daville (ed.) ***Repatriation of Indian Human Remains－Efforts of the Smithsonian Institution***, Nova Science Publishers, Inc., 2013, pp. 1-5.

(45) Ibid., p. 12.

(46) "Native American Graves Protection and Repatriation Act" in Devon A. Mihesuah (ed.) (2000) op. cit., p. 307.

(47) Ibid., p. 308.

(48) Ibid., p. 309.

(49) Kathleen S. Fine-Dare (2002) op. cit., pp. 54-55.

(50) 水谷裕佳「先住民の歴史を裏づける資料とは――米国のパスクア・ヤキとテキサス・バンド」深山直子, 丸山淳子, 木村真希子編『先住民からみる現代世界――わたしたちの〈あたりまえ〉に挑む』昭和堂, 2018年, 122～123頁.

(51) Jack F. Trope and Walter R. Echo-Hawk (2000) op. cit., pp. 135-136.

(52) James Riding In (2000) op. cit., p. 110.

(53) Jack F. Trope and Walter R. Echo-Hawk (2000) op. cit., pp. 136-138.

(54) Suzanne J. Crawford "(Re)Constructing Bodies－Semiotic Sovereignty and the Debate over Kennewick Man" in Devon A. Mihesuah (ed.) (2000) op. cit., p. 214.

(55) Ibid., pp. 229-230.

(56) Ibid., 232-233.

(57) United States. Congress. House. Committee on Interior and Insular Affairs (1990) op. cit., p. 1.

(58) "Native American Graves Protection and Repatriation Act" op. cit., p. 315.

(59) Joe Watkins (2000) op. cit., p. 173.

(60) Ibid., p. 63.

(61) Kathleen S. Fine-Dare (2002) op. cit., pp. 1-2.

(62) Ibid., p. 96.

(63) Ibid., p. 161.

(64) Ibid., pp. 183-184.

(65) アンエリス・ルアレン「学問の負の遺産――アイヌ民族の遺骨返還をめぐって」深山・丸山・木村編(2018)前掲書, 140頁.

(66) Joe Watkins (2000) op. cit., pp. 159-160.

(67) Ibid., p. 163.

(68) Cressida Fforde (2004) op. cit., pp. 94-95.

(69) Ibid., pp. 116-117.

(70) Ibid., pp 123-124.

(71) Ibid., p. 137.

(72) 山内由理子「先住民コスモポリタニズム――オーストラリア先住民の語る「非先住民」」深山・丸山・木村編(2018)前掲書, 266～267頁.

(73) Tiffany Jenkins (2011) op. cit., p. 2.

(74) Ibid., pp. 16-17.

(75) Ibid., p. 19.

(76) 山本直子「サラ・バートマンは

語ることができるか——『ホッテントット・ヴィーナス』における失われた歴史の回復」『黒人研究』第86号，2017年，25～33頁.

(77) 小田博志「戦後和解と植民地後和解のギャップ——ドイツ-ナミビア間の遺骨返還を事例に」『平和研究』第47号，2016年，45～66頁.

(78) Finn Stepputat "Introduction" in Finn Stepputat (ed.) *Governing the Dead-Sovereignty and the Politics of Dead Bodies*, Manchester University Press, 2014, p. 7.

(79) Joe Watkins (2000) op. cit., p. 164.

(80) Tiffany Jenkins (2011) op. cit., pp. 49-51.

(81) 植木哲也「英国の遺骨返還状況」北大開示文書研究会編著(2016)前掲書，224頁.

(82) 同上論文，226～228頁.

(83) Department for Culture, Media and Sport, *Guidance for the Care of Human Remains in Museums*, Department for Culture, Media and Sport, 2005, pp. 8-9.

(84)「先住民族の権利に関する国際連合宣言」(国連総会第61会期，2007年9月13日採択，国連文書 A/RES/61/295 付属文書)，市民外交センター仮訳 2008年7月31日，改訂 2008年9月21日 (http://www.un.org/esa/socdev/unpfii/documents/DRIPS_japanese.pdf, 2018年9月8日確認).

第4章

(1) 文部科学省「大学等におけるアイヌの人々の遺骨の保管状況の再調査結果」2017年4月(https://www.kantei.go.jp/jp/singi/ainusuishin/dai9/sankou4.pdf：2018年9月8日確認)1～2頁.

(2) 市川守弘「アイヌ人骨返還を巡るアイヌ先住権について」北大開示文書研究会編著(2016)前掲書，152～156頁.

(3) 北海道アイヌ協会，日本人類学会，日本考古学協会『これからのアイヌ人骨・副葬品に係る調査研究の在り方に関するラウンドテーブル報告書』2017年(https://www.kantei.go.jp/jp/singi/ainusuishin/dai9/sankou5.pdf)2018年9月8日確認，2頁.

(4) 同上書，6頁.

(5)『北海道新聞』2017年8月15日.

(6)「学問の暴力」については，植木哲也『新版 学問の暴力——アイヌ墓地はなぜあばかれたか』春風社，2017年，植木哲也『植民学の記憶——アイヌ差別と学問の責任』緑風出版，2015年を参照されたい.

(7) 乾潤一，堀まこと編『アイヌ・モシリ——アイヌ民族から見た「北方領土返還」交渉』アイヌ・モシリの自治区を取り戻す会，1992年，15頁.

(8) 田中伸尚「歴史を知れば「北の大地は，アイヌ民族へ」が常識」乾・堀編(1992)前掲書，21頁.

(9) 同上，22頁.

(10) 増子義久「アイヌ・モシリへの

旅」乾・堀編(1992)前掲書，49頁，53頁．
(11) 結城庄司『チャランケ――結城庄司遺稿』草風館，1997年，157～158頁．
(12) 同上書，34頁．
(13) 植木哲也(2015)前掲書，137頁．
(14) 同上書，149頁．
(15) 同上書，198頁．
(16) 同上書，176頁．
(17) 同上書，151～152頁．
(18) 同上書，206頁．
(19) 同上書，130～131頁．
(20) 同上書，131頁．
(21) 小川隆吉『おれのウチャシクマ(昔語り)――あるアイヌの戦後史』寿郎社，2015年，140頁．
(22) 榎森進「これでいいのか？　政府主導の新アイヌ民族政策」北大開示文書研究会編著(2016)前掲書，123頁．
(23) 同上論文，120～121頁．
(24) 同上論文，130頁．
(25) 同上論文，120頁．
(26) 植木編(2016)前掲論文，105頁．
(27) 植木(2017)前掲書，193頁．
(28) 同上書，194～195頁．
(29) 同上書，203頁．
(30) 同上書，196頁．
(31) 結城(1997)前掲書，151頁．
(32) 植木(2015)前掲書，116頁．
(33) 同上書，120頁．
(34) 植木(2017)前掲書，189頁．
(35) 同上書，189～190頁．
(36) 結城(1997)前掲書，177～244頁．
(37) 植木(2015)前掲書，209～210頁．
(38) 結城(1997)前掲書，18～19頁．
(39) 新谷行『アイヌ民族抵抗史――アイヌ共和国への胎動 増補版』三一書房，1977年，282頁．
(40) 同上書，283頁．
(41) 同上書，284～285頁．
(42) 植木(2017)前掲書，223頁．
(43) 百々(2015)前掲書，103頁．
(44) 同上書，104頁．
(45) 同上書，132頁．
(46) 同上書，168頁．
(47) 同上書，219～220頁．
(48)『北海道新聞』2017年6月7日．
(49) 百々(2015)前掲書，221頁．
(50) 同上書，222頁．
(51) 同上書，222～223頁．
(52) 北海道アイヌ協会，日本人類学会，日本考古学協会(2017)前掲書，2～3頁．
(53) 同上書，4頁．
(54) 同上書，6～7頁．
(55)「年表　アイヌ墓地「発掘」問題をめぐる動き」北大開示文書研究会編著(2016)前掲書，25頁．
(56) 市川利美，平田剛士「過ちに真摯に向きあえない北海道大学――『北海道大学医学部アイヌ人骨収蔵経緯に関する調査報告書』から見えてくるもの」北大開示文書研究会編著(2016)前掲書，169頁．
(57) 小川(2015)前掲書，125頁．
(58) 同上書，128～129頁．
(59) 植木(2017)前掲書，223頁．
(60) 小川隆吉「私が北海道大学に文書開示請求した理由」北大開示文書研究会編著(2016)前掲書，30～31頁．
(61) 小川(2015)前掲書，127頁．

(62) 同上書，151～154頁．井上勝生『明治日本の植民地支配——北海道から朝鮮へ』岩波書店，2013年，v，80，82頁．
(63) 市川・平田(2016)前掲論文，172～173頁．
(64) 殿平善彦「大量のアイヌ遺骨がなぜ全国の大学にあるのか」北大開示文書研究会編著(2016)前掲書，9頁．
(65) 植木(2017)前掲書，278頁．
(66) 同上書，279頁．
(67) 市川(2016)前掲論文，142頁．
(68) 植木(2017)前掲書，280頁．
(69) 市川(2016)前掲論文，154～155頁．
(70)「補足資料5 人権救済申立書」北大開示文書研究会編著(2016)前掲書，292～293頁．
(71) 市川(2016)前掲論文，158～160頁．
(72) 差間正樹「遺骨を地元に返して欲しい」北大開示文書研究会編著(2016)前掲書，52頁．
(73) 同上論文，54頁．
(74) 植木(2017)前掲書，281頁．
(75) 同上書，298～299頁．
(76) 同上書，282頁．
(77) 同上書，286～287頁．
(78) アイヌ政策推進会議「民族共生の象徴となる空間」作業部会『「民族共生の象徴となる空間」作業部会報告書』2011年6月，8頁(http://www.kantei.go.jp/jp/singi/ainusuishin/shuchou-kukan/houkokusho.pdf)2018年9月8日確認．
(79) 植木(2017)前掲書，307頁．
(80) 植木(2016)前掲論文，108頁．
(81)『毎日新聞』2018年5月16日．
(82)『北海道新聞』2017年6月1日．
(83) 京都大学アイヌ人骨保管状況等調査ワーキング編『アイヌ人骨保管状況等調査ワーキング報告書』京都大学，2012年，1頁．
(84) 同上書，2～3頁．
(85) 同上書，16～17頁．
(86) 同上書，193頁．

第5章

(1) 埴原和郎「二重構造モデル：日本人集団の形成に関わる一仮説」*Anthropological Science* Vol. 102, No. 5, 1994, 455頁．
(2) 同上論文，456～457頁．
(3) 同上論文，457頁．
(4) 同上論文，461頁．
(5) 同上論文，465頁．
(6) 同上論文，471頁．
(7) 埴原和郎「ウチナーンチュはどこから来たか(2)」『琉球新報』1993年1月5日．
(8) 埴原(1994)前掲論文，472～473頁．
(9) 同上論文，473頁．
(10) 馬場悠男「[解説]鈴木尚先生の掌の中で」鈴木尚『骨が語る日本史』学生社，2009年，248頁．
(11) 安里・土肥(2011)前掲書，77頁．
(12) 埴原和郎「ウチナーンチュはどこから来たか(9)」『琉球新報』1993年1月19日．
(13) 埴原和郎「ウチナーンチュはどこから来たか(10)」『琉球新報』1993年1月25日．

(14) 埴原和郎「ウチナーンチュはどこから来たか(13)」『琉球新報』1993年2月1日.
(15) 土肥直美「人類の進化とウチナーンチュ」沖縄県立博物館・美術館編(2002)前掲書, 50頁.
(16) 知念勇「港川人の発見に情熱を傾けた大山盛保さん」「大山盛保生誕之地」碑建立期成会編・刊『「大山盛保生誕之地」碑建立記念誌』2012年, 8頁.
(17) 大城逸朗「「港川人」の発見と大山盛保さん」「大山盛保生誕之地」碑建立期成会編(2012)前掲書, 10頁.
(18) 大山盛保生誕100年記念誌刊行会編『通いつづけた日々――港川人の発見者大山盛保生誕100年記念』OK運輸合資会社, 2012年, 11頁.
(19)『琉球新報』1981年11月20日.
(20) 大山盛保生誕100年記念誌刊行会編(2012)前掲書, 50〜51頁.
(21) 馬場悠男「大山盛保さんの思い出」大山盛保生誕100年記念誌刊行会編(2012)前掲書, 58頁.
(22) 同上論文, 58〜59頁.
(23) 埴原和郎「ウチナーンチュはどこから来たか(4)」『琉球新報』1993年1月11日.
(24)「平成12年度第4回沖縄県議会(定例会)第5号12月12日議事録」(http://www2.pref.okinawa.jp/oki/gikairep1.nsf, 2018年9月8日確認).
(25) 伊波(1997)前掲書, 12頁.
(26) 同上書, 16頁.
(27) 同上書, 18頁.
(28) 同上書, 40頁.
(29) 島袋源一郎「如何にして県勢を振興すべきか」湧上聾人編『沖縄救済論集』琉球史料復刻頒布会, 1929年, 166頁. 玉城盛英「あとがき」島袋源一郎『沖縄善行美談』龍潭図書, 1931年, 奥付.
(30) 島袋(1929)同上論文, 164〜165頁.
(31) 島袋(1931)前掲書, 1頁.
(32) 同上書, 5頁.
(33) 同上書, 26頁.
(34) 同上書, 29頁.
(35) 同上書, 249頁.
(36) 同上書, 250頁.
(37) 同上書, 32〜35頁.
(38) 山崎五十麿「石器時代遺物より見たる内地と琉球との関係」『沖縄教育』143号, 1924年, 174〜175頁.
(39) 土肥直美『沖縄骨語り――人類学が迫る沖縄人のルーツ』琉球新報社, 2018年, 8頁.
(40) 同上書, 61頁. 1964年に九州大学の第3次八重山群島調査団が与那国島のダマトゥ・バカで調査を実施した際, 小児と大人の遺体を異なる場所から各1体ずつ発掘し, また既に発掘され改葬された大人の1体をも掘り出して同大学に持ち出し, 研究を行った(池間栄三『与那国の歴史』池間苗, 1959年, 37頁). 1963年に多田功が同墓から持ち帰った頭蓋骨に九州大学調査団の永井昌文団長が関心を持ち1カ月以上の発掘調査を行った. 明治初年まで人骨, 副葬品としての刀剣, 馬鞍, 什器, 勾

玉等が保存されていたが，日本本土から来島した役人，探検家，旅行者らに霊場は荒らされ，金目になる物が持ち出された(池間(1959)同上書，95～101頁)．

(41) 土肥(2018)前掲書，23頁．

(42) 同上書，13頁．

(43) 土肥直美「骨に刻まれた沖縄人の歴史」琉球大学編『やわらかい南の学と思想――琉球大学の知への誘い』沖縄タイムス社，2008年，384頁．

(44) 土肥(2018)前掲書，29頁．

(45) 土肥直美「医と健康――沖縄人はどこから来たか？　――骨格形成から探る沖縄人のルーツ」沖縄県教育弘済会編・刊『教育実践研究論文集』第15号，2008年，148頁．

(46) *Coralway* 2016年3/4月号，16頁．

(47) 土肥(2018)前掲書，40頁．

(48) 同上書，35頁．

(49) 同上書，78頁．

(50) 同上書，55頁．

(51) 同上書，91～92頁．

(52) 土肥直美「浦添ようどれ出土人骨の人類学的調査」浦添市教育委員会編・刊『浦添ようどれの石厨子と遺骨――調査の中間報告』2005年，19頁．

(53) 篠田謙一「浦添ようどれ出土人骨のDNA分析」同上書，22頁．

(54) 土肥(2018)前掲書，182頁．

(55) 同上書，130頁．土肥直美・盧國賢「台湾大学医学院収集人骨の人類学的総合研究」*Anthropological Science* Vol. 116，No. 2，2008, 146頁．

(56) 土肥直美「南西諸島人骨格の形質人類学的考察」琉球大学医学部附属地域医療研究センター編『沖縄の歴史と医療史』九州大学出版会，1998年，89頁．

(57) 土肥(2018)前掲書，179頁．

(58) 同上書，184頁．

(59) 百々(2015)前掲書，154～155頁．

(60)『沖縄タイムス』2017年2月17日．

(61)『琉球新報』2017年2月16日．

(62) 豊見城市議会第6回定例会(12月)意見書第10号(http://www.city.tomigusuku.okinawa.jp/userfiles/files/ikennsyoann_dai10gou%282%29.pdf)2018年9月8日確認．

(63)「20160427 衆議院内閣委員会」YouTube(https://www.youtube.com/watch?v=HX2Z6kgAX4g)2018年9月8日確認．

(64) (5)は『琉球新報』2016年4月28日より．(6)は『琉球新報』2018年9月5日．

(65) 片山一道『身体が語る人間の歴史――人類学の冒険』筑摩書房，2016年，69頁．

(66) 同上書，71頁．

(67) 同上書，112～113頁．

(68) 同上書，118～119頁．

(69) 同上書，122頁．

(70) 植木(2017)前掲書，218～219頁．

(71) 片山(2016)前掲書，124頁．

(72) 同上書，127頁．

(73) 篠田謙一『DNAで語る日本人起源論』岩波書店，2015年，26頁，51頁．

(74) 同上書，55〜56 頁.
(75) 同上書，112 頁.
(76) 同上書，113 頁.
(77) 同上書，236〜237 頁.
(78) 同上書，238〜239 頁.
(79) 清水昭俊『先住民，植民地支配，脱植民地化――国際連合先住民権利宣言と国際法』国立民族学博物館研究報告第 32 巻 3 号，2008 年，464 頁.
(80) 上村英明「声を上げた日本の先住民族――国際連合での運動がもたらした成果と課題」深山・丸山・木村編(2018)前掲書，50 頁.
(81) 安仁屋眞昭「大和の学者と琉球人骨――百按司御墓に即刻返還を」『琉球新報』2017 年 2 月 26 日.
(82) 2018 年 2 月 26 日における具志堅隆松氏(ガマフヤー)に対する私のインタビューに基づく.
(83) 具志堅隆松「戦争で殺された遺骨に向き合って――キャンプ・シュワブ内に眠る沖縄戦遺骨，琉球人遺骨返還問題」『月刊琉球』No. 57，2018 年 6 月号，14 頁.
(84) 蔡錫圭「体質人類学研究室」『台大校友双月刊』2012 年 9 月号，37〜42 頁.
(85) 2018 年 4 月 15 日における玉城靖氏(今帰仁村教育委員会学芸員)に対する私のインタビューに基づく.

終章

(1) 仲松弥秀『古層の村――沖縄民俗文化論』沖縄タイムス社，1977 年，98〜99 頁.
(2) 同上書，225〜226 頁.
(3) 仲松弥秀『神と村』梟社，1990 年，64〜65 頁.
(4) 那覇市歴史博物館『「門中・清明・お墓」展』那覇市歴史博物館，2018 年，2〜3 頁.
(5) 同上書，8〜11 頁.
(6)「魂魄」那覇市役所ホームページ(http://www.city.naha.okinawa.jp/kakuka/heiwadanjyo/heiwahasshintosi/konpaku.html)2018 年 9 月 8 日確認.
(7) 2018 年 5 月 20 日に開催された，琉球民族独立総合研究学会主催のオープンシンポジウム「自己決定権行使としての琉球人遺骨返還運動」における高良勉の発言.
(8)「1989 年の原住民及び種族民条約(第 169 号)」国際労働機関ホームページ(http://www.ilo.org/tokyo/standards/list-of-conventions/WCMS_238067/lang--ja/index.htm) 2018 年 9 月 8 日確認.
(9)『琉球新報』2017 年 1 月 1 日.
(10) チャモロ人の定義と土地返還との関係については，長島怜央『アメリカとグアム：植民地主義，レイシズム，先住民』有信堂高文社，2015 年を参照されたい.
(11) 前掲注 7 のシンポジウムにおける照屋寛徳の発言.
(12) 今帰仁村教育委員会編(2012)前掲書，10 頁
(13) 今帰仁村教育委員会社会教育課文化財係編(2004)前掲書，5 頁.